"A recuperação do presbitério bíblico é um dos desenvolvimentos mais importantes na eclesiologia do nosso tempo. E isso está acontecendo por uma razão muito importante: as igrejas estão mais uma vez se voltando ao Novo Testamento para determinar como as congregações devem ser organizadas e lideradas. Este livro ajudará qualquer igreja a compreender o que está em jogo e encorajará as igrejas a recuperarem uma eclesiologia neotestamentária abrangente. Como Newton e Schmucker deixam claro, para que a igreja seja corretamente alimentada, deve ser corretamente liderada."

R. Albert Mohler Jr., presidente do Seminário Teológico Batista do Sul

"Nossa transição para uma equipe de presbíteros cheios do Espírito e movidos pelo evangelho foi um dos melhores movimentos que fizemos para nos tornarmos uma igreja plantadora. Fico feliz em recomendar este livro como uma ferramenta para outras igrejas que desejam fazer a mesma jornada."

J. D. Greear, pastor da The Summit Church; ex-presidente da Convenção Batista do Sul dos Estados Unidos (2018–2021)

"Atos 20.17 diz que Paulo, 'de Mileto, mandou a Éfeso chamar os presbíteros da igreja'. A presença dos presbíteros nas igrejas do Novo Testamento deixa evidente que este é o modelo bíblico de liderança. No entanto, boa parte das igrejas evangélicas hoje demonstra ter uma visão superficial do presbítero. Este livro é um excelente recurso para corrigir essa deficiência. Phil Newton, experiente pastor batista, apresenta as qualificações e as atribuições deste ofício, defendendo a pluralidade de presbíteros na igreja local e oferecendo instruções práticas sobre o funcionamento do presbitério em um governo eclesiástico congregacional. Recomendo a todos, especialmente aos batistas interessados em conhecer a sua histórica prática eclesiológica."

Judiclay Santos, pastor da Igreja Batista do

"Fico extremamente alegre de ver que nossos irmãos batistas, a despeito das diferenças entre o sistema presbiteriano e o sistema congregacional de governo de igreja, estejam redescobrindo essa que já foi por muito tempo uma tradição no seu meio: o governo coletivo por meio de uma equipe pastoral e de presbíteros. O livro aponta para a maneira como nossos irmãos batistas poderão de forma construtiva trazer o governo presbiteral de volta nas suas igrejas locais. Parabéns à Editora Fiel e aos autores por trazerem esse texto tão precioso ao nosso contexto brasileiro."

Mauro Meister, pastor da Igreja Presbiteriana Barra Funda (SP)

"O desenvolvimento de liderança é algo crucial na plantação e revitalização de igrejas. Conheço bem as bênçãos e os desafios de formar uma liderança plural. Esse assunto tão importante merece a devida atenção e *Equipe pastoral* consegue caminhar nas discussões históricas, na fundamentação bíblica e ainda apresentar propostas para a discussão da prática do presbiterato. Acredito que este livro é vital para todos que querem aprofundar seus conhecimentos sobre os presbíteros na igreja."

Leonardo Sahium, pastor da Igreja Presbiteriana de Brasília (DF)

Phil Newton & Matt Schmucker

EQUIPE
Fundamento e implementação
PASTORAL

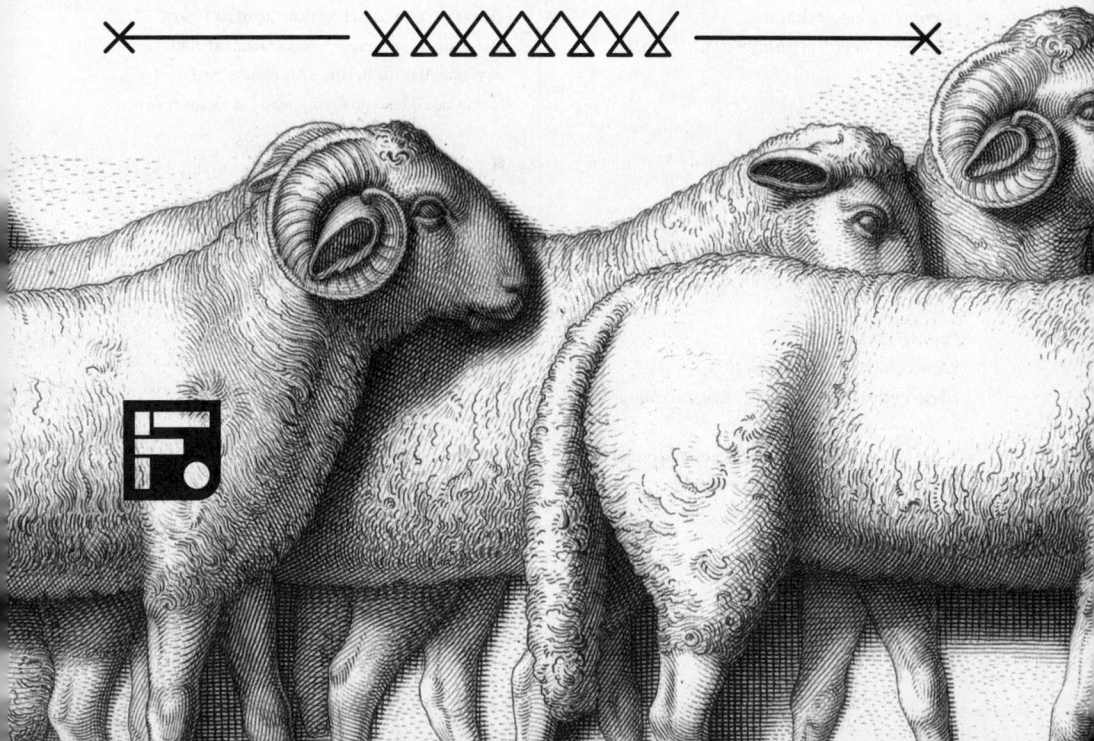

Dados Internacionais de Catalogação na Publicação (CIP)
(Câmara Brasileira do Livro, SP, Brasil)

Newton, Phil
　Equipe pastoral : fundamento e implementação / Phil Newton, Matt Schmucker ; coordenação editorial Gisele Lemes ; tradução Rafael Bello, Breno Nunes. -- 1. ed. -- São José dos Campos : Editora Fiel, 2023.

　Título original: Elders in the life of the church : rediscovering the biblical model for church leadership.
　Bibliografia.
　ISBN 978-65-5723-293-4

　1. Liderança cristã 2. Pastores - Ministério 3. Presbíteros 4. Teologia pastoral I. Schmucker, Matt. II. Lemes, Gisele. III. Título.

23-171316　　　　　　　　　　　　　　　　CDD-253

Índices para catálogo sistemático:

1. Liderança cristã : Teologia pastoral　253

Tábata Alves da Silva - Bibliotecária - CRB-8/9253

EQUIPE PASTORAL: Fundamento e implementação
Traduzido do original em inglês
Elders in the life of the church:
rediscovering the biblical model for church leadership

■

Copyright © 2014 por Phil A. Newton e Matt Schmucker.
Todos os direitos reservados.

Originalmente publicado em inglês por Kregel Publications, Grand Rapids, Michigan 49501, EUA.

Copyright © 2020 Editora Fiel.
Primeira edição em português: 2023
Edição atualizada e expandida de *Pastoreando a igreja de Deus*.

Todos os direitos em língua portuguesa reservados por Editora Fiel da Missão Evangélica Literária.

Proibida a reprodução deste livro por quaisquer meios, sem a permissão escrita dos editores, salvo em breves citações, com indicação da fonte. Os textos das referências bíblicas foram extraídos da versão Almeida Revista e Atualizada, 2ª ed. (Sociedade Bíblica do Brasil), salvo indicação específica.

■

Diretor: Tiago J. Santos Filho
Editor-chefe: Tiago J. Santos Filho
Editor: Vinícius Musselman Pimentel
Coordenação Editorial: Gisele Lemes
Tradução: Rafael Bello e Breno Nunes
Revisão: Gustavo N. Bonifácio
Diagramação: Rubner Durais
Capa: Rubner Durais
ISBN brochura: 978-65-5723-293-4
ISBN e-book: 978-65-5723-294-1

Caixa Postal 1601
CEP: 12230-971
São José dos Campos, SP
PABX: (12) 3919-9999
www.editorafiel.com.br

Para Karen, em honra e celebração de nossa vida juntos!
Para Eli, a quem eu amo "com certeza"!

Sumário

Prefácio 9

Agradecimentos 15

Abreviaturas 19

Introdução 21

PARTE 1: POR QUE PRESBÍTEROS?

1: Por que presbíteros batistas não é um oximoro (Phil Newton) 27

2: Ovelhas sem pastor (Matt Schmucker) 41

3: Presbíteros no Novo Testamento (PN) 47

4: De fato, não é uma ideia nova (MS) 63

5: Caráter e congregacionalismo (PN) 69

6: Unidade em verdade (MS) 89

PARTE 2: QUATRO TEXTOS BÍBLICOS CHAVE

7: Um modelo para nossa época: Atos 20.17-31 (PN) 97

8: Fracasso, depois sucesso (MS) 113

9: Presbíteros na igreja local: 1 Timóteo 3:1-7 (PN) 119

10: Discordância entre os irmãos (MS) 129

11: Os presbíteros e a congregação em harmonia: Hebreus 13.17-19 (PN) 135

12: Da suspeita à confiança (MS) 153

13: Líderes espirituais para o rebanho de Deus: 1 Pedro 5.1-5 (PN) 159

14: Que tipo de modelo? (MS) 173

PARTE 3: DA TEORIA À PRÁTICA

15: Refletindo sobre a transição para liderança presbiteral (PN) 181

16: Evolução, não revolução (MS) 195

17: Pode ser feito? Fazendo a transição para a liderança presbiteral (PN).......... 201

18: Tentado a evitar mudanças? (MS).. 217

19: Juntando as peças (PN) 221

20: O que você sentirá (MS) 237

21: Desenvolvimento de liderança em lugares difíceis:
    Missionários, novas igrejas e presbíteros (PN)............................. 243

Conclusão (MS)... 267

Apêndice 269

Bibliografia selecionada 271

Prefácio

A igreja é um reflexo do Filho de Deus. É por isso que a liderança da igreja é de extrema importância. A igreja é como a grande esperança — a eternidade com Deus em Cristo —, deve ser vista. No período entre a ascensão de Cristo e seu retorno, os cristãos em aliança uns com os outros — amando e cuidando, encorajando e compartilhando, corrigindo e suportando ao longo dos anos — apresentam a imagem mais clara do amor de Deus que este mundo pode contemplar.

A igreja do Senhor, sua noiva, não é composta meramente por uma lista de indivíduos que estão redimidos e sendo santificados. Em vez disso, a sociedade dos santos é algo que parece mais humano do que a vida fora dela. Além disso, sua luz deve resplandecer em nossa vida conjunta.

Esse era o plano desde o início. Desde toda a eternidade, Deus desfruta de plena comunhão com ele mesmo — Pai, Filho e Espírito Santo. Na plenitude do seu amor, ele criou este mundo e então veio para redimi-lo. Aqueles redimidos dentre a multidão deste mundo decaído são destinados a estarem com Deus para sempre.[1] Nessa grande assembleia, nossa união com Cristo atingirá nova profundidade, riqueza e permanência. Ela vai cintilar e brilhar, vai irradiar e aquecer, vai adicionar paixão e compreensão de um modo que mal podemos imaginar no presente.

É de se admirar, então, que, quando falamos sobre liderança da igreja — isto é, da igreja local —, a questão sobre *quem deveria liderá*-la *e como* seja tão crucial? Phil Newton é o homem certo para escrever sobre esse assunto. Ele é um cristão humilde e alegre que sabe o que significa estar unido a Cristo. Mais do que isso, possui décadas de prática em liderança como marido e pai, além de anos de experiência como pastor.

---

1 Para algumas das primeiras palavras de Paulo acerca dessa grande realidade, veja 1 Tessalonicenses 5 e 2 Tessalonicenses 2.

Seu entendimento da Palavra de Deus é ainda mais profundo do que sua voz — uma declaração considerável, se você já conversou com Phil ou o ouviu pregar! Ele viveu a experiência de pastorear uma igreja como um pastor-presbítero sem auxiliares e liderá-la durante a transição para a pluralidade de presbíteros. Eu também sou um pastor que liderou uma igreja e viveu essa transição. Por esse motivo, saúdo Phil e recomendo seu trabalho a você.

Talvez você tenha dúvidas sobre liderança. Talvez seja um diácono e esteja preocupado com as ideias que seu pastor tem compartilhado. Talvez seja um membro de longa data e se pergunte de que maneira deveria pensar sobre a estrutura da sua igreja. Talvez seja um pastor e, por meio do estudo das Escrituras, de sua própria experiência ou da observação de outras igrejas, questione a maneira pela qual sua igreja tem sido conduzida. Você encontrará ajuda neste livro, onde a sabedoria bíblica e o calor pastoral se encontram e oferecem o auxílio de que precisa. As respostas e sugestões oferecidas são acompanhadas por inúmeros exemplos bíblicos e pessoais.

Embora muitas objeções a ter presbíteros na igreja possam ser imaginadas, este livro aborda três de maneira magnífica.

É batista? Você pode estar pensando que toda essa ideia de ter presbíteros simplesmente "não é batista"! Quando nossa igreja estava considerando a mudança, um membro mais velho disse exatamente isso para mim na frente de uma grande classe da escola dominical.[2] Se você compartilha dessa preocupação, o primeiro capítulo de Phil será de seu interesse. Ele examina os batistas ao longo da história — tanto na Inglaterra quanto na América — e, em particular, a questão sobre ter múltiplos presbíteros em uma igreja local. Phil cita fontes primárias para mostrar que os batistas, desde seus primeiros anos, reconheceram que os pastores são presbíteros (nesse sentido, os batistas sempre tiveram presbíteros) e que os batistas frequentemente pregavam, ensinavam e escreviam a favor da pluralidade de presbíteros na congregação local. Portanto, embora seja verdade que outros grupos — presbiterianos, reformados holandeses, igrejas bíblicas, igrejas de Cristo e assim por diante — defendam a pluralidade de presbíteros, os batistas também acreditavam e ensinavam essa posição.

---

[2] Escrevi um pequeno livreto que lida diretamente com essa questão: Mark Dever, *By whose authority?* (Washington DC: 9Marks, 2005). Para um pequeno resumo do ensino bíblico sobre presbíteros, veja Mark Dever, *Nove marcas de uma igreja saudável* (São José dos Campos, SP: Fiel, 2007). Para uma visão mais ampla de como os presbíteros trabalham em conjunto com a forma de governo batista, veja Mark Dever, *Entendendo a liderança da igreja* (São José dos Campos, SP: Fiel, 2019).

Embora certamente tenha se tornado uma posição minoritária entre os batistas — e Phil investiga esse curioso fato —, ela sempre esteve presente e hoje parece estar passando por um renascimento. Depois de ler este livro, você verá que ter presbíteros, de fato, "é batista".

É bíblico? É possível que algumas pessoas, ao lerem este livro, não se importem se o presbiterado é uma posição genuinamente batista ou não. Talvez você faça parte de uma igreja evangélica não denominacional, uma igreja independente ou alguma outra igreja e esteja no processo de reconsiderar sua estrutura. Para você, a preocupação permanente não é a identidade denominacional, mas a fidelidade bíblica. Essa é realmente a preocupação dos melhores batistas — e também dos melhores presbiterianos, metodistas, congregacionalistas, episcopais e luteranos! Cristãos creem que a Bíblia é a revelação de Deus e de sua vontade para nós; e, como tal, ela é a pedra de toque para nossa fé e prática. É por meio da Bíblia que aprendemos de que maneira nos aproximar de Deus tanto individualmente quanto em nossas igrejas. A Bíblia nos diz como dirigir nossas vidas e como a igreja de Deus deve ser ordenada. Portanto, se você está preocupado se o presbiterado é bíblico, você encontrará neste livro uma grande ajuda.

Equipe pastoral é repleto de cuidadosa, equilibrada e embasada análise das Escrituras. O capítulo 3 examina as evidências do Novo Testamento, identificando os vários títulos que são usados para líderes das igrejas e abordando a questão de múltiplos presbíteros em uma única congregação. O capítulo 5 considera os exemplos do livro de Atos. Toda a parte 2 concentra-se em quatro textos centrais — Atos 20, o registro do encontro de Paulo com os presbíteros de Éfeso; 1 Timóteo 3, a lista de Paulo das qualificações para ocupar o cargo de presbítero; Hebreus 13, as palavras aos líderes das congregações; e 1 Pedro 5, as palavras de Pedro sobre ser um pastor subordinado junto ao rebanho de Deus. Em todas as três partes, a Escritura é regularmente consultada e exposta. Phil não só conhece a Bíblia, como busca obedecê-la. Enquanto pastor, ele passou pelas dificuldades de liderar uma congregação à mudança para pluralidade de presbíteros. Por que fez isso? Por causa de sua crença na suficiência das Escrituras e seu compromisso de ser governado por ela, tanto no que diz respeito à maneira pela qual se aproxima de Deus quanto ao modo pelo qual conduz sua igreja a fazer o mesmo. Depois de ler este livro, você concordará com Phil e verá que ter presbíteros é, de fato, bíblico.

É a melhor maneira de conduzir uma igreja? Por fim, sua preocupação pode ser mais prática. Você pode estar preocupado não tanto com sua identidade denominacional ou com os debates profundos sobre textos bíblicos específicos. Talvez você pense que ter uma pluralidade de presbíteros parece ser a maneira mais bíblica de liderar uma igreja, mas se pergunta: É realmente *a melhor*? É a melhor coisa para sua igreja neste momento? Como você faria isso? Talvez seu pastor esteja promovendo a ideia agora. Talvez ele tenha lhe dado este livro para ler (você não ama a maneira pela qual os pastores lhe dão livros para ler, como se você não tivesse mais nada para fazer?). Talvez você faça parte de uma equipe de liderança da igreja que está estudando sobre esse assunto em conjunto. Talvez você seja um pastor que está decidido a ter presbíteros em sua igreja, mas não tem ideia de como, de fato, faria isso. Animem-se, meus amigos, vocês encontraram o livro certo!

Não conheço nenhum outro livro que dê tanta importância, particular e prática, à transição para a pluralidade de presbíteros. Toda a parte 3, "Da teoria à prática", é um guia maravilhosamente prático sobre como avaliar os presbíteros, apresentá-los e inseri-los na vida da igreja. Pela riqueza de informações nesses capítulos, é evidente que Phil viveu o processo e está disposto a compartilhar suas próprias experiências — boas e más — a fim de nos ajudar a ter experiências ainda melhores em nossas igrejas. Se você ler este livro, verá que ter presbíteros é, sem dúvida, a melhor maneira de liderar sua igreja.

Mais uma palavra de testemunho: estou empolgado com este livro porque fico animado em pensar sobre o que significou para mim, como pastor titular, ter presbíteros. Desde 1994, tenho o privilégio de servir na igreja Capitol Hill Baptist Church em Washington, DC. Esta igreja, fundada em 1878, cresceu no início do século 20, mas diminuiu em número na última metade do século. Nos meses e anos iniciais do meu pastoreio nessa congregação batista bastante tradicional (e antiga), ensinei abertamente sobre ter presbíteros — e com isso não me referia apenas a ter mais membros trabalhando. Referia-me ao fato de que Cristo dá professores à sua igreja, alguns dos quais podem ser sustentados financeiramente pela igreja, outros não. Eu estava convencido de que essa posição era consistente com a história batista, de que era bíblica e de que era simplesmente melhor passarmos a ter uma pluralidade de presbíteros.

Esses presbíteros, eu ensinava, me ajudariam a guiar o rebanho. Ensinei em 1 Timóteo e Tito, 1 Pedro e Atos 20, Hebreus 13 e Efésios 4. Quando tive oportunidade, instruí a congregação. Usei o livreto de John MacArthur sobre presbíteros,[3] fazendo circular muitas unidades na congregação. Tivemos o privilégio de ter D. A. Carson em nossa igreja ensinando exatamente sobre esse assunto. Citei o exemplo de outros pastores batistas bem conhecidos — de C. H. Spurgeon a John Piper — que tinham presbíteros.

Finalmente, após dois anos de consideração cuidadosa e repleta de reuniões, a congregação votou para adotar uma nova constituição com a pluralidade de presbíteros. Apenas um membro votou contra; seis anos depois, quando escrevo esse texto, ele continua sendo um membro feliz e frequente de nossa igreja. Qual foi o resultado? Seis anos de cuidado pastoral aprimorado, sabedoria na tomada de decisões, ajuda nas dificuldades e alegria para mim, pois tenho visto homens maduros e piedosos darem sacrificialmente seu tempo e suas vidas para liderar a congregação que Deus lhes deu. Tem sido um tempo maravilhoso.

Enquanto você lê este livro, eu oro para que Deus o torne útil para você e que você experimente, como eu, a bondade e o cuidado de Deus por meio da ordem que ele estabeleceu para sua igreja. Se Deus nos instruiu deliberadamente, vamos nos dedicar a ouvir atenciosamente sua palavra em todos os pontos — até mesmo em ter presbíteros reconhecidos na igreja.

Autoridade é um dom de Deus para nós. Tanto no exercício da autoridade quanto na submissão a ela, passamos a conhecer melhor a Deus. E, especialmente porque esse dom de autoridade é tão pouco compreendido e frequentemente mal utilizado em nossas igrejas, oro para que, por meio deste livro, Deus ajude você e sua igreja.

Mark Dever
Capitol Hill Baptist Church
Washington, DC

---

[3] John MacArthur Jr., *Answering the key questions about elders* (Panorama City, CA: Grace to You, 1984).

Agradecimentos

A primeira edição deste livro veio à tona por intermédio do apoio e da ajuda de vários colegas e amigos: os membros da igreja South Woods Baptist Church em Memphis, onde sirvo desde 1987; meus colegas presbíteros — Jim Carnes, Tommy Campbell e Tom Tollett; amigos que me proporcionaram um lugar tranquilo para escrever — Richard e Ginger Hamlet; amigos que leram o manuscrito e ofereceram sugestões valiosas para melhorá-lo — Suzanne Buchanan, Mark Dever, Ray Pritchard, Danny Akin, Tom Ascol, Matt McCullough, Randy McLendon e Todd Wilson; e amigos que me deram a oportunidade de ensinar sobre o presbiterado — o falecido Stephen Olford e David Olford. Minha dívida para com todos esses queridos amigos nunca poderá ser paga!

O presente volume se baseia na influência significativa daqueles que acabamos de mencionar, com o acréscimo de vários outros. A parceria com meu amigo de longa data Matt Schmucker, à medida que contribui com ideias de muitos anos de experiência como presbítero, deu ao livro um novo nível de aplicação *e cor*! Obrigado Matt! Jonathan Leeman e Bobby Jamieson, da 9Marcas, acrescentaram habilidades editoriais e visão eclesiológica para aprimorar a utilidade do livro. Obrigado irmãos!

Além dos três presbíteros que serviam comigo quando o volume original foi impresso, Dan Meadows e Chris Wilbanks se juntaram ao grupo de presbíteros, os quais junto com os outros já mencionados acrescentaram muitas camadas ao meu entendimento do ministério presbiteral. Uma das minhas maiores alegrias no ministério é servir com esses homens que oram por mim, me encorajam e me estimulam a amar cada vez mais a Cristo. Eles ajudam a suportar o fardo de pastorear o rebanho. Amo vocês, irmãos, ternamente!

Nos últimos anos, o Senhor deu à nossa igreja um grupo maravilhoso de pastores assistentes, sejam os atuais, sejam os predecessores. Muitas das importantes perguntas que traçaram o caminho deste livro foram feitas por eles. Obrigado Drew Harris, Rich Shadden, Mike Beaulieu, Chris Spano, Mike Collins, Steven Hockman, Matt Gentry e James Tarrance! Matt Sliger, primeiramente um assistente e agora um de nossos pastores, me ajudou de inúmeras maneiras, assim como nossa assistente administrativa, Debbie Jones. Amo servir com todos vocês!

Vários de meus professores no seminário Southeastern Baptist Theological Seminary aprimoraram minha compreensão do assunto deste livro, especialmente John Hammett, Andreas Köstenberger, Bruce Ashford e Alvin Reid. Sou grato por seu investimento em mim. Os membros da minha banca de PhD, Cris Alley, Dale South, Josh Laxton, Louis Beckwith e Jason Mitchell, se reuniram em muitas horas de conversas sobre eclesiologia, forma de governo e liderança — todas aprimorando minha compreensão desses importantes assuntos. Obrigado por serem ferro que afia ferro!

Minha família tem me incentivado ao longo do processo de escrita e edição. Minha esposa Karen é uma auxiliadora incomparável e uma alegria para mim! Ela ouviu muitas das minhas divagações sobre minhas pesquisas e escritas, e o fez com paciência e incentivo. Karen, você é meu amor! Meus filhos e seus cônjuges ouviram com prazer minha conversa sobre este livro e nunca ficaram exasperados! Obrigado Kelly e Adam, Andrew e Jessica, John, Lizzy e Stephen. E obrigado a minha mãe, Jane Newton, que não se cansa de me perguntar sobre como está indo a escrita. Eu também escrevi este livro para que a geração dos meus netos possa ter uma base de liderança mais forte à medida que amadurecem em sua compreensão do evangelho e da igreja de Cristo. Addie, Olivia, Spence, Clara, Stratton, Lyla (m. 2011) e Tripp me lembram que a herança que me segue precisa de boas raízes na forma de governo bíblica.

Obrigado por reservar um tempo para ler e pensar sobre a pluralidade de presbíteros e a forma de governo da igreja. Que o Senhor dê a cada um de nós mais paixão para seguir seu plano para a igreja!

Phil A. Newton

Agradecimentos

No outono de 1984, o Senhor graciosamente interveio e me resgatou de uma inevitável condenação, dando-me vida por meio do novo nascimento encontrado apenas em Jesus Cristo. Seu amor é evidenciado por sua provisão e está inextricavelmente ligado a uma igreja e a algumas pessoas sem as quais eu não teria o conhecimento e nem o coração necessário para escrever as palavras encontradas neste livro. Minha história é a história deles.

A igreja Capitol Hill Baptist Church tem sido meu lar espiritual desde 1991. Eles receberam um jovem imaturo e enérgico (não um presbítero!) e pacientemente me estimularam e empurraram para novos níveis de dedicação e amor pela igreja de Cristo.

Os presbíteros da igreja Capitol Hill Baptist Church têm sido uma fonte de sabedoria e encorajamento desde que nos reunimos pela primeira vez no inverno de 1998/99. Amo servir com vocês e peço desculpas por todas as vezes que minha confusão ou teimosia estenderam nossas reuniões já tardias.

Jonathan Leeman, que está, sem dúvida, editando até mesmo este parágrafo, tem sido o melhor dos amigos e um lembrete constante de piedade em palavras e conduta. Karen Race, Josh Coover, Kevin Hsu, Andrew Sherwood, Marcus Glover, Tim Gosselin, Katy Winsted, Bobby Jamieson, Justin Leighty, John Pastor, Paul Alexander, Paul Curtis, Scott Gurley, Susan Gwilliam, Brooke Santamaria, Zach Moore, Tosan Ogharaerumi e Samuel Jindoyan, de uma forma ou de outra, emprestaram seus corações e mentes à causa da construção de igrejas saudáveis por meio do 9Marcas. Agradecimentos especiais a Ryan Townsend, o novo diretor executivo do 9Marcas, por apoiar este projeto. Oro para que o Senhor abençoe todos os seus planos.

Desde 1994, Mark Dever tem sido meu amigo, pastor, vizinho de porta e companheiro presbítero. Juntos, enterramos queridos amigos, vimos outros amigos se afastarem da fé, trabalhamos para proteger as ovelhas sob ataque, vimos muitos batizados e comparecemos ao que parecem mil casamentos. Mark acreditou no melhor a meu respeito quando faltavam evidências, foi modelo de generosidade com suas palavras e dons e, com seu exemplo, ajudou-me a acreditar que vale a pena aguardar pelo céu e por Aquele que está entronizado nas alturas. Por natureza, sou um pessimista. Por experiência, tornei-me um pouco otimista, principalmente por causa da minha amizade com Mark.

Em agosto de 1987, pedi a uma garota loira, frutífera, leal, fiel e bonita, com o apelido "Eli", para se casar comigo, e ela disse: "Com certeza!". Sua determinação, dedicação e amor não vacilaram em 25 anos de casamento, apesar das minhas inconstâncias. Não estou surpreso de ver essas mesmas qualidades reproduzidas em minhas pessoas favoritas no planeta, meus filhos: Chelsea, Jason, Lauren, Katie e Joanna. Prefiro estar com todos vocês na mesa da cozinha do que em qualquer outro lugar do mundo! Se estou qualificado para escrever sobre ser um presbítero, é porque vocês seis me apoiaram em "administrar minha casa" e encheram nossa casa com o aroma e o amor de Cristo.

Matt Schmucker

Abreviaturas

ANF   Alexander Roberts; James Donaldson, orgs. *Ante-Nicene Fathers* (Repr.: 1885. Peabody, MA: Hendrickson, 2004) 10 vols.
ARA   *Almeida Revista e Atualizada*, 2ª edição (Barueri: Sociedade Bíblica do Brasil, 1993).
ARC   *Almeida Revista e Corrigida* (Barueri: Sociedade Bíblica do Brasil, 2009).
BDAG   Frederick W. Danker. *A Greek-English Lexicon of the New Testament and Other Early Christian Literature*. 3ª ed. (Chicago, IL: University of Chicago Press, 2000).
CrChr   Philip Schaff, org. Organização da edição revisada de David S. Schaff. *The Creeds of Christendom with a History and Critical Notes*. 6ª ed. (Grand Rapids, MI: Baker, 1993) 3 vols.
EMQ   *Evangelical Missions Quarterly*
KJV   *King James Version*
LKGNT   Fritz Rienecker. *A Linguistic Key to the Greek New Testament*. Edição de Cleon L. Rogers Jr. (Grand Rapids, MI: Zondervan, 1980) [edição em português: *Chave linguística do Novo Testamento grego* (São Paulo: Vida Nova, 1985)].
NAA   *Nova Almeida Atualizada*, 3ª edição. (Barueri, SP: Sociedade Bíblica do Brasil, 2017).
NAC   *New American Commentary* (Nashville, TN: B&H).
NASB   *New American Standard Bible*
NICNT   *New International Commentary on the New Testament* (Grand Rapids, MI: Eerdmans).
NIGTC   *New International Greek Testament Commentary* (Grand Rapids, MI: Eerdmans).
NTC   *New Testament Commentary* (Grand Rapids, MI: Baker).
NVI   *Nova Versão Internacional* (São Paulo: Sociedade Bíblica Internacional, 2001).

TDNT   Geherd Kittel, org. *Theological Dictionary of the New Testament*. Tradução de Geofrey W. Bromiley (Grand Rapids, MI: Eerdmans, 1964) 10 vols. [edição em português: *Dicionário teológico do Novo Testamento* (São Paulo: Cultura Cristã, 2013) 2 vols.].

WBC   *Word Biblical Commentary* (Waco, TX: Word. Nashville, TN: Thomas Nelson).

Introdução

"**P**or que presbíteros?" A pergunta foi feita a mim quando nossa congregação considerou a transição para uma liderança de presbíteros. Presbíteros pareciam estranhos ao pensamento da minha denominação na época. Uma boa olhada nas Escrituras, na história da igreja e nas implicações práticas mudou a maneira que pensávamos. Mas isso foi mais de 20 anos atrás.

Desde a primeira publicação de *Elders in congregational life* [Presbíteros na vida congregacional] (2005)[1], as discussões sobre o assunto aumentaram. Matt Schmucker e eu recebemos inúmeras ligações, e-mails e visitas em que pastores — os novos e também os experientes — e líderes de igrejas nos interrogavam sobre a introdução de presbíteros em suas igrejas. Alguns pediram razões bíblicas para mudar sua forma de governo eclesiástico. Outros perguntaram como reconciliar sua maneira de governar com a história da igreja. A maioria parecia preocupada em saber como uma igreja funcionava com um grupo de presbíteros liderando a congregação. Como eles poderiam fazer a transição de suas igrejas para a saudável pluralidade de presbíteros? Eles poderiam fazer isso sem dividir suas igrejas? Como eles reconheceriam os homens qualificados para servir como presbíteros? Muitos ainda fazem as mesmas perguntas. É por isso que escrevemos este livro.

Porém, antes de entrarmos nos detalhes da pluralidade de presbíteros, deixe-me contar um pouco sobre minha própria história de transição para a liderança de presbíteros.

Três elementos primários me levaram a mudar na direção de uma pluralidade de presbíteros: Escrituras, história batista e questões práticas da vida da igreja. Enquanto proferia sermões que tratavam de textos bíblicos ensinando a pluralidade de presbíteros, experimentei vários momentos desconfortáveis — desconfortáveis porque eu

---

1 Phil A. Newton, *Elders In Congregational Life: Rediscovering The Biblical Model For Church Leadership* (Grand Rapids: Kregel Academic & Professional, 2005) [edição em português *Pastoreando a igreja de Deus: Redescobrindo o modelo de liderança na igreja* (São José dos Campos, Fiel, 2007)].

flexibilizei ou ignorei o ensino por causa de meu próprio contexto pastoral. As referências aos presbíteros abundam por todo o Novo Testamento, por isso é impossível não encontrar esses textos enquanto pregamos consecutivamente pelos livros da Bíblia. Eu adotei a explicação superficial que equipara os presbíteros da igreja primitiva com as equipes pastorais de hoje. Isso satisfez meu público, mas estava claro para mim que impus uma perspectiva moderna ao texto antigo. Antes de continuar oferecendo essa explicação à minha congregação, precisei ter certeza de que essa interpretação comum era de fato verdadeira em relação ao texto bíblico. Se, ao estudar as Escrituras, eu não ficasse convencido de que essa interpretação era bíblica, como convenceria minha congregação? Quanto mais estudei os textos bíblicos, menos apoio encontrei para simplesmente equiparar os presbíteros à equipe de igrejas modernas. A integridade bíblica exigia uma mudança na maneira pela qual eu abordaria esses textos.

A história também desempenhou um papel vital em afetar meu pensamento. Quando eu era adolescente, descobri que minha igreja local reconheceu presbíteros em sua história inicial. Os primeiros pastores foram identificados como presbítero Gibson, presbítero Hudson e presbítero Jennings. Por que eles foram chamados *presbíteros* no século 19 se, de fato, eram pastores? A resposta a essa pergunta veio muitos anos depois, quando um amigo me enviou uma cópia do discurso de W. B. Johnson: "Os governantes da igreja de Cristo", de seu *The gospel developed through the government and order of the churches of Jesus Christ* [O evangelho desenvolvido por meio do governo e da ordem das igrejas de Jesus Cristo] (1846). Johnson, o primeiro presidente da convenção Southern Baptist Convention, estabeleceu claramente a necessidade bíblica e prática de uma pluralidade de presbíteros na vida batista. A notoriedade de Johnson como líder entre os primeiros Batistas do Sul tornou seu discurso um significativo marcador histórico para os presbíteros na vida congregacional. Se a vida congregacional de alguns, ou, talvez, até de muitos, batistas dos séculos 18 e 19 incluía a prática da liderança de presbíteros, por que os batistas nos séculos 19 e 20 passaram para a estrutura de liderança de um único pastor, funcionários e diáconos?

Por fim, preocupações práticas deram muitos motivos para questionar a estrutura de autoridade comum nas igrejas batistas. Eu havia experimentado minha cota de conflitos na igreja, reuniões administrativas desanimadoras, diáconos pouco qualificados e lutas pelo poder na vida congregacional. Testemunhei em primeira mão a descontinuidade entre pastor e diáconos que afetou a unidade e a viabilidade de uma igreja. Era assim que as coisas deveriam ser se você fosse batista? Muitas pessoas achavam que sim. No entanto, como eu responderia ao Senhor da igreja caso me aquietasse frente ao conflito e à confusão na liderança da igreja?

Conhecendo minha responsabilidade perante o Senhor pela maneira que liderava a igreja em que servia, eu também sabia que tinha de seguir um caminho mais digno — mesmo que o preço fosse alto. Existe uma maneira melhor — uma maneira mais bíblica — de conduzir a vida da igreja? Essa é a pergunta que me fiz no final dos anos 80 e que muitos se fazem atualmente. A necessidade de mudança não deve ser ignorada, mas a metodologia não precisa causar reações bruscas que perturbam o equilíbrio das congregações. No entanto, os líderes e as congregações da Igreja devem trabalhar para descobrir a vontade revelada de Deus nas Escrituras e, então, obedecê-la fielmente.

Equipe pastoral examina a pluralidade de presbíteros pelos mesmos três ângulos: de modo histórico, bíblico e prático. Enquanto Matt e eu escrevemos nossas experiências como batistas em transição para modelo de igreja liderada por presbíteros, nós dois conversamos com muitos não batistas sobre a mesma necessidade de estabelecer uma forma de governo saudável na igreja. Embora a maioria de nossos exemplos provenha de nossa formação batista, acreditamos que as igrejas de outras tradições acharão as recomendações históricas, bíblicas e práticas igualmente úteis em apontar na direção de uma forma de governo saudável da igreja.

A seção histórica, parte 1, é a mais breve das três, mas particularmente ajuda as pessoas de origem batista — minha própria herança denominacional — a ver como as igrejas batistas com liderança plural de presbíteros não são realmente tão estranhas. A principal pergunta que recebi em relação à história dos presbíteros na vida batista concentra-se em *o que aconteceu para mudar o pensamento batista afastando-o da pluralidade de presbíteros*. Por que os batistas geralmente praticavam a pluralidade de presbíteros nos séculos 17, 18 e adentrando no 19, mas se afastaram desse modelo — pelo menos nos Estados Unidos — no século 20? Penso que a seção histórica ajudará a responder essa pergunta importante — e outras — e a demonstrar que os presbíteros se encaixam muito bem no modelo batista.

A parte 2 se volta para as Escrituras. Examino quatro textos bíblicos importantes, trabalhando neles expositivamente para mostrar o ensino bíblico sobre a liderança de presbíteros. Esses mesmos textos me fizeram contorcer no início do ministério, porque eu temia que as igrejas em que servia não tivessem a intenção de abraçá-los, ainda assim eu tinha a responsabilidade de os explicar. Se não é bíblico, certamente não precisamos passar pelo problema em potencial da transição para a forma de governo presbiteral! Mas se for bíblico, então somos compelidos a reconsiderar a maneira pela qual governamos e lideramos nossas igrejas à luz da Palavra de Deus. Essa reconsideração, fundamentalmente, leva a mudanças.

A parte 3 nos leva do teórico ao prático: Como passamos do texto bíblico para a prática real da liderança plural de presbíteros? Como isso remodela a maneira pela qual conduzimos a vida da igreja? Aqui é onde aconselho os líderes da igreja a se moverem devagar, deliberadamente e gentilmente. Nenhum líder deve ler um livro sobre a pluralidade de presbíteros e, de repente, anunciar a mudança para sua congregação! Isso pode ser desastroso! No entanto, ele deve começar o processo cuidadoso de ensinar, treinar e direcionar sua congregação para uma maneira mais saudável de liderança da igreja. As perguntas que recebi de pastores, líderes e estudantes de seminário ao longo dos anos abrem caminho para os capítulos dessa seção — pelo menos minha tentativa de respondê-las. Tentei considerar muitas das armadilhas e objeções ao longo do caminho para fazer a transição da forma de governo da igreja. Convido você a ler esses capítulos com atenção antes de iniciar uma mudança maciça em sua igreja.

A liderança da igreja continua sendo importante, independentemente do tamanho ou da localização da igreja. Foi por isso que adicionei o capítulo 21, "Desenvolvimento de liderança em lugares difíceis: missionários, novas igrejas e presbíteros". Minhas discussões com líderes de missão e nativos levaram a uma séria reflexão sobre como estabelecer a liderança de presbíteros quando o missionário tem apenas uma breve chance de fazê-lo, especialmente onde a perseguição é normal. Para aqueles que estão engajados no trabalho transcultural, você pode achar esse capítulo particularmente útil. Ele também pode ajudar as congregações envolvidas no trabalho missionário a serem mais sensíveis aos desafios que nossos missionários enfrentam.

A melhor mudança neste livro veio com a adição dos capítulos sinceros de Matt Schmucker! Matt é meu amigo desde meados dos anos 90, quando nos conhecemos em uma conferência. Conversamos muito sobre família, esportes, evangelho, forma de governo da igreja e sobre a vida desde aquela época. Oramos juntos e derramamos lágrimas juntos. Eu amo sua franqueza e paixão pela igreja de Cristo! Você encontrará muitos exemplos disso em seus capítulos. Sua narrativa da restauração da igreja Capitol Hill Baptist Church para uma saúde vibrante lhe proporcionará esperança e encorajamento, bem como percepção de seu próprio contexto.

Ambos oramos para que este livro sirva à igreja de Cristo e aos líderes fiéis que buscam pastorear o rebanho comprado por seu sangue (At 20.28).

Parte 1

POR QUE PRESBÍTEROS?

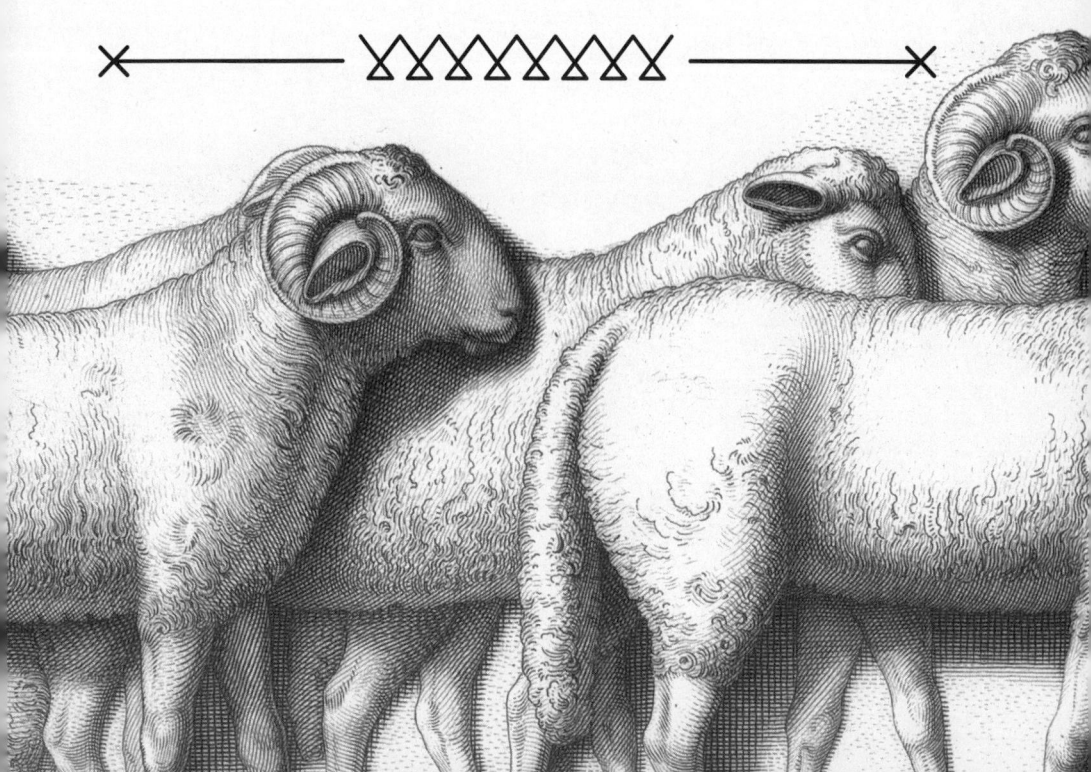

CAPÍTULO 1

Por que *presbíteros batistas* não é um oximoro

Fotos antigas de homens velhos suscitavam questões em minha mente jovem. Eram os retratos dos pastores que serviram em minha igreja local durante o século 19, os quais despertavam minha curiosidade adolescente sempre que passava por eles no corredor. Cada um tinha a legenda "Presbítero" sob o nome do homem.

Eu sabia que as congregações Presbiterianas e as da Igreja de Cristo tinham um ofício chamado de "presbítero", mas nunca tinha ouvido falar de um presbítero em uma igreja batista.

No entanto, as fotos não mentiam. Minha igreja, a First Baptist Church of Russellville, Alabama, já havia reconhecido presbíteros. A igreja foi fundada por congregações de cidades vizinhas em 1867, "com os presbíteros R. J. Jennings e Mike Finney constituindo o presbitério".[1]

Minha igreja não era única. Nos séculos anteriores, as igrejas batistas muitas vezes chamavam seus pastores de presbíteros. Não apenas isso, eles muitas vezes possuíam uma pluralidade de presbíteros, incluindo homens que não eram pagos pela igreja. Alguns até chamavam esses presbíteros não ordenados de "presbíteros regentes".[2] Por exemplo, J. H. Grimes, escrevendo por volta da virada do século 20,

---

1 Boyce Broadus, *Baptists of Russellville, Alabama, 1867-1967* (Birmingham, AL.: Banner Press, 1967), 3. A senhora Broadus foi a neta do famoso teólogo batista do sul John Broadus.
2 Gregory A. Wills, *Democratic religion: freedom, authority, and church discipline in the Baptist South, 1785-1900* (New York: Oxford University Press, 1997), 51, 155 n. 4. Wills chega a essa conclusão a partir de diversos documentos históricos dos séculos 18 e 19 dos batistas na Georgia.

frequentemente se refere aos pastores como presbíteros. Ele identifica o presbítero John Bond, em Statesville, como "apenas um ministro licenciado no momento, mas ele foi plenamente ordenado pela igreja Union Church em 1820, por um presbitério[3] consistindo dos presbíteros Joshua Lester e David Gordon".[4] Bond posteriormente serviu como pastor, mas foi chamado de "presbítero" antes de entrar para o pastorado. Nas igrejas batistas do Tennessee, Grimes identificou os homens envolvidos na liderança pastoral que não recebiam salário como "presbíteros leigos".[5]

PLURALIDADE DE PRESBÍTEROS ENTRE BATISTAS AMERICANOS

Muitas igrejas batistas na América eram lideradas por uma pluralidade de presbíteros, tanto remunerados quanto não remunerados.

Por exemplo, David Tinsley, um batista muito importante servindo na Geórgia no final do século 18 ao lado do pai de Jesse Mercer,[6] Silas Mercer, foi ordenado quatro vezes: primeiro para o cargo de diácono, depois para o cargo de presbítero regente, depois para o cargo de pregador do evangelho e, finalmente, para o cargo de evangelista.[7] Como um presbítero não contratado nem remunerado, ele fazia parte do presbitério plural em sua igreja. Seu serviço com o notável líder Silas Mercer demonstra a proeminência dada a pluralidade de presbíteros entre os batistas.[8]

Uma ampla evidência de liderança plural de presbíteros pode ser encontrada nas atas da principal associação de batistas no período colonial, a associação Philadelphia

---

3 N.E.: O termo "presbitério" é utilizado de forma distinta entre batistas e presbiterianos. Para estes, presbitério é o órgão governante formado por ministros e por representantes dos presbíteros (regentes) de congregações dentro de um determinado distrito. Já o corpo pastoral de uma igreja local é comumente chamado de "conselho". Para os batistas, esse conselho pastoral local pode ter diversas designações, como presbitério, equipe pastoral e colegiado pastoral.

4 J. H. Grimes, *History of Middle Tennessee Baptists* (Nashville: Baptist and Reflector, 1902), 158.

5 Ibid. É verdade que os termos *presbíteros regentes* e *presbíteros leigos* não são títulos do Novo Testamento. A distinção nesses títulos se assemelha, entretanto, a alguns dos títulos comuns usados nas igrejas modernas, por exemplo, pastor *sênior*, pastor *associado*, pastor de *educação* e pastor *executivo*. Todos são considerados servindo em funções pastorais, mas nem todos têm a mesma função dentro do ambiente da igreja local. O adjetivo qualifica a função da mesma forma que o fez com os títulos de presbíteros *regentes* e presbíteros *leigos*. Devo muito ao dr. Daniel Akin por suscitar questões sobre essa importante distinção histórica (correspondência pessoal, 24 de julho de 2003).

6 Jesse Mercer, que também foi um batista de grande importância, foi o fundador da Universidade de Mercer.

7 David Benedict, *General history of the Baptist denomination in America and other parts of the world* (Boston: Manning and Loring, 1813), 176.

8 Wills, *Democratic religion*, 31, identifica Silas Mercer na Georgia e Isaac Backus de Massachusetts como "líderes revolucionários de uma época de guerra" entre batistas. Portanto, o serviço de um presbitério plural de Tinsley foi localizado dentro de uma igreja proeminente.

Baptist Association. Em 1738, por exemplo, a associação considerou se um presbítero regente que já havia sido designado pela imposição de mãos "deveria, mais tarde, ser chamado pela igreja, em razão de seus dons, para a palavra e doutrina [i.e., como pastor] e ser ordenado novamente pela imposição de mãos". A resposta foi simples: "Resolvido no afirmativo".[9] De fato, parece ter sido a norma na associação da Filadélfia distinguir entre os presbíteros regentes e aqueles que ministravam regularmente a palavra.[10] Pluralidade era a prática normativa.

O mesmo ocorria na associação Elkhorn Baptist Association de Kentucky. Nas atas da reunião de 1790, a igreja Cooper's Run Church perguntou: "Se o cargo de presbítero, distinto daquele de ministro, é uma instituição evangélica ou não?". A associação respondeu: "É a opinião da associação de que é sim uma instituição evangélica". Esses batistas do século 18 reconheceram os presbíteros não remunerados da equipe como parte da pluralidade de presbíteros em suas igrejas locais.[11]

A associação Charleston Baptist Association também reconheceu que os ministros são chamados de "presbíteros" e sugeriu que as igrejas eram lideradas por "presbitérios" que continham uma pluralidade de "ministros" ou "presbíteros".[12]

Resumindo, a prática não era universal, mas muitas igrejas batistas dos séculos 18 e 19 praticavam liderança plural. O historiador batista Greg Wills observa: "esses presbíteros ajudavam o pastor, conforme necessário, na pregação e na administração do batismo e da ceia do Senhor. Eles eram líderes da congregação por sua sabedoria, piedade, conhecimento e experiência. Essas igrejas reconheciam os dons e o chamado de todos os presbíteros entre eles".[13] Por algum tempo, muitos batistas distinguiram entre "presbíteros regentes" e "presbíteros docentes". Os presbíteros regentes focavam-se nas questões administrativas e de governo da vida da igreja, enquanto os presbíteros docentes exerciam responsabilidades pastorais, incluindo a administração das

---

9   A. D. Gillette, org., *Minutes of the Philadelphia Baptist Association 1707–1807: being the first one hundred years of its existence* (1851; repr.; Springfield, MO: Particular Baptist Press, 2002), 39.

10   Ibid., 102.

11   Basil Manly Jr., "History of the Elkhorn Association", acesso em: 9 de fevereiro de 2011; disponível em: http://baptisthistoryhomepage.com/elkhorn.assoc.his1.manly.html.

12   Em "A summary of church discipline", em: Mark Dever, org, *Polity*, 120, e referência à pluralidade de ministros, 125.

13   Greg Wills, "The church: Baptists and their churches in the eighteenth and nineteenth centuries", em: Mark Dever, org., *Polity: biblical arguments on how to conduct church life* (Washington, DC: Center for Church Reform, 2001), 33–35.

ordenanças. Em 1820, o título de "presbítero regente" havia desaparecido, e alguns argumentavam que o pastor e os diáconos constituíam o presbitério. Nem todos concordaram, incluindo o primeiro presidente da convenção Southern Baptist Convention, W. B. Johnson, que "ensinou que Cristo exigia estritamente que cada igreja tivesse pluralidade de presbíteros".[14]

BATISTAS AMERICANOS E O DECLÍNIO NA PLURALIDADE DE PRESBÍTEROS

Frequentemente se pergunta por que os batistas abandonaram a prática da pluralidade de presbíteros. O falecido teólogo Stanley Grenz identifica Isaac Backus (1724-1806) como uma das principais razões para o declínio. Backus, um dos líderes batistas mais significativos do século 18, é mais conhecido em nossos dias por seu trabalho politicamente orientado, até mesmo por se reunir com membros do Congresso Continental. No entanto, Backus também promoveu amplamente o evangelismo e a plantação de igrejas por meio de prolongadas viagens de pregação evangelística e ajudando no estabelecimento de novas igrejas. Como escritor prolífico e orador talentoso, influenciou sua geração e as subsequentes. Ele cresceu como um congregacionalista e pastoreava uma igreja New Light em Titicut, Massachusetts, começando em 1748, antes de adotar a visão batista em 1756. Ele então serviu como pastor da Primeira Igreja Batista de Middleborough, Massachusetts, por cinquenta e dois anos até a sua morte.

A família de Backus sofreu nas mãos da hierarquia religiosa nas colônias, então ele, corretamente, reagiu contra qualquer tipo de tirania religiosa ou opressão hierárquica. Ele deplorava qualquer forma de governo que depreciasse o indivíduo comum na igreja. Muitas igrejas batistas praticavam a pluralidade de presbíteros naquela época, provavelmente em virtude da influência da associação Philadelphia Baptist Association. Mas a ênfase de Backus no individualismo, juntamente com seu hipercongregacionalismo, levaram a uma difamação da pluralidade de presbíteros nas igrejas sob sua influência. Grenz explica: "Backus favorecia um clero muito 'fraco',

---

14 Ibid., 34. Wills resume a visão de Johnson.

com o poder real residindo nos próprios membros da igreja".[15] Consequentemente, Backus limitou a um único pastor as igrejas que ajudou a iniciar.[16]

O ministro batista John Leland (1754-1841) então pegou o manto de Backus tanto na liberdade religiosa quanto na forma de governo por meio de seus próprios escritos e oratória. Ambos os homens foram moldados pela ênfase da cultura colonial enfocada no indivíduo e relegaram a igreja a uma posição secundária em relação ao indivíduo.[17] Como observa um historiador, Backus clamava por uma "forma de governo congregacional não mitigada" que melhor se adequasse ao individualismo, enquanto Leland "igualava congregacionalismo, forma de governo e cristianismo", provavelmente apoiando-se mais em Thomas Jefferson do que nas Escrituras para solidificar seus pontos de vista.[18] Ambos os líderes batistas temiam qualquer estrutura eclesiástica que pudesse remover o poder da congregação. Isso os levou a desacreditar a ideia de liderança plural de presbíteros, mesmo que esses presbíteros liderassem sob a autoridade final da congregação (como acontece com as igrejas na associação Philadelphia Baptist Association).

A ênfase no individualismo e o declínio da pluralidade dos presbíteros continuaram em meados do século 19 com os escritos prolixos de Francis Wayland. Wayland, junto com Edward Hiscox e John Newton Brown, moldaram o que seria considerado uma ortodoxia batista pelas futuras gerações.[19] Wayland tratou as diferentes formas de governo eclesiástico como acidentes históricos. Ele não acreditou que o Novo Testamento apresentava uma estrutura organizacional normativa, então argumentou que as decisões sobre o governo da igreja podiam variar de igreja para igreja, cada uma adotando o que considerava mais útil. Apesar de favorecer a forma de governo congregacional, ele não militava a favor dessa visão. Em vez disso, ele enfatizou a liberdade individual. Esta ênfase contínua no individualismo foi o que

---

15 Stanley Grenz, *Isaac Backus — Puritan and Baptist: his place in history, his thought, and their implications for modern Baptist theology*, NABPR Dissertation Series, 4 (Macon, GA: Mercer University Press, 1983), 278-279.

16 Ibid., 279.

17 Edwin S. Gaustad, "The Backus-Leland tradition", em: Winthrop S. Hudson, org., *Baptist concepts of the church: a survey of the historical and theological issues which have produced changes in church order* (Chicago: Judson Press, 1959), 106.

18 Ibid., 122-123.

19 Norman H. Maring, "The individualism of Francis Wayland", em: Winthrop S. Hudson, *Baptist Concepts*, 135.

destruiu tanto a natureza corporativa da igreja local quanto a estrutura de liderança da pluralidade de presbíteros.[20]

Na mesma época, o surgimento do landmarkismo favoreceu ao mesmo individualismo crescente. Sua ênfase em uma democracia rígida nas igrejas corroeu ainda mais o padrão de liderança estabelecido no Novo Testamento.[21] Assim, o landmarkista J. M. Pendleton, em seu *Baptist church manual* [Manual da igreja batista] de 1893, argumentou que "pastores e diáconos são os únicos oficiais permanentes da igreja segundo as Escrituras".[22]

Apesar dessa diversidade, os batistas modernos que buscam abraçar o presbitério plural têm uma herança viável como base.[23] Essa herança se irradia claramente por meio de alguns dos documentos de forma de governo dos batistas antigos. Dois exemplos finais: Primeiro, Benjamin Griffith, em "A short treatise concerning a true and orderly gospel church" [Um breve tratado sobre uma igreja do evangelho verdadeiro e organizado] (1743), ensinou claramente a pluralidade de presbíteros, referindo-se aos presbíteros regentes como aqueles com dons "para ajudar o pastor ou professor no governo da igreja".[24] Ele explicou ainda: "ambas as obras de ensino e governo pertencem ao pastor; mas, no caso de ele ser incapaz, ou a obra de governar muito extenuante para ele, Deus providenciou uma assistência, e eles são chamados de presbíteros regentes".[25] Griffith viu os presbíteros ajudando o pastor que trabalhava no ministério da Palavra, fortalecendo suas mãos para as exigências do ministério cristão. Eles deveriam ser úteis "para aliviar o pastor ou professor e manter a honra do ministério".[26]

Em 1798, a associação Philadelphia Baptist Association encarregou Samuel Jones (1735–1814), o pastor e estudioso influente nas colônias intermediárias, de revisar as disciplinas da Confissão de Fé da Filadélfia. Ele fez isso mais tarde em 1805.

---

20 Ibid., 152–158, 165–166.

21 Veja Robert G. Torbet, "Landmarkism", em: Winthrop S. Hudson, *Baptist Concepts*, 170–195 para uma pesquisa útil da influência inicial do landmarkismo.

22 J. M. Pendleton, *Baptist church manual* (Nashville: Broadman Press, 1966), 24, 32.

23 Estou em dívida com Shawn Wright, no Seminário Teológico Batista do Sul em Louisville, Kentucky, por pesquisas e comentários que ajudaram a esclarecer esse ponto (correspondência pessoal, 24 de janeiro de 2003).

24 Benjamin Griffith, "A short treatise concerning a true and orderly gospel church" (Philadelphia: Philadelphia Baptist Association, 1743), em: Mark Dever, org., *Polity: biblical arguments on how to conduct church life* (Washington, DC: Center for Church Reform, 2001), 98.

25 Ibid.

26 Ibid.

Em seu trabalho, Jones admitiu que muitas disputas ocorreram entre os batistas sobre a legitimidade de "presbíteros regentes". Ele achou melhor que as igrejas locais decidissem por si mesmas se incluiriam esse ofício específico em suas respectivas congregações, então apresentou argumentos a favor e contra a prática. Positivamente, ele afirmou que o presbítero regente pode ajudar a "aliviar parte do fardo do ministro", como também fazem os diáconos. Ele disse que isso pode desviar "alguns pensamentos inflexíveis e má vontade", entre os membros da congregação, que podem surgir sobre as decisões de liderança. Ele explicou ainda que nem todos os ministros têm dons para dirigir os assuntos administrativos da congregação e que outros podem cuidar melhor dessas responsabilidades. Portanto, a congregação precisa atribuir a esses homens a autoridade para servir em tais funções.[27] Embora eu prefira não fazer a distinção de "presbítero regente", como é comum nos círculos presbiterianos, o argumento de Jones certamente indica que os primeiros batistas reconheciam a pluralidade de presbíteros como uma parte necessária da forma de governo da igreja.

BATISTAS INGLESES

A prática de incluir presbíteros na vida batista não começou na América. O presbitério plural era comum na Inglaterra durante os séculos 17 e 18. Citando vários exemplos de presbíteros leigos nas igrejas batistas,[28] o historiador A. C. Underwood observa que os primeiros batistas não apenas reconheciam a pluralidade de presbíteros, mas também distinguiam as funções dos presbíteros dentro das igrejas locais. Ele menciona a Igreja Broadmead do século 17 em Bristol, que tinha um pastor, presbíteros regentes, diáconos e diaconisas.[29]

Mesmo assim, os presbíteros batistas eram diferentes dos presbiterianos. Os primeiros "recuaram diante da perspectiva" de os presbíteros de uma igreja atuarem como presbíteros em outra. Portanto, eles nunca teriam considerado a ideia de um sínodo ou presbitério fora da igreja local. A autoridade pertencia à igreja local. A única exceção parece ter ocorrido quando os presbíteros de uma igreja ajudariam,

---

27 Samuel Jones, "A treatise of church discipline and a directory (1798)", em: Dever, *Polity*, 145-146.
28 Meu uso de *presbíteros leigos* como forma de explicar a prática histórica do presbiterato plural não é um endosso do termo para uso moderno. Uma melhor distinção poderia ser *presbíteros não contratados* que servem com os presbíteros que constituem o corpo de funcionários da igreja. Isso supõe que, ao contrário dos presbíteros contratados, os presbíteros não contratados não recebem nenhuma compensação da igreja por seu serviço.
29 A. C. Underwood, *A history of the English Baptists* (London: Carey Kingsgate Press, 1947), 130-131.

por necessidade, a ordenar oficiais ou a administrar as ordenanças em outra igreja. Nesses casos, os presbíteros funcionavam como ministros do evangelho, mas sem autoridade pastoral na outra igreja.[30]

A maioria dos batistas ingleses dessa época, ao contrário dos presbiterianos, rejeitou a ideia de "presbíteros regentes" como algo distinto de "presbíteros docentes". A igreja Devonshire Square Church em Londres, onde William Kiffin pastoreou, reconheceu "uma paridade dentro do presbiterado"; cada presbítero compartilhava a responsabilidade e a autoridade dentro da igreja. Da mesma forma, em uma igreja em Kensworth, Bedfordshire, em 1688, "três homens foram escolhidos em conjunto e igualmente para oficiar [...] no partir do pão e na administração de outras ordenanças, e a igreja ao mesmo tempo concordou em suprir e manter tudo ali um encargo".[31] O renomado Benjamin Keach também rejeitou a ideia de presbíteros regentes como uma posição distinta, mas permitiu que a igreja pudesse "escolher alguns irmãos capazes e discretos para serem *ajudantes* no *governo*", presumivelmente como uma aliança separada ou mais provavelmente como membros de um presbitério plural.[32] Entretanto, algumas igrejas batistas fizeram uma distinção entre presbíteros que ensinam e regem. Em tais casos, "o pastor era o chefe dos presbíteros da igreja", ao passo que os presbíteros regentes compartilhavam a supervisão com ele.[33]

Certamente, nem todas as igrejas batistas inglesas dessa época seguiram a pluralidade de presbíteros, mas "a maioria dos Batistas Particulares estavam comprometidos com uma pluralidade e paridade de presbíteros em suas igrejas", acreditando que uma pluralidade de presbíteros era "necessária para uma igreja completa".[34]

Os presbíteros nunca exerceram domínio, por meio de suas posições, sobre suas igrejas. Eles eram "mordomos responsáveis perante seu Mestre e servos de seu povo". Seus deveres, de acordo com Nehemiah Coxe em um sermão de ordenação de 1681, eram "orar (conduzir o culto), pregar e o exercício da disciplina; e os deveres

---

30 Em James M. Renihan, "The practical ecclesiology of the English Particular Baptists, 1675–1705: the doctrine of the church in the Second London Baptist Confession as implemented in the subscribing churches" (Ph.D. diss., Trinity Evangelical Divinity School, 1997), 196.

31 Ibid., 201.

32 Benjamin Keach, *The glory of a true church and its discipline display'd* (London: n. p., 1697), 15–16 (destaques de Keach), citado em: Renihan, "Practical ecclesiology", 202.

33 Ibid.

34 Ibid., 205. (Itálico do rev.)

privados como visitar o rebanho, encorajando, exortando e repreendendo-os".³⁵ Hanserd Knollys, outro líder notável entre os batistas ingleses do século 17, descreveu os deveres do presbitério plural:

> O ofício de um *pastor*, *bispo* e *presbítero*, ou *ancião*, na Igreja de Deus, é assumir o encargo, a supervisão e o cuidado daquelas almas que o Senhor Jesus Cristo lhes confiou, para alimentar o rebanho de Deus; para cuidar de suas almas, para reger, guiar e governar [...] de acordo com as leis, constituições e ordenanças do evangelho.³⁶

CONFISSÕES BATISTAS

Documentos confessionais e declarações sobre a forma de governo da igreja entre os primeiros batistas na Inglaterra e nos Estados Unidos confirmam a prática da pluralidade de presbíteros. A Confissão de Londres de 1644 afirmou,

> Que sendo assim reunida, cada igreja tem o poder que lhe foi dado por Cristo para o seu melhor bem-estar, para escolherem, para si próprios, encontrar pessoas para o ofício de pastores, mestres, presbíteros, diáconos, qualificados segundo a Palavra, como aqueles que Cristo designou em seu Testamento, para a alimentação, o governo, o serviço e a edificação de sua igreja, e que nenhum outro tem o poder de impor a ela, sejam esses ou qualquer outro.³⁷

Semelhante à Confissão dos Batistas de Londres, a Declaração de Savoy de 1658 — a confissão congregacionalista que continha muito da substância das confissões Batistas posteriores — identificou "pastores, mestres, presbíteros e diáconos" como "os oficiais nomeados por Cristo para serem escolhidos e separados pela igreja".³⁸

---

35 Ibid., 210, resumindo o comentário de Coxe.
36 Ibid., 210; citando Hanserd Knollys, *The Word that now is* (London: Tho. Snowden, 1681), 52.
37 John Piper, "Biblical eldership: shepherd the flock of God among you", seção 1; acesso em: 19 de Março de 2003; disponível em: https://www.desiringgod.org/messages/biblical-eldership-session-1. Veja também John Piper, *Biblical eldership* (Minneapolis: Desiring God Ministries, 1999).
38 *CrChr*, 3:725.

A Confissão Batista de 1688 (a Confissão de Filadélfia) seguiu a linguagem da Declaração de Savoy com uma mudança apenas nos ofícios identificados como "bispos ou presbíteros e diáconos".[39]

A Confissão de New Hampshire de 1833 — o documento fundamental para a declaração de fé Mensagem e Fé Batista da convenção Southern Baptist Convention de 1925 — identifica os únicos oficiais bíblicos da igreja local como "bispos, ou pastores e diáconos, cujas qualificações, reivindicações e deveres são definidos nas epístolas a Timóteo e Tito".[40]

O Resumo de Princípios (1858) — a confissão ainda usada nos seminários Southern e Southeastern Baptist Theological Seminary — declarou: "Os oficiais regulares de uma igreja são bispos ou presbíteros e diáconos".

Embora a declaração de fé Mensagem e Fé Batista de 1925 dos Batistas do Sul aponte para o cargo de presbítero, as revisões da Mensagem e Fé Batista de 1963 e 2000 eliminam os títulos de *bispo* e *presbítero*: "seus oficiais bíblicos são pastores e diáconos". A mudança demonstra como o presbiterado plural caiu em desuso na prática batista.[41]

É sabido que essas declarações confessionais são um tanto vagas, abrindo espaço tanto para aqueles que defendem a pluralidade de presbíteros quanto para aqueles que se opõem a ela. Nem todas as igrejas batistas inglesas e coloniais praticavam a pluralidade de presbíteros. Segundo alguns relatos, apenas uma minoria o fez. No entanto, a presença da pluralidade de presbíteros entre líderes notáveis e em igrejas fortes contradiz a noção de que o presbítero é uma anomalia entre os batistas.

---

39 Ibid., 3:739.

40 Ibid., 3:747.

41 Paul Burleson em um sermão, "An historical study of Baptist elders — 1 Peter 5:1-4", na igreja Trinity Baptist Church, em Norman, Oklahoma; acesso em: 21 de novembro de 2002; disponível em: http://media.hhbc.com/pdfs/elderhistory.pdf, oferece três razões para o declínio dos presbíteros na vida batista no final dos anos 1800 entrando em 1900. Em primeiro lugar, na expansão das igrejas batistas para o oeste, o único pastor/plantador de igrejas servia muitas vezes como ministro itinerante de um circuito, cuidando da maior parte das tarefas da igreja com o desvanecimento do presbiterado plural no processo. Presumivelmente, a liderança masculina qualificada era escassa nos primeiros dias. Em segundo lugar, a ascensão do landmarkismo, com sua ênfase no "governo democrático com nenhum regime presbiteral", teve profunda influência na vida e prática batista sulista. Em terceiro lugar, "a ascensão dos campbelitas" — agora chamada Igreja de Cristo, que "usava exclusivamente a palavra presbítero" — fez com que os batistas reagissem e rejeitassem o nome *presbítero*, usando apenas a palavra *pastor* para aqueles envolvidos no ministério e na liderança da igreja.

W. B. JOHNSON E OS BATISTAS DO SUL

Como fundador da convenção Southern Baptist Convention e seu primeiro presidente denominacional, W. B. Johnson deixou um legado de fidelidade bíblica e paixão pelo evangelho. Seu trabalho no governo da igreja, "The gospel developed through the government and order of the churches of Jesus Christ" [O evangelho desenvolvido através do governo e da ordem das igrejas de Jesus Cristo] (1846), permanece um guia geralmente confiável para encorajar as igrejas Batistas a serem fiéis à Palavra de Deus. Depois de delinear a evidência bíblica da pluralidade de presbíteros nas igrejas do primeiro século, Johnson explicou que cada presbítero (ou "bispo" ou "supervisor", como ele os chamava) trouxe "um talento particular" para as necessidades da igreja. Ele acrescentou: "A importância e necessidade de um bispado para cada igreja, incorporando dons para vários serviços, é, portanto, mais óbvia para a realização de um dos grandes fins para os quais Cristo veio ao mundo, e para o qual, quando ele subiu ao alto, deu dons para os homens" (veja Ef 4.7-16).[42] Em uma pluralidade, cada presbítero traz um conjunto diferente de dons e habilidades para que todo o corpo se beneficie de seu ministério compartilhado. Johnson declara: "Uma pluralidade no bispado é de grande importância para o conselho e a ajuda mútuos, para que o governo e a educação do rebanho sejam promovidos da melhor maneira".[43] Ao revisar o ensino das escrituras sobre os presbíteros, Johnson explica: "Esses líderes eram todos iguais em posição e autoridade, nenhum tendo preeminência sobre os demais. Isso resulta satisfatoriamente do fato de que as mesmas qualificações eram exigidas de todos, de modo que, embora alguns trabalhassem em palavra e doutrina e outros não, a distinção entre eles não era na categoria, mas no caráter de seu serviço".[44] Ele identificou igualdade entre os presbíteros, independentemente de sua função ou seu papel particular na igreja.

Johnson também foi realista. Embora reconhecendo que as Escrituras exigem pluralidade de presbíteros, ele observou que algumas igrejas podem não ser capazes de estabelecer uma pluralidade imediatamente: "Em uma igreja onde mais de um [presbítero] não pode ser achado, um pode ser nomeado com base no princípio de que,

---

42 W. B. Johnson, "The gospel developed through the government and order of the churches of Jesus Christ" (Richmond: H. K. Ellyson, 1846); em: Dever, *Polity*, 193.
43 Ibid., 192–193.
44 Ibid., 191.

logo que outro possa ser alcançado, haverá uma pluralidade".[45] Além disso, Johnson distinguiu entre presbíteros e diáconos. O gabinete dos presbíteros é espiritual, enquanto o dos diáconos é temporal. "Qualquer que seja o cuidado temporal que os interesses da igreja requeiram, *esse* cuidado recai sobre os *diáconos*, como *servos* da igreja".[46] É claro que os diáconos também atuam em pluralidade.

Todas as igrejas batistas do passado tinham uma pluralidade de presbíteros? Obviamente não. Mas muitos acreditavam que esse era o modelo do Novo Testamento. O pastor John Piper, após pesquisar confissões Batistas históricas, chegou à mesma conclusão: "O mínimo que podemos dizer dessa pesquisa histórica das confissões batistas é que *é falso dizer que o presbiterado não é batista*. Pelo contrário, o ofício de presbítero é mais batista do que sua ausência, e seu desaparecimento é um fenômeno moderno paralelo a outros desenvolvimentos na doutrina que tornam seu desaparecimento, no mínimo, questionável".[47]

O RECENTE ENFRAQUECIMENTO DA PLURALIDADE DE PRESBÍTEROS

Os últimos duzentos anos testemunharam a morte da pluralidade de presbíteros entre os batistas. Os pastores começaram a se parecer com diretores executivos em vez de humildes pastores do Novo Testamento. Seus funcionários são contratados por suas habilidades empresariais. E suas igrejas são administradas como grandes empresas, exigindo as estruturas corporativas de uma empresa de sucesso.

Um olhar sincero sobre a forma de governo nas igrejas em geral hoje levanta questões a respeito de nossa diligência em nos conformar às Escrituras. Especificamente, quão bem estão os cristãos no Ocidente em serem diferentes do mundo ao seu redor? Estamos agindo como sal e luz em nossas comunidades? Nossos "valores familiares" são muito diferentes dos de nossos vizinhos? Relacionadas a essas questões de santidade da igreja estão as questões referentes à forma de governo da igreja: Nossas congregações são nutridas e disciplinadas como suas contrapartes do Novo Testamento? O nosso rol de membros está inflacionado? Isso poderia estar contribuindo para nosso mundanismo? Os pastores e membros da equipe pastoral prestam

---

45 Ibid., 194.
46 Ibid., 196-197.
47 John Piper, "Biblical eldership", seção 1.

contas a alguém, isto é, além deles mesmos? Será que a taxa alarmante de comportamento imoral entre os ministros pode estar ligada à desconexão entre a equipe da igreja e uma pluralidade de presbíteros piedosos, tanto leigos quanto pagos? Para ser mais claro, acredito que a experiência recente ensina o que as Escrituras pelo menos implicam: que a santidade de uma igreja está ligada à sua forma de governo, assim como a fé está ligada à ordem.

Nossos antepassados batistas buscaram ancorar suas estruturas e práticas de igreja no ensino das sagradas Escrituras. Esses homens convictos não conformaram suas igrejas aos desígnios populares da época, mas aplicaram as verdades das Escrituras para abrir um caminho para seus herdeiros. No final, se os batistas historicamente praticavam ou não a pluralidade de presbíteros, é secundário. O foco principal para os líderes da igreja hoje deve ser entender o que a Palavra de Deus ensina e, então, instruir suas igrejas de acordo com a Palavra. A história serve apenas para confirmar a veracidade das Escrituras.

QUESTÕES PARA REFLEXÃO

- Qual é o papel da história na compreensão da vida da igreja moderna?
- Todas as primeiras igrejas batistas praticavam a pluralidade de presbíteros?
- Quais eram as posições de Benjamin Griffith, Samuel Jones e W. B. Johnson sobre a pluralidade de presbíteros?
- Qual foi a influência de Isaac Backus, John Leland e Francis Wayland na forma de governo da igreja batista?
- Por que houve um movimento de afastamento da pluralidade de presbíteros entre batistas dos séculos 19 e 20?

CAPÍTULO 2

Ovelhas sem pastor

Abandonado. Eu tinha certeza disso. Era novembro de 1990. Minha esposa, dois filhos pequenos e eu estávamos tentando encontrar o funeral da avó de minha esposa, Madeline Dunmire. Estávamos em frente à igreja Capitol Hill Metropolitan Baptist Church, da qual vovó Dunmire havia sido membro de 1924 até sua morte. No entanto, o prédio parecia abandonado.

Não havia placas externas identificando o edifício; elas haviam caído anos atrás. Metade das guarnições dos vitrais foram pintadas provavelmente dez anos antes; a outra metade estava descascando, negligenciada sabe-se lá desde quando. O terreno da igreja foi cercado por gradil de arame trançado, mas certos pedaços haviam rompido. Plantados na frente do gradil estavam arbustos espinhosos para "manter os moradores de rua do lado fora". Na verdade, os arbustos também podem ter assustado uma série de possíveis visitantes, apresentando uma bela coleção de latas de cerveja e outros tipos de lixo.

Paramos nossa minivan em um estacionamento adjacente e estacionamos ao lado de um sedan, com uma batida na traseira. As quatro portas da igreja viradas para a rua estavam todas trancadas. Não se via ninguém se movimentando dentro do prédio escuro. Do lado de fora no frio congelante, a conversa com minha esposa foi mais ou menos assim:

— Não tem ninguém aqui.
— Deve ter.
— Este lugar está abandonado.
— Não pode ser.
— Tem certeza de que este é o lugar certo?
— Lembro-me de vir aqui quando garotinha para jantares entre mães e filhas.
— Este lugar não parece estar funcionando, querida.

Finalmente, uma mulher de meia-idade com sotaque sulista apareceu na última porta que batemos. "Posso ajudar?", ela disse.

Ao que parece, esta era a igreja da vovó e um funeral estava acontecendo. Nancy, a amigável abridora de portas da Geórgia, nos conduziu ao berçário. Parecia um hospital do leste europeu, de uma guerra do início do século 20, só que mais sujo. A sala era cercada por berços de metal brancos mal pintados que ficavam bem acima de um piso ladrilhado de linóleo sujo. O local estava iluminado por três lâmpadas descobertas que pendiam do teto por fios. As funcionárias contratadas do berçário não falavam inglês.

Decidimos manter nossos filhos conosco e então abrimos nosso caminho por uma série de corredores até o "santuário". Os vários tons de cabelo cinza e azul das mulheres idosas sentadas nas fileiras de trás eram tão marcantes quanto o cheiro de naftalina que emanava de seus casacos de lã e pele.

O culto começou e, surpreendentemente, terminou sem problemas. O coro, vestido com túnicas, cantou o Hinário Batista, e o evangelho foi pregado para uma audiência mais velha, audiência de algumas centenas de pessoas em uma sala mal iluminada com capacidade para mil pessoas.

Mais tarde, conversando, ficou claro que minha família estava olhando para um remanescente, um remanescente do que era conhecido como os "dias de glória". Dos anos 1930 aos anos 1950, o prédio estivera cheio de veteranos de guerra e seus pais. Agora eles estavam simplesmente velhos e morrendo. Uma facção do grupo sênior era conhecida como "Clube dos três Ls", que significava *Live Long and Like It* [viva longamente e aproveite]. Eles tinham sua própria sala, no porão, em frente ao salão de comunhão, anteriormente conhecido como tabernáculo inferior. Outra facção era conhecida como "Panteras Cinzentas", um nome que adotaram quando lutaram contra um jovem pastor na década de 1980. Ele queria adotar um modelo "à procura de sensações" contemporâneo para o crescimento da igreja, mas os Panteras venceram e o jovem pastor deixou a igreja para iniciar um ministério de aconselhamento.

Essa primeira visita à igreja Capitol Hill Metropolitan Baptist Church, que poucos anos depois abandonaria o adjetivo "metropolitana", não nos motivou exatamente a voltar. (Já que a igreja agora é conhecida como Capitol Hill Baptist Church, é assim que a chamarei no futuro, ou CHBC.) Mesmo assim, minha esposa e eu tínhamos mudado recentemente com nossa família para Washington, DC, e então decidimos entrar para a igreja. Talvez pudéssemos fazer algo bom e, mais importante, o evangelho foi claramente pregado quando estivemos lá.

Quem sabia o que Deus tinha reservado!

Depois de uma série de compromissos providenciais e não planejados, fui contratado pela igreja no verão de 1991 para organizar o lado administrativo do empreendimento. Meu plano era ajudar por noventa dias e depois começar a minha pós-graduação. Só que o que eu tinha visto da igreja pelo lado de fora só me fez mais curioso para vê-la por dentro.

Conheci a secretária da igreja, que ficou tão intimidada com seu computador IBM 286 que mantinha um extintor nas costas para o caso de incêndio. Ela também mantinha cinco pares de sapatos debaixo da mesa, cada par ligeiramente maior que o anterior para acomodar pés inchados ao longo do dia.

Conheci a sra. Dicks, de noventa e seis anos, a secretária de finanças, que ainda usava uma calculadora de mesa *vintage* do tamanho de um pequeno micro-ondas com manivela e rolo de papel. Ela ajudava a supervisionar dezesseis contas espalhadas por seis bancos. ("Não queremos que ninguém ponha as mãos em todo o dinheiro!") Eram necessários dois homens, durante toda a manhã e o almoço, para contar a oferta e depositar o dinheiro nos vários bancos.

Conheci George, um missionário aposentado de bom coração que visitava hospitais e escolhia os hinos para o domingo. Ele ministrara no Paquistão.

E conheci Bill, o responsável pela manutenção, de sessenta anos, que não sabia como arrumar nada, mas poderia ter sido um grande pastor.

Aprendi que a igreja era universalmente impopular na vizinhança. Houve uma série de razões para isso, mas principalmente porque havia demolido casas históricas para criar estacionamentos. Esses lotes permitiam que a congregação, antes urbana, dirigisse de suas casas nos subúrbios, mas isso criou "buracos" no bairro onde antes havia edifícios imponentes.

A congregação era uma estranha combinação de pessoas. Por um lado, tivemos o idoso Carl F. H. Henry, o fundador da revista *Christianity Today*, que foi reconhecido pela revista *TIME* como "o Billy Graham intelectual". O dr. Henry gostava de se sentar no banco que ficava abaixo da parte mais fraca do telhado. Eu ficava olhando para ver se o teto de gesso cederia e cairia sobre ele. Por outro lado, tínhamos um conhecido fornecedor que cantava os solos da galeria do coro e usava um sombreiro mexicano com pompons.

Tínhamos o Dr. Joe, que cortava as unhas durante o culto matinal. Ele se sentava perto de Ed, um funcionário público aposentado. Ed usava gravatas de bandeira na maioria dos domingos e dirigia apenas Cadillacs. Ele era tão pró-americano que você poderia jurar que Jesus nasceu no centro-oeste americano, e não no Oriente Médio.

Nossa recepcionista da porta da frente não tinha um dedo indicador, e nosso recepcionista da porta dos fundos, Alvin Minetree, de oitenta anos, usava faixas coloridas na cintura para combinar com sua cartola e enfeitar seus ternos brancos. Ele cumprimentava a maioria das senhoras dizendo: "Aí vem uma senhorita bonita".

Esse desfile de personagens reunia-se a cada manhã de domingo para se banharem em música, música e música. A organista usava um penteado bufante e tocava seu órgão Allen de três teclados tão alto que o chão tremia. Uma britânica, diretora do coral, parecia ter um complexo de culpa por ser britânica, porque ela nunca deixava de escolher canções patrióticas que nos lembrassem de quanto Deus havia abençoado os EUA. Tínhamos um coral infantil, solos e duetos de piano. Mas meu favorito era o conjunto de metais. Todas as pessoas que já colocaram trompetes e trombones nos lábios no ensino fundamental foram convocadas a subir as escadas do sótão e tirar a poeira de seus instrumentos adormecidos. Imagine trompetistas e trombonistas com o rosto vermelho soprando "Lindo és meu Mestre" e "Anunciai pelas montanhas" para o deleite dos deficientes auditivos.

O pregador era julgado principalmente pela duração do sermão. Se a bênção fosse dada antes do meio-dia, ele recebia notas altas. Isso fazia com que os idosos pudessem chegar na cafeteria Hot Shoppe antes que as igrejas do "santo barulho"[1] saíssem. E a congregação gostava muito do sermão do ministro das crianças: era curto, direto ao ponto, e as crianças, sempre fofas.

Como administrador da igreja, eu participava das reuniões de diáconos. Essas reuniões eram feitas na sala do Clube do Três Ls e me lembravam das visitas à casa de repouso da minha avó que fiz nos anos 1960. Charlie, o adorável diácono que viveu até os 103 anos, chegava cedo para conseguir o assento que lhe permitia descansar a cabeça contra um pilar. Se a reunião passasse das 20h30, provavelmente perderíamos Charlie para a terra dos sonhos.

Frank, muito amigável, nunca gostava de fazer barulho, mas não ligava muito para as pessoas que faziam.

---

1 N.R.: "Holy roller" churches (lit., igrejas dos "roladores santos") Uma referência aos metodistas.

Bland, de oitenta anos, não se importava com a claridade que vinha da porta dos fundos da igreja, mas amava a cobertura de metal branco da *Sears* que protegia da chuva.

Ed, com uma gravata de bandeira, tentava bloquear o apoio da igreja ao centro local de crise de gravidez quando se aproximava a época do orçamento a cada ano, isto porque: "Aborto é um assunto político!", dizia.

Havia alguns homens bons, quietos e piedosos que geralmente ajuntavam o grupo. Mas poucos pareciam ter a capacidade de olhar para a Palavra de Deus e seguir suas instruções para dar forma à igreja. A inércia havia se estabelecido anos antes. A incerteza sobre o futuro congelou os líderes e a congregação. Disseram-me repetidamente: "Somos ricos de propriedade e pobres de dinheiro", conforme evidenciado no orçamento de $ 300.000 dólares que a igreja lutou para cumprir. Muito disso foi para edifícios. Resumindo, essa foi uma geração que passou toda a sua vida adulta testemunhando o declínio, em sua cidade e em sua igreja. E eles pareciam imobilizados pelo declínio.

No entanto, nem todas as igrejas americanas urbanas do final do século 20 sofreram o mesmo destino dessa. A maioria dos escritores de crescimento de igreja na época teria dito que essa igreja tinha quatro pontos contra ela:

1. Era denominacionalmente afiliada (Batista do Sul).
2. Estava localizada no centro da cidade (cinco quarteirões atrás do edifício do Capitólio dos EUA, que, na época, não era uma boa vizinhança).
3. O prédio era antigo.
4. E havia estacionamento limitado.

No entanto, o que se tornou gritantemente óbvio sempre que os diáconos ou vários comitês se reuniam era que não havia nenhum grupo de líderes fortes e piedosos. Os poucos homens que poderiam ter desempenhado esse papel estavam muito velhos ou muito cansados do trabalho árduo de décadas na vida da igreja.

Consequentemente, a igreja tinha pouco foco e era um ímã para pessoas inescrupulosas, lobos se passando por ovelhas. Eram ovelhas sem pastor. Havia muitos idosos, mas nenhum ancião (presbítero).

CAPÍTULO 3
Presbíteros no Novo Testamento

O perigo que as congregações modernas enfrentam é o de enxergar nas Escrituras nossas ideias do século 21 sobre o governo da igreja. Nós adicionamos muitos floreios e enfeites: diretores de mídia, pastores de recreação, comitês de Escola Dominical, conselhos de diretores, sem mencionar todas as palestras e livros que dizem às igrejas "como ser igreja".

O impulso para aumentar o crescimento e expandir o ministério complicou a estrutura das igrejas. Com isso tivemos duas consequências. Em primeiro lugar, as igrejas transferiram os privilégios e as responsabilidades do ministério para a equipe "profissional", ao mesmo tempo em que ignoravam líderes talentosos que Deus colocou em sua membresia. Em segundo lugar, as igrejas têm permitido que o chamado para nutrir, equipar e discipular os crentes para serem sal e luz no mundo se perca na confusão de grandes eventos e apresentações coreografadas. Como resultado, as igrejas e um mundo espiritualmente pobre sofrem. É por isso que compreender a base bíblica para os presbíteros é crucial para estabelecer igrejas vibrantes e centradas em Cristo.[1]

Nenhum único texto do Novo Testamento fornece todos os detalhes necessários para estruturar uma igreja local. Mas, combinando os vários textos que tratam de liderança, estrutura e tomada de decisão, podemos construir uma estrutura para a vida da igreja. A estrutura pode ser desenvolvida de maneiras diferentes, dependendo das influências culturais, das personalidades, das necessidades prementes e dos dons dentro da igreja. No entanto, vários elementos são essenciais para cada igreja local, incluindo os cargos de presbítero e diácono.

---

1 Veja John Piper, *Irmãos, nós não somos profissionais* (São Paulo: Shedd Publicações, 2009).

Esses dois ofícios foram estabelecidos nas igrejas do Novo Testamento durante o tempo dos apóstolos. Após a era apostólica, as primeiras igrejas seguiram o mesmo padrão de presbíteros e diáconos plurais, como se pode ler na *Didaquê* (c. 80-150 d.C.).[2] Clemente de Roma (95 d.C.) identificou "bispos e diáconos" como os oficiais nomeados da igreja, sem distinção feita entre bispos e presbíteros.[3] Foi somente na época de Inácio, no início do segundo século, que o ofício do bispo tornou-se distinto do ofício dos presbíteros e inaugurou a progressão histórica em direção ao episcopado monárquico.[4] No entanto, as primeiras igrejas praticavam a liderança plural de presbíteros, mesmo durante a ascensão do episcopado. Ao longo dos séculos seguintes, a ênfase dada à estrutura da igreja começou a comprometer o próprio evangelho. A Reforma corrigiu isso. Lutero e Calvino tornaram a forma de governo secundária em relação à tarefa principal de pregar o evangelho. As confissões evangélicas posteriores confirmaram o padrão de presbíteros e diáconos plurais. Os presbíteros cuidavam principalmente das necessidades espirituais das congregações; os diáconos atendiam às necessidades temporais.

TRÊS TÍTULOS

Presbíteros (presbuteros)

O termo presbítero (*presbuteros*) e seus cognatos são encontrados sessenta e seis vezes no Novo Testamento.[5] As duas dúzias de usos nos Evangelhos referem-se principalmente àqueles homens que, em virtude da idade e do status, estavam envolvidos na estrutura de liderança da comunidade judaica. Geralmente, os Evangelhos não retratam esses presbíteros favoravelmente, uma vez que se juntaram aos líderes espirituais da comunidade judaica ao rejeitar o Messias (p. ex., Mt 15.2; 16.21; 21.23; Mc 8.31;

---

2 Simon Kistemaker, *Acts*, New Testament Commentary (Grand Rapids: Baker, 1990), 525 [edição em português: *Atos*, Comentário do Novo Testamento (São Paulo: Cultura Cristã, 2017), 2 vols.] citando *Apostolic Fathers* (Loeb Classical Library), vol. 1: "Didaquê 15.1".

3 *1Clem.*, 42.5-7, 44.3; *ANF*, 1:16-17.

4 Ign. *Magn.*, 6.1; *ANF*, 1.61.

5 Benjamin L. Merkle, "The elder and overseer: one office in the early church", Studies in Biblical Literature 57, organização de Hemchand Gossai (New York: Peter Lang, 2003), 43.

Lc 22.52). Em outras partes dos Evangelhos, a palavra simplesmente transmite a ideia de uma idade maior (Jo 8.9).[6]

No entanto, os presbíteros da comunidade cristã do Novo Testamento funcionavam como representantes da igreja.[7] Os presbíteros cristãos em Jerusalém, por exemplo, receberam presentes dos crentes em Antioquia, enviados por meio de Paulo e Barnabé (At 11.30). Mais tarde, quando Paulo e Barnabé voltaram às igrejas que haviam estabelecido durante sua primeira viagem missionária, eles "designaram presbíteros em cada igreja" (14.23). Vários presbíteros foram separados em cada uma das igrejas nascentes da Ásia Menor para que as congregações pudessem ser nutridas e ensinadas na sã doutrina, estabelecendo claramente o padrão de presbiterado plural. A autoridade desses primeiros presbíteros cristãos não veio em virtude da idade ou do tempo de membresia na igreja; em vez disso, eles recebiam seus importantes ministérios por intermédio dos missionários apostólicos.[8] Quando esses missionários partiam, a obra de pregar o evangelho, fortalecer os discípulos e encorajá-los em face das tribulações pertencia aos presbíteros (At 14.21,22).

Os presbíteros também se juntaram aos apóstolos ao receber Paulo e Barnabé e ouvir o relato de seus esforços missionários (15.2,4). Os presbíteros apoiaram os apóstolos ao abordar o problema dos judaizantes legalistas que tentaram subverter os jovens convertidos (At 15.22). Em seguida se juntaram aos apóstolos ao redigir e enviar de uma carta às novas igrejas, demonstrando a autoridade única dada a esses representantes da igreja de Jerusalém (At 15.23). A autoridade dos presbíteros em questões doutrinárias tornou-se clara quando Paulo transmitiu esse decreto em sua segunda viagem missionária (At 16.4). Em sua terceira viagem missionária, enquanto em Mileto, Paulo se reuniu com os presbíteros da igreja em Éfeso para uma exortação final antes de sua longa provação na prisão romana (At 20.17). No fim das contas,

---

[6] O presbítero participava da vida cotidiana durante o período do Novo Testamento. Por exemplo, a antiga Esparta aplicou o termo aos que governavam suas comunidades, bem como aos tomadores de decisão nos círculos acadêmicos. Os gregos, ao contrário dos judeus, não levaram necessariamente em consideração a idade no uso do termo. Aqueles considerados anciãos (presbíteros) no antigo Israel eram responsáveis por questões políticas, militares e até judiciais. No entanto, quando teve início o tempo dos reis, os anciãos foram substituídos pela burocracia real. G. Bornkamm, "Presbuteros", em *TDNT*, 6: 652–57.

[7] Veja Merkle, *The elder and overseer*, 44–56, para uma discussão sobre o uso de *presbuteros* no Antigo Testamento, na sinagoga e na cultura antiga.

[8] G. Bornkamm, "Presbuteros", in *TDNT*, 6:664.

a estrutura da igreja pode ter evoluído lentamente nos primeiros anos, mas um presbitério plural foi parte essencial da vida da igreja desde o início.

Não seria, de fato, surpreendente se Lucas tivesse interrompido tudo no processo de escrever Atos para anunciar o desenvolvimento do ofício de presbítero. Mas assim como Lucas simplesmente descreve o início da plantação de igrejas sem apresentar o mandamento apostólico para cumpri-la, ele também descreve a designação de presbíteros sem mencionar o mandamento apostólico explícito para cumpri-la. Ou seja, o registro histórico demonstra claramente as práticas normativas da igreja do Novo Testamento — e o presbitério plural estava no centro dessas práticas. O balanço do livro de Atos demonstra que os presbíteros faziam parte da estrutura de liderança das igrejas primitivas.

O que é incomum, então, a respeito dos presbíteros na igreja primitiva é que eles não eram incomuns. Cada exemplo deles nas páginas do Novo Testamento os apresenta trabalhando como uma pluralidade em igrejas individuais (exceto onde um presbítero ou bispo em particular é mencionado por nome, p. ex., 1Pe 5.1; 2Jo 1; 3Jo 1).

Bispo (episkopos)

Juntamente com o título de "presbítero" estão os títulos de "supervisor" (bispo) e "pastor". O conceito de supervisor (grego, *episkopos*), como o de presbítero, era comum durante a igreja primitiva. Os gregos usavam o termo para definir um cargo que tivesse funções de superintendência, seja em círculos políticos, seja em religiosos.[9] Ele transmitia a ideia de "olhar, considerar, ter consideração por algo ou alguém". Consequentemente, implicava cuidar dos outros ou zelar por eles, particularmente em relação aos necessitados.[10] No quarto e quinto séculos antes de Cristo, *episkopoi* foi usado como um título para funcionários do estado que atuavam como supervisores na manutenção da ordem pública em Atenas, muitas vezes exercendo poderes judiciais.[11]

As Epístolas usam "supervisor" ou bispo alternadamente com "presbítero".[12] Paulo, após seu ministério em Creta, instrui Tito a "designar presbíteros em cada cidade" (Tt 1.5; novamente observe a pluralidade de presbíteros em igrejas separadas

---

9 BDAG, 379–380.

10 H. Beyer, "Episkopos", em *TDNT*, 6:486.

11 Ibid., 610–11.

12 Veja Merkle, *The elder and overseer*, 1–161, que argumenta convincentemente que os títulos *ancião/presbítero* e supervisor representavam o mesmo ofício do Novo Testamento.

nas pequenas cidades de Creta). Passando a descrever suas qualificações, o apóstolo os chama de "bispos" (v. 7; tb., 1Tm 3.1-7). Em sua Carta aos Filipenses, Paulo dirige-se especificamente aos bispos e diáconos (Fp 1.1). Pedro usou a forma verbal de supervisão (*episkopeō*) ao explicar os deveres dos presbíteros (1Pe 5.1-3). Lucas também usou os termos "presbítero" e "bispo" para descrever o cargo e a função dos presbíteros efésios (At 20.17,28). Todas essas passagens pressupõem o estabelecimento de bispos na liderança da igreja. Os presbíteros, então, parecem ser uma parte essencial da liderança e estabilidade contínua da igreja primitiva.

A liderança dos bispos deve espelhar a de Cristo, a quem Pedro descreveu como "... Pastor e Guardião [*episkopon*] de suas almas" (1Pe 2.25, NASB). Pedro usa o termo bispo para falar da suficiência da morte de Cristo na cruz para que os crentes possam "... [viver] para a justiça..." (1Pe 2.24). É por meio do evangelho que os crentes agora são libertos de viverem "como ovelhas desgarradas" (1Pe 2.24,25). Cristo é chamado de "Guardião de suas almas", o que implica zelar por aqueles que são seus a fim de preservá-los dos efeitos do pecado e direcioná-los a uma vida de retidão. Assim como Cristo, um bispo zelará pela vida espiritual daqueles que estão sob seu comando, procurando protegê-los dos perigos do falso ensino e do engano do pecado, para que a igreja possa viver como sal e luz para a glória de Cristo.

Pastor (poimen)

Embora o termo grego *poimen* seja traduzido como "pastor" apenas uma vez em sua forma substantiva, o título se junta aos de presbítero e bispo no aprofundamento dos matizes desse único ofício da igreja (Ef 4.11). A palavra significa "pastor"[13] e é traduzida assim em todos os Evangelhos e em duas das epístolas (p. ex., Mat. 9.36; 25.32; 26.31; Jo 10.2,11,12,16; Hb 13.20; 1Pe 2.25, com a maioria referindo-se a Cristo como o Pastor de seu rebanho). Serviu como um epíteto comum entre os governantes do antigo oriente.[14]

Tanto o Salmo 23 quanto o tema do Bom Pastor em João 10 fornecem um rico significado à imagem de um pastor que conduz, restaura, guia, protege e sustenta as ovelhas,

---

13 N.R.: O autor usa "shepherd" aqui. Etimologicamente, essa palavra é formada por "sheep" (ovelha, carneiro) e "herd" (rebanho, manada). A palavra "pastor" vem do latim e é a forma nominativa (caso que origina os substantivos) do verbo "pascere" (levar para o pasto). Embora "shepherd" e "pastor" sejam palavras sinônimas, algumas versões da Bíblia inglesa (KJV, NASB) usam a palavra "pastor" em Efésios 4.11 e "shepherd" nas demais ocorrências.

14 J. Jeremias, "Poimane", in *TDNT*, 6:486.

chamando cada uma pelo nome e dando sua vida por elas. Paulo associa os termos "pastores e mestres" ao descrever os dons que Jesus dá à igreja depois de sua ascensão (Ef 4.11), os quais são melhores traduzidos como "pastores ensinadores" ou "professores-pastores". A natureza do termo indica proteger, governar, guiar, nutrir e cuidar do rebanho.[15] Cristo usou a forma verbal (*poimainō*) em seu encargo pós-ressurreição para Pedro: "... Pastoreia as minhas ovelhas" (Jo 21.16). O verbo também une "presbítero" e "bispo" ao explicar a função dos presbíteros de pastorear o rebanho de Deus (At 20.28; 1Pe 5.2). Paulo também o usa metaforicamente ao descrever o trabalho que ele e Barnabé fizeram entre os coríntios (1Co 9.7).

Presbítero — A maturidade espiritual do ofício
Bispo — Liderança e direção para a igreja
Pastor — Alimentação, nutrição e proteção do rebanho

Embora presbítero pareça ser o termo dominante para o ofício da igreja que lida com as necessidades espirituais da igreja local, bispo e pastor, como foi observado, são usados como sinônimos de presbítero. Cada um fornece uma imagem mais clara da dignidade e função dos presbíteros na vida da igreja: *presbítero* enfatiza a maturidade espiritual necessária para esse cargo; *bispo* implica liderança e direção dada à igreja; *pastor* sugere alimentação, nutrição e proteção do rebanho.[16] O pano de fundo cultural diverso de cada igreja do Novo Testamento pode ter determinado qual título foi aplicado a essa pluralidade de líderes religiosos. Embora não seja possível fazer uma distinção nítida, parece que os cristãos judeus preferiam *presbítero*, enquanto os cristãos gentios mais frequentemente usavam *bispo*, cada um referindo-se ao mesmo ofício.[17] O único uso do substantivo *pastor* é encontrado em Efésios, ainda assim pode-se supor que cada uma das igrejas considerou esse título útil para descrever a função de seus líderes espirituais.

---

15 *BDAG*, 842.
16 Merkle, *The elder and overseer*, 156, explica que o termo *ancião/presbítero* é mais uma descrição do caráter, enquanto que o termo *supervisor* é mais uma descrição da função.
17 Ibid.

LIDERANÇA PLURAL

É difícil construir um argumento bíblico contra a pluralidade de presbíteros na igreja primitiva. O estudioso do Novo Testamento Bill Murray aponta: "Diz-se que ambas as igrejas em Filipos e Éfeso têm vários 'presbíteros'. Estes não podem ser 'pastores de várias igrejas' nas áreas de Filipos ou Éfeso". E ele explica por quê: "Em primeiro lugar, cada igreja é mencionada individualmente. Em segundo lugar, os presbíteros [*plural*] são mencionados". Então ele deduz que havia "vários presbíteros em cada igreja".[18] Soma-se a isso o fato de que, a menos que um presbítero em particular seja a referência, o termo *presbítero* — juntamente com *bispo* e *pastor* — é usado sempre no plural (p. ex., At 11.30; 14.23; 15.2,4,22,23; 16.4; 20.17,28; Ef 4.11; 1Tm 5.17; Tt 1.5; Tg 5.14; 1Pe 5.1). O teólogo Wayne Grudem, após pesquisar os textos do Novo Testamento sobre os presbíteros, concluiu de forma semelhante:

> Em primeiro lugar, nenhuma passagem sugere que alguma igreja, não importa o quão pequena, tinha apenas um presbítero. O padrão consistente do Novo Testamento é uma pluralidade de presbíteros "em cada igreja" (At 14.23) e "em cada cidade" (Tt 1.5). Em segundo lugar, não vemos uma diversidade de formas de governo na igreja do Novo Testamento, mas um padrão unificado e consistente em que cada igreja tinha presbíteros que a governavam e continuavam zelando por ela (At 20.28; Hb 13.17; 1Pe 5.2,3).[19]

Quem eram os presbíteros da igreja primitiva? É fácil enxergar nossos conceitos modernos de um pastor titular e sua equipe da igreja no padrão do Novo Testamento. Mas não havia escolas teológicas profissionais para produzir "pastores" no primeiro século. As igrejas primitivas selecionavam homens entre seus membros para servir como presbíteros. Quando Paulo e Barnabé voltaram para Listra, Icônio e Antioquia, "designaram-lhes presbíteros em cada igreja" (At 14.23, NVI). Os designados não eram aprendizes ministeriais ou mesmo pastores experientes. Em vez disso, Paulo e Barnabé escolheram vários homens em cada uma das igrejas para servir como presbíteros em suas próprias congregações. Não há nenhuma evidência nessas passagens ou

---

18 Correspondência pessoal com Bill Murray, Germantown, Tenn., 2 de september de 2002.
19 Wayne Grudem, *Systematic theology: an introduction to biblical doctrine* (Grand Rapids: Zondervan, 1994), 100–120 [edição em português: *Teologia Sistemática: completa e atual*, 2ª ed. (São Paulo: Editora Vida Nova, 2022)].

em todo o Novo Testamento de que o cargo de presbítero evoluiu para algo como o serviço ministerial de tempo integral moderno. Em vez disso, parece que homens piedosos que demonstravam caráter cristão e qualidades de liderança foram designados para servir suas igrejas, muitas vezes, talvez, enquanto continuavam em suas ocupações normais. Provavelmente, nem todos tinham o dom da pregação, mas certamente todos eram "apto[s] para ensinar" (1Tm 3.2).[20]

Tito seguiu o mesmo modelo de designar presbíteros enquanto atuava como representante apostólico na ilha de Creta. Paulo instruiu Tito a constituir "presbíteros em cada cidade" e, em seguida, estabelecer as qualificações necessárias para o serviço espiritual na igreja (Tt 1.5-9, NVI). Falta qualquer referência à designação daqueles, no jargão moderno, que são "chamados para pregar". Não nego o chamado para pregar — acredito nisso com muita convicção.[21] Mas um dom especial de pregação nunca é estabelecido como requisito para servir como presbítero. Ele deve ser "capaz de ensinar" e capaz de "exortar na sã doutrina e refutar os que o contradizem"; não há exigência de que ele tenha o dom de pregar.[22] Alguns presbíteros podem tê-lo, mas nem todos precisam. Os presbíteros devem conhecer as doutrinas das sagradas Escrituras e ser capazes de manejar "a espada do Espírito" ao ensinar ou conversar com outras pessoas; contudo, o requisito do ministério do púlpito não é imposto a eles.

Precisamente aqui encontramos a sabedoria do padrão do Novo Testamento de presbitério plural. Nenhum homem possui todos os dons necessários para liderar uma congregação. Alguns homens são dotados com sólidos dons em relação ao púlpito, mas carecem de habilidades pastorais eficazes. Outros se destacam no trabalho pastoral de visitas e aconselhamento, mas não são fortes quando se trata de exposição ao púlpito. Alguns têm habilidades incomuns na organização e administração dos ministérios da igreja, mas vacilam no púlpito e nas habilidades de aconselhamento. Alguns, com certeza, têm diversos dons e são capazes de fazer diferentes coisas. Mas o esforço de atender às necessidades de todo o ministério da igreja pode esgotar rapidamente até o homem mais cheio de dons.

---

20 Veja o capítulo 11 onde o tema do desenvolvimento da liderança em cenários de missão, especialmente entre grupos de pessoas não alcançadas, é abordado.

21 Veja Tony Sargent, *The sacred anointing: the preaching of Dr. Martyn Lloyd-Jones* (Wheaton, IL: Crossway, 1994), 17-38.

22 Veja 1 Timóteo 3.2, onde o ensino se refere à instrução em doutrinas bíblicas, e Tito 1.9, onde as exortações ou advertências devem ser fundamentadas nas Escrituras, assim como as refutações.

O dilema é que cada congregação precisa ser liderada por homens com todas essas habilidades — de púlpito, pastoral e administrativa. Sem dúvida, muitas congregações não têm os recursos financeiros para contratar ministros treinados para atender todas essas necessidades, e, por isso, muito frequentemente demoram em dar atenção a elas. Mas o padrão do Novo Testamento em relação aos presbíteros faz essa demora desnecessária. As necessidades serão atendidas e as igrejas serão fortalecidas à medida que as igrejas pacientemente trabalharem para reunir homens talentosos e piedosos para servir, em igualdade, para o bem da saúde espiritual e da missão da igreja. Alguns desses homens serão compensados como ministros de tempo integral ou tempo parcial, ao passo que outros servirão voluntariamente.

A liderança exercida por meio de uma pluralidade de homens piedosos que prestam contas uns aos outros reduz a tentação de um homem exercer autoridade excessiva ou usar a igreja para satisfazer seu ego. As fraquezas de cada homem são complementadas pelas forças de seus companheiros mais velhos. Pense no aviso de Paulo aos presbíteros de Éfeso (At 20.17-38). Paulo não alertou um homem sobre os perigos que aguardavam sua igreja, mas um grupo de homens. Um homem pode ceder à pressão da perseguição. Um homem pode ser vítima de falsos mestres. Um homem pode ser subjugado por uma variedade de problemas. Em contraste, a liderança plural aumenta a capacidade da igreja de se manter firme, independentemente dos impedimentos à fé. Mark Dever, pastor titular da igreja Capitol Hill Baptist Church em Washington, DC, e um presbítero daquela congregação, defende a escolha de presbíteros de dentro da igreja local. Seus comentários sobre a pluralidade oferecem um testemunho claro da eficácia desse padrão bíblico:

> Talvez a coisa mais útil ao meu ministério pastoral na igreja seja o reconhecimento dos outros presbíteros. O serviço de outros presbíteros, juntamente com o meu, tem produzido imensos benefícios. Uma pluralidade de presbíteros deve ajudar a igreja ao complementar os dons do pastor, compensar algumas de suas deficiências e suplementar seu discernimento, criando na igreja apoio para as decisões, deixando os líderes menos expostos às críticas injustas. Essa pluralidade de presbíteros também torna a liderança mais arraigada e permanente, produzindo mais continuidade madura. Estimula a igreja a assumir mais responsabilidade pelo crescimento espiritual de seus

próprios membros e ajuda-a a ser menos dependente de empregados. Nossa própria igreja, em Washington, tem desfrutado desses benefícios, por Deus ter concedido presbíteros para nós.[23]

O PASTOR TITULAR E A PLURALIDADE DE PRESBÍTEROS

Não estou sugerindo que as igrejas substituam seu pastor e dividam a carga entre os presbíteros. Na verdade, muitas vezes é preferível que alguns homens em todas as igrejas se dediquem em tempo integral aos trabalhos do ministério, especialmente para aqueles que estarão envolvidos no ministério semanal da proclamação da Palavra. Parece ser a clara sugestão de 1 Timóteo 5.17: "Devem ser considerados merecedores de dobrados honorários os presbíteros que presidem bem, *com especialidade os que se afadigam na palavra e no ensino*" (grifo do autor). A "dupla honra" refere-se à remuneração.[24] Minha própria programação semanal, por exemplo, é preenchida com o estudo rigoroso de preparação para ensinar e pregar, aconselhamento, reuniões com a equipe, visitas pastorais e outras responsabilidades pastorais. Com tudo isso, seria difícil, senão impossível, ter uma ocupação secular e, ao mesmo tempo, dar atenção adequada à minha família. Os presbíteros não substituem a necessidade de um pastor que trabalha na Palavra e dá liderança holística à igreja. Em vez disso, eles vêm ao lado dele como conservos, preenchendo as lacunas nas fraquezas do pastor, levantando seus braços enquanto ele prega, falando de forma figurativa, e compartilhando o fardo para atender às necessidades pastorais da igreja.

Algumas pessoas tratam a ideia de pluralidade de presbíteros como um *terceiro* cargo no Novo Testamento a ser adicionado aos ofícios de pastor e diácono. Na verdade, João Calvino acreditava que existem quatro cargos: pastor, doutor, presbítero e diácono.[25] Mas o Novo Testamento ensina que uma pluralidade de presbíteros leigos pertence ao mesmo cargo que o pastor titular e qualquer outra equipe pastoral.

---

23 Mark Dever, *Refletindo a glória de Deus: Elementos básicos da estrutura da igreja – diáconos, presbíteros, congregacionalismo & membresia* (São José dos Campos, SP: Fiel, 2008), 24. Para uma edição atualizada, confira: *Entendendo a liderança da igreja* (São José dos Campos, SP: Fiel, 2019).

24 *LKGNT*, 631.

25 Veja John Calvin, *Institutes of the Christian Religion*, edição de John T. McNeil, tradução de Ford Lewis Battles (Philadelphia: Westminster Press, 1960), 4.3 [edição em português: João Calvino, *As institutas: Edição clássica*, 3ª ed. (São Paulo: Cultura Cristã, 2022), 2 vols.]. Veja também Paul Avis, *The church in the theology of the Reformers* (Eugene, OR: Wipf and Stock, 2002, a partir da edição Marshall, Morgan, and Scott publication, 1981), 109–115.

Benjamin Merkle explica corretamente que o uso limitado de "pastor" no Novo Testamento enfatiza os papéis duplos de pastorear e ensinar o rebanho de Deus, que são exatamente os mesmos papéis dos presbíteros/bispos. Portanto, o "pastor" não é um ofício separado do bispo/presbítero. Além disso, as epístolas não mencionam um conjunto separado de qualificações de caráter para o pastor, porque suas qualificações são encontradas nas qualidades pertencentes a presbíteros ou bispos.[26]

Meus companheiros presbíteros servem para me proteger para que eu possa cumprir meu chamado e ministério. Por exemplo, minha agenda de verão em 2002 estava incomumente lotada. Liderei uma viagem missionária; passei uma semana fora da cidade, escrevi para um jornal online; falei por uma semana para seiscentas pessoas em um acampamento de jovens; participei de uma conferência; dirigi nosso programa de estágio de verão; tirei férias com a família; e cumpri as exigências normais do ministério. Nesse ínterim, um amigo me convidou para liderar uma conferência missionária em sua igreja durante o outono. Enviei esse pedido aos presbíteros. Esses homens constituem o grupo de maior apoio com o qual já me relacionei e me incentivam a participar de ministérios fora de nossa igreja. Mas, nesse caso, eles sabiam que eu estava muito sobrecarregado. Então, eles me disseram que aceitar essa designação de pregação não seria uma boa decisão. Por mais que eu quisesse fazer a conferência, especialmente sobre um assunto que eu amava, aceitei a decisão deles como a mais sábia. Um dos presbíteros me disse: "Pastor, queremos protegê-lo *de você*". E ele acertou em cheio. Na providência de Deus, acabei precisando das mesmas datas da conferência de missões para viajar para fora da cidade para ministrar ao meu sogro, que morreu pouco depois. Esses dias sempre ficarão gravados em minha mente como um tempo precioso para ajudar um homem prestes a morrer. O Senhor usou meus companheiros presbíteros para me manter no caminho certo para que eu pudesse cumprir da melhor maneira meu ministério e, mais importante, manter a prioridade em ministrar à minha própria família.

OBRIGAÇÕES DO PRESBÍTERO

Em algumas das minhas discussões com outros líderes da igreja sobre o tema dos presbíteros, surge a pergunta: "Os presbíteros não fazem simplesmente o trabalho de diáconos

---

26 Benjamin L. Merkle, *40 Questions about elders and deacons* (Grand Rapids: Kregel Academic & Professional, 2008), 56.

nas igrejas batistas?". É verdade que algumas igrejas elevaram o nível de qualificação de seus diáconos para que funcionassem como presbíteros, embora seu título não reflita essa função. Parece que a maioria dos diáconos, entretanto, é tratada como um conselho administrativo. Eles lidam com problemas com o aquecedor de água, decidem reformar o estacionamento, aprovam a viagem dos jovens da igreja e assim por diante.

Na verdade, essas tarefas não são ignóbeis nem desnecessárias. Elas são muito importantes. Mas o que devemos entender é que, quando o grupo de liderança de uma igreja está submerso no cotidiano e temporal, eles podem deixar de atender às necessidades espirituais mais profundas.

Biblicamente, portanto, os diáconos cuidam dos assuntos temporais da vida da igreja para que os presbíteros tenham liberdade para se concentrarem nos assuntos espirituais. Os diáconos aplicam a sabedoria e a energia tão necessárias às amplas necessidades físicas da igreja, muitas vezes usando essas oportunidades para ministrar também às necessidades espirituais de outros.

Mas os presbíteros têm um enfoque diferente. O pastor de Minneapolis, John Piper, resume as funções dos presbíteros sob dois títulos: ensino e governo. Ele observa: "[os presbíteros] são os guardiões doutrinários do rebanho e os supervisores da vida da igreja, responsáveis perante Deus pela alimentação, pelo cuidado e pelo ministério do povo".[27] Grudem concorda: "Os presbíteros, então, tinham a responsabilidade de governar e ensinar nas igrejas do Novo Testamento".[28] Embora a inclusão dessas categorias pareça apropriada, os deveres dos presbíteros podem ser melhor abordados de uma maneira quádrupla: doutrina, disciplina, direção e distinção no exemplo de vida cristã.

Doutrina. A qualificação bíblica primária que distingue presbíteros de diáconos é que os presbíteros devem ser aptos a ensinar e engajar outros doutrinariamente, mesmo aqueles em desacordo (1Tm 3.2; Tt 1.9). A atenção dos presbíteros à doutrina garante ao rebanho que seus líderes espirituais os protegerão contra os "lobos selvagens" que os atacariam para subverter sua fé (At 20.28-30). Mas os presbíteros não são apenas guardas; eles também são professores da verdade. Apascentar o rebanho de Deus requer alimentar a igreja com as ricas verdades da Palavra de Deus (1Pe 5.2).

---

[27] John Piper, "Biblical eldership: shepherd the flock of God among you", seção 6; acesso em: 25 de março de 2003; disponível em: https://www.desiringgod.org/messages/biblical-eldership-session-1. Veja também John Piper, *Biblical eldership* (Minneapolis: Desiring God Ministries, 1999).

[28] Grudem, *Systematic theology*, 153–179.

~~~~~~

As quatro obrigações do presbítero:
- Doutrina
- Disciplina
- Direção
- Distinção

~~~~~~

Os presbíteros da minha igreja discutem regularmente o conteúdo do púlpito e do ensino em sala de aula. Eu discuto livremente com eles minha programação de pregação para que possam oferecer uma visão sobre como eu poderia abordar "todo o desígnio de Deus" em meu púlpito e ministério (At 20.27). Nós também trabalhamos juntos para planejar o treinamento contínuo que nossa igreja oferece nas mais variadas disciplinas cristãs e no ministério, bem como para planejar conferências e seminários para beneficiar a igreja e a comunidade. Nós também desenvolvemos módulos de ensino para diversos eventos patrocinados pela igreja, que incluem estudos históricos e teológicos; tópicos relacionados à família, evangelismo, apologética e questões pessoais; preparação para viagens missionárias; aulas sobre como estudar a Bíblia; e estudos sobre as disciplinas espirituais, todos recomendados e geralmente ensinados por nossos presbíteros. Nossos presbíteros desejam que nossa igreja compreenda todos os gêneros da literatura bíblica e se torne equipada nas mais amplas facetas das disciplinas espirituais. Portanto, eles ajudam a traçar um plano de doutrina para a igreja.

Disciplina. Junto com a doutrina está a questão da disciplina. A palavra transmite a ideia de treinar, admoestar, encorajar, corrigir e, às vezes, remover alguém da membresia da igreja. A maioria dos círculos perdeu o interesse na disciplina da igreja, mas ela é fundamental para manter congregações saudáveis.[29] Embora a disciplina seja dever de toda a igreja (Mt 18.15-20; Gl 6.1-2), os presbíteros devem assumir a responsabilidade de garantir a saúde da igreja, liderando em sua prática. Novamente, isso se enquadra na função de pastorear, bem como na de zelar pelas almas da congregação (Hb 13.17). Se um pastor fica sozinho ao trazer uma questão de disciplina da igreja para a congregação, os oponentes provavelmente irão espicaçá-lo. Mas a força

---

[29] Veja Mark Dever, *Nove marcas de uma igreja saudável* (São José dos Campos, SP: Fiel, 2018), 181–212; Jonathan Leeman, *A igreja e a surpreendente ofensa do amor de Deus: Reintroduzindo as doutrinas sobre a membresia e a disciplina da igreja* (São José dos Campos, SP: Fiel, 2013).

dos líderes piedosos dentro da igreja, permanecendo juntos ao lidar com tais assuntos, chama a igreja inteira a reconhecer a seriedade da disciplina. Muito antes de meus companheiros presbíteros e eu apresentarmos um indivíduo à igreja para a ação de desligamento, oramos e choramos juntos pela condição espiritual da pessoa.

Lembro-me de uma conversa com um amigo pastor na qual ele se lamentou de um casal que frequentava sua igreja, o qual estava causando divisão e constantemente levantando questões destrutivas. Ele me disse que não tinha certeza de como lidar com a situação, mas entendeu que alguma ação precisava ser tomada logo ou então ele teria grandes problemas em suas mãos. Felizmente, esse pastor tem presbíteros em sua igreja. Sugeri que ele instruísse os presbíteros a chamar esse casal para conselho e advertência, para que os presbíteros como um grupo pudessem suportar o fardo e não apenas o pastor. Os presbíteros podem decidir um curso de ação para proteger a igreja da divisão e também proteger seu pastor de se envolver em controvérsias.

Direção. A direção envolve tomar decisões, planejar, administrar, delegar e até governar os detalhes da vida da igreja. Aqui, o trabalho de pastorear inclui não apenas alimentar, mas também dar orientação ao rebanho (1Pe 5.2). Talvez esse trabalho de pastorear e alimentar seja o motivo pelo qual o termo *bispo* é usado alternadamente com *presbítero*, uma vez que os antigos bispos estavam envolvidos na direção daqueles que estavam sob seus cuidados. Paulo parece estar aludindo à tarefa de direção ao exortar os crentes tessalônios a estimarem os líderes que "estão encarregados de vocês no Senhor e lhes dão instruções" (1Ts 5.12,13, NASB). O segmento de frase "[estar] encarregado de" refere-se especificamente a liderar e dirigir a igreja.[30] Paulo também fala do "governo" dos presbíteros (1Tm 5.17), que indica que eles "exercerão uma posição de liderança, *governo, direção, estar à frente (de)*".[31] Alguns abusaram desse conceito de "governo", investigando cada faceta da vida de seus membros. Mas os líderes espirituais não têm motivo para manipular ou controlar o rebanho que pertence a um Pastor maior.[32] Na igreja, exercer domínio por meio de uma posição e da autoridade é estritamente proibido (1Pe 5.3). Ainda assim, o escritor de Hebreus chama esses líderes espirituais de "aqueles que os conduzem", dando a nítida impressão de direção

---

30 *LKGNT*, 602

31 *BDAG*, 870; itálico do original.

32 Isso é claramente afirmado em Atos 20.28: "Atendei por vós e por todo o rebanho sobre o qual o Espírito Santo vos constituiu bispos, para *pastoreardes a igreja de Deus*, a qual ele comprou com o seu próprio sangue"; e em 1 Pedro 5.2: "*pastoreai o rebanho de Deus* que há entre vós…" (itálicos do autor).

regular no ministério (Hb 13.17). Dirigir o rebanho não é um negócio estagnado e rígido, ao contrário, requer envolvimento regular com a congregação e conhecimento dela. É por isso que Tiago instrui os santos dispersos a "[chamar] os presbíteros da igreja" para que os presbíteros possam orar pelos membros enfermos (Tg 5.14). Os presbíteros devem procurar conhecer as necessidades do rebanho, entendendo seus pontos fortes e fracos, ao mesmo tempo que reconhecem seus dons espirituais e suas inclinações de ministério.

Distinção. A responsabilidade mais assustadora para um presbítero envolve viver com distinção ou ser exemplo na vida cristã. Os presbíteros devem ser exemplos para o rebanho, o qual é motivo de censura pública imediata quando alguém cai em pecado notório (1Tm 5.19-21). Pedro disse aos presbíteros "para serem exemplos para o rebanho" (1Pe 5.3, NVI). E o escritor de Hebreus chama crentes recalcitrantes a refletir sobre aqueles que os têm liderado e imitar sua fé (Hb 13.7).

É porque o presbítero é instituído como exemplo que Paulo oferece uma descrição detalhada de como seu caráter deveria ser (1Tm 3.2-7; Tt 1.6-9). Com exceção de "apto para ensinar" e "não um recém convertido", todos os cristãos devem ser capazes, em princípio, de imitar o que um presbítero é. Em vez disso, os presbíteros devem ser marcados por um caráter ilibado, o que deve caracterizar todos os que conhecem a Cristo (1Tm 3.2; Tt 1.6).

Que diferença os presbíteros podem fazer na vida da igreja? Se uma congregação tem um grupo de líderes espirituais piedosos que andam com Cristo, que ajudam o corpo a expor os detalhes da vida cristã, que atendem à doutrina da igreja, que mantêm a disciplina dos membros e que regularmente orientam a igreja, essa igreja estará melhor posicionada para crescer espiritualmente e exercer o ministério.

QUESTÕES PARA REFLEXÃO

- Qual é o desafio para o governo da igreja moderna à luz da Palavra de Deus?
- Quais são os três títulos usados para a pluralidade de presbíteros e como cada um deles ofusca o significado do ofício?
- Como a pluralidade de presbíteros é ensinada no Novo Testamento?
- Quais são os pontos fortes da pluralidade na igreja local?
- Quais são os quatro deveres dos presbíteros?

CAPÍTULO 4

De fato, não é uma ideia nova

"Deixe-me dizer-lhe duas coisas que você pode não gostar a meu respeito se as conhecesse. Número um, eu sou um calvinista. Número dois, acredito que ter presbíteros na igreja é bíblico e que eles devem liderar a igreja."

Essa foi uma tentativa de Mark Dever de provocar o *comitê de púlpito* da igreja Capitol Hill Baptist Church para se engajar com ele teologicamente. A busca por um novo pastor titular começou depois que um pastorado tragicamente curto terminou em janeiro de 1993. Dever, o recém-formado PhD em Cambridge, sabia que a conversa precisava se tornar mais substancial para que ambas as partes pudessem discernir se eram compatíveis. Várias horas de conversa sobre comida chinesa haviam se passado, e ninguém havia feito perguntas significativas sobre o que o jovem candidato acreditava. Anos mais tarde, ouvi Mark comparar os Batistas do Sul a um homem cujo carro bateu de frente. O homem acordou do coma e só se lembrava de uma coisa: evangelismo. Teologia e eclesiologia tinham aparentemente desaparecido da mente dos Batistas do Sul devido ao trauma.

Durante o fim de semana de sondagem, Mark pregou duas vezes, organizou um período de perguntas e respostas em toda a igreja e se reuniu com vários subgrupos da igreja, junto com a equipe de funcionários. Na manhã de segunda-feira, antes de embarcar no avião, dois membros mais velhos da igreja tiveram outra reunião com Mark. Sobre o que esses dois senhores da igreja queriam conversar? De todas as coisas que ouviram no fim de semana, apenas uma coisa os incomodou: a palestra de Mark sobre os presbíteros.

Por que esse assunto ficou engasgado na garganta desses homens? Por cinco razões, eu suspeito. Em primeiro lugar, não era familiar. Eles foram batistas por toda a vida, e mencionar "presbíteros" para a maioria dos batistas do século 20 era semelhante a dizer "Colégio de Cardeais". Era estranho, talvez até restrito, e, portanto, digno de suspeição.

Em segundo lugar, faltava uma história. Richard Nixon tinha sua famosa fita com um intervalo faltante de 18 minutos e meio, mas isso não era nada comparado à igreja Capitol Hill Baptist Church (CHBC). Havia muito conhecimento da Bíblia e uma impressionante memória da história da igreja (local) nas últimas décadas. Mas houve uma lacuna de 1.900 anos em que a história da igreja era simplesmente invisível. Era como se ninguém tivesse dito ou escrito nada sobre a igreja entre o apóstolo Paulo e Rick Warren.

Em terceiro lugar, cheirava a presbiterianismo. A lógica é a seguinte: os presbiterianos têm presbíteros. Não somos presbiterianos. Portanto, não temos presbíteros. Não temos certeza das razões de não sermos presbiterianos, mas sabemos que não somos.

Em quarto lugar, existe a inércia. "Não mude nada. Apenas restaure." Essa era a sabedoria impossível, inatingível e inconfundível pela qual a igreja vivia. Ironicamente, uma mulher piedosa que frequentou o CHBC por décadas, mas nunca se tornou membro, estava distribuindo inutilmente um artigo entre a equipe de funcionários da igreja intitulado: "Por que as igrejas não mudam". A congregação havia dominado a arte da indecisão. Palavras como "ímpeto" e "coragem" estavam ausentes de seu léxico.

Em quinto lugar, eles temiam uma tomada de poder. De fato, foi esse o maior problema. Embora eles não pudessem explicar, os "chefões da igreja" tinham certeza de que adicionar presbíteros redistribuiria o controle e daria autoridade a uns poucos, enquanto eles se sentiam confortáveis com a autoridade residindo, tipo, em ninguém. Na época, ao igreja CHBC contava com uma série de comitês. Havia um comitê de diáconos, diaconisas, finanças, edifícios, habitação, missões, púlpito, conselho da igreja, flores (sim, flores), bem como um comitê de comitês. Para muitos na igreja, localizar autoridade em um grupo de homens cheirava a problemas.

Para Dever, a ideia de presbíteros não era nova nem estranha. Ele foi exposto a igrejas batistas com presbíteros fiéis na década de 1980 e até ajudou a plantar uma. Em uma carta de 1991, ele instruiu os presbíteros de uma jovem igreja em Massachusetts sobre o que procurar em um pastor e listou nove coisas diferentes. Com relação à liderança da igreja, ele escreveu o seguinte:

Em sétimo lugar, e talvez inicialmente mais difícil em sua situação, eu exigiria que a pessoa entendesse e se convencesse da prática do Novo Testamento de ter uma pluralidade de presbíteros (veja At 14.23; a prática regular de Paulo referindo-se a um número de presbíteros em qualquer igreja local). Estou completamente convencido disso como a prática do Novo Testamento, prática particularmente necessária nas igrejas — de antes e também de agora — que não contam com uma presença apostólica.

Isso não significa que o pastor não tenha um papel distinto (consulte as referências à pregação e aos pregadores em uma concordância), mas ele é fundamentalmente parte do presbitério. Isso significa que as decisões envolvendo a igreja, mas que não chegam a chamar a atenção de toda a igreja, não devem recair apenas sobre o pastor, mas sobre os presbíteros como um todo.

Embora isso seja complicado em alguns pontos (como tenho certeza de que você sabe muito bem), há imensos benefícios em complementar os dons do pastor, em dar-lhe um bom apoio na igreja, benefícios de muitas outras maneiras que não posso mencionar agora.

De qualquer forma, isso teria que ficar bem claro ao chamar um pastor. Se ele for um Batista do Sul típico, ele presumirá que os presbíteros são diáconos ou estão lá simplesmente para ajudá-lo a fazer o que ele deseja. Ele pode muito bem não apreciar o fato de que você o está convidando fundamentalmente para ser um dos presbíteros, e, entre vocês, o pastor ou o presbítero-professor principal.

Estou convencido de que, se a maioria dos pastores entendesse essa ideia, eles iriam aderir a ela, dado o peso que tira de seus ombros. Também estou preocupado com o fato de que muitos daqueles que não fariam, não fariam por causa de entendimentos antibíblicos de seu próprio papel, ou, pior, por egocentrismo pecaminoso.[1]

Para amenizar os temores entre o rebanho, Dever os deixou saber que poderia pastorear felizmente por quarenta anos sem presbíteros — ele não dividiria a igreja por causa disso. No entanto, com ou sem presbíteros, algo tinha que acontecer. Dada a idade da congregação, o padrão de doações e os dados demográficos da cidade,

---

1 Essa carta foi levemente modificada.

manter o *status quo* não era uma opção. Ainda assim, dada a relutância da congregação com respeito às mudanças, mudar a igreja não seria fácil.

Felizmente, a igreja CHBC chamou Dever como pastor e, no outono de 1994, ele começou seu ministério entre aquele precioso e um tanto recalcitrante remanescente. Visto que meu próprio trabalho temporário de 90 dias como administrador da igreja, de alguma forma, se estendeu por vários anos, ele e eu fizemos o nosso melhor para começarmos a trabalhar juntos com todo empenho naquele outono como pastor e administrador.

Agora, vinte anos depois e com o benefício de uma retrospectiva, posso dizer com segurança quatro coisas sobre a perspectiva de mudança na igreja CHBC naquele ponto, especificamente a mudança ao se adotar uma pluralidade de presbíteros. Em primeiro lugar, a mudança era necessária. Vimos muitos prédios de igrejas antigas em nosso bairro serem vendidos, e, por isso, estávamos muito conscientes do que poderia vir a acontecer conosco. Alguns foram demolidos, outros foram convertidos em outros negócios: a igreja Grace Baptist Church foi rebatizada de Grace Condomínios. Para iniciar algum movimento, escrevi previamente um artigo para o boletim informativo de nossa igreja intitulado "Nossa janela de oportunidade de cinco anos". A "janela" estava fechando rapidamente.

Em segundo lugar, a mudança seria solitária. Não existia unidade de visão. E esse fato continuaria a iludir a igreja, a menos que a unidade de visão crescesse a ponto de o remanescente recalcitrante se tornar uma pequena minoria. Fred Catherwood, genro de D. Martyn Lloyd-Jones e um membro da igreja com Mark em sua igreja em Cambridge, Inglaterra, disse a Mark quando este saiu da Inglaterra: "Lembre-se Mark, em cinco anos aquela igreja pode ser sua, mas certamente não quando você chegar". Para um novo pastor, uma velha igreja é um acúmulo de pessoas que chegaram em momentos diferentes, por razões diferentes e sob o ministério de homens diferentes. O nome de Mark pode estar na placa, no papel timbrado e nos boletins, mas ele teria que trabalhar muito para conquistar seus corações e ainda mais para moldá-los em uma só mente. Sem uma pluralidade de presbíteros para ajudar no trabalho, ele se sentiria solitário.

Em terceiro lugar, a mudança seria incremental. Para provocar mudanças em uma igreja onde há pouco entendimento e confiança, pastores muito frequentemente recorrem à política e à manipulação. Sem dúvida, muitos desses pastores pressionam por mudanças mais rapidamente do que uma congregação pode suportar. Mas eu vi Mark se mover lenta e cuidadosamente. Por exemplo, ele:

- abordou o tema dos presbíteros no curso normal da pregação expositiva, semana após semana.
- modelou o que um presbítero deveria ser publicamente conforme dirigia os cultos e, em particular, pastoreava sua família.
- regou a congregação distribuindo bons livros todas as quartas-feiras à noite no estudo bíblico e todos os domingos à noite na reunião de oração da igreja. (Na década de 1990, havia apenas alguns livretos bons sobre os presbíteros, mas eles foram distribuídos.)
- convidou seu amigo D. A. Carson, quando Carson estava passando por Washington DC, para fazer uma apresentação sobre os presbíteros durante o horário da escola dominical.

Em tudo isso, nunca houve pressa ou demanda por mudança.

Depois de alguns anos, chegou a hora de dar atenção à constituição da igreja, que estava desatualizada. A reescrita passou por várias camadas de indivíduos e grupos e levou mais dois anos. Um vizinho brincou: "Os pais fundadores levaram menos tempo para escrever sobre a constituição dos EUA!". Quando chegou a hora de votar o novo documento que incluía os presbíteros, havia apenas uma pessoa na oposição. Apenas um! Acho que essa falta de oposição apontou para a graça de Deus resultante da abordagem gradual e sem pressa de Mark para a mudança. Herb Carlson, membro da igreja CHBC desde 1947, observou no décimo aniversário de Mark como pastor: "Não me lembro de nenhum dia em que algo mudou, mas agora tudo está diferente!". Isso é sinal de um bom ritmo.

A nova constituição foi escrita exatamente como Dever esperava? Não. Mark e eu trabalhamos no rascunho inicial, apontando-a em uma direção específica, principalmente para incluir os cargos de presbíteros e diáconos. Mas, após dois anos de edição por outros, o documento foi redigido de maneira melhor, ainda que desalinhado alguns graus em relação ao original. Entretanto nada de fundamental foi alterado. A lição: Jovens pastores diversas vezes brigam pelas folhas em vez das árvores e da floresta, mas devemos manter nossos olhos no quadro maior. Simplesmente, estávamos felizes, porque estávamos indo na direção certa.

Em quarto e último lugar, a mudança valeria a pena. Você prefere pastorear sozinho ou ter um grupo de presbíteros piedosos e qualificados para ajudá-lo em sua batalha pela doutrina, disciplina e orientação? Sara pode casar-se biblicamente após o divórcio? Ben deveria ser excomungado por pecado sexual? Devemos renovar a ala de educação ou dar mais dinheiro para missões? Ser pastor é suportar cargas. Você suporta o peso de pregar fielmente a Palavra de Deus ao povo de Deus. Você suporta o peso das ovelhas que pecam. Você suporta o peso daqueles que choram. Louvado seja Deus, ele planejou todo aquele peso para ser suportado por muitos, não por um. Pergunte a um pastor que está cercado, apoiado e sustentado por presbíteros piedosos e ele lhe dirá que vale a pena fazer a mudança.

CAPÍTULO 5

Caráter e congregacionalismo

Por que precisamos de líderes espirituais conhecidos como presbíteros e diáconos em nossas igrejas? Os membros geralmente possuem alto nível de educação, vasta experiência e habilidades variadas. Além disso, a maioria das congregações tem menos de cem membros. Não seria mais fácil um só homem liderar a igreja?

Na verdade, um homem não pode cuidar de todas as necessidades seja em que ministério for. Algumas igrejas esperam que ele o faça, pois o contrataram por isso. Mas o organismo vivo conhecido como igreja local tem, de longe, necessidades e oportunidades de serviço e crescimento demais para um homem atender. Ele pode ser excelente na pregação, mas não consegue ministrar aos que estão em crise. Pode manter horas regulares para aconselhamento, mas negligencia o planejamento, a direção e o ensino da igreja. Frequentemente, o pastor é alvo de críticas porque falha em fazer o possível e o impossível para satisfazer as necessidades (e às vezes caprichos) da congregação. A igreja pode ter expectativas irreais em relação ao pastor solitário, e o pastor pode agonizar sobre sentimentos de inadequação por não cumprir as expectativas da igreja. Mas há uma maneira melhor.

Cada situação que uma igreja enfrenta apela para que ela se volte à Palavra de Deus. Em algumas áreas, a Palavra não trata diretamente do assunto em questão, mas contém princípios que valem a pena serem aplicados. Em outras áreas, dá uma resposta clara. Certamente, a questão dos presbíteros e diáconos é esse caso.

PANORAMA DO LIVRO DE ATOS

Ao examinar o livro de Atos, vemos que os títulos oficiais dos presbíteros e diáconos não foram designados imediatamente na igreja primitiva. Não houve nenhum comitê de formação ou anúncio que estabeleceu os ofícios. Em vez disso, vemos o surgimento do que alguns chamam de "protótipos de diáconos" nos sete indivíduos chamados pela igreja para cuidar da distribuição de alimentos em Atos 6, bem como um protótipo do ministério de presbíteros nos "Doze", os apóstolos, que trabalharam na Palavra e na oração (At 6.4). O primeiro grupo enfocou as necessidades temporais da igreja, enquanto o último procurou ensinar e governar a igreja.

Os primeiros capítulos de Atos referem-se aos apóstolos sem se referir aos presbíteros. Então o capítulo 11 refere-se aos "presbíteros" (At 11.30). Mas não é senão a partir de Atos 14.23 que os "presbíteros" são formalmente designados na igreja primitiva: "designaram-lhes presbíteros em cada igreja; tendo orado e jejuado, eles os encomendaram ao Senhor, em quem haviam confiado" (NVI). Essas igrejas jovens e pequenas da Ásia Menor precisavam de instrução bíblica, disciplina regular, liderança espiritual e modelos de fé. Portanto, o apóstolo Paulo, querendo garantir o crescimento espiritual contínuo das igrejas, designou presbíteros (plural) em cada igreja (singular). Em Atos 15.2, os presbíteros se juntam aos apóstolos como líderes espirituais em Jerusalém. Deste ponto em diante, os presbíteros se tornam a norma no livro (ver At 15.4,6,22-23; 16.4; 20.17; 21.18). Tudo isso oferece um excelente padrão.

Embora não haja menção de diáconos em Atos, a carta de Paulo à jovem igreja em Filipos os trata como parte da liderança oficial da igreja, juntamente com a pluralidade de bispos (Fp 1.1). Sua primeira carta a Timóteo também trata os diáconos como uma parte importante do serviço espiritual em Éfeso, sob o comando pastoral de Timóteo (1Tm 3.8-13). Nas epístolas de Paulo, Pedro, Tiago e João, bem como no livro de Hebreus e no Apocalipse, passagens significativas referem-se aos líderes espirituais das congregações (veja 1Tm 3.1-7; Hb 13.7,17-19; Tg 5.14,15; 1Pe 5.1-5; 3Jo 12; Ap 2—3). Nenhuma porção isolada das Escrituras relaciona tudo a respeito dos líderes espirituais, mas, tomadas em conjunto, essas passagens formam uma estrutura maravilhosa da verdadeira vida da igreja do Novo Testamento.

POR QUE PRESBÍTEROS E DIÁCONOS?

Embora os diáconos não sejam o assunto desta obra, é útil refletir por um momento sobre os dois ofícios.

1. *Presbíteros* e *diáconos são o padrão ensinado na igreja primitiva*. As primeiras igrejas servem como modelos para a estrutura e liderança das igrejas *atuais*. Em vez de simplesmente estruturar as igrejas de hoje de maneira inteligente,

mas não bíblica, as igrejas devem aderir à forma de governo evidente nas Escrituras. Isso faz sentido para os evangélicos que acreditam na suficiência das Escrituras para a vida e a prática.

2. *Os presbíteros e diáconos asseguram às congregações que a "pessoa inteira" receberá um ministério eficaz.* As responsabilidades dos presbíteros e dos diáconos certamente se sobrepõem às vezes — os diáconos certamente encontrarão muito trabalho espiritualmente orientado, enquanto os presbíteros ocasionalmente lidarão com questões temporais —, ainda que esses dois cargos sejam distintos em seus deveres essenciais.

3. *A Escritura não especifica um número preciso de presbíteros e diáconos a serem designados na igreja, mas apresenta os cargos no plural (dois ou mais).* Se diversas congregações, tal como a mais madura e maior igreja de Jerusalém, bem como a mais fraca e menor igreja de Listra, precisam de presbíteros, então é evidente que as igrejas de todos os tamanhos e localizações geográficas também precisam. Além disso, o passar do tempo não diminui as necessidades espirituais ou temporais dos que compõem a igreja. Resumindo, o Novo Testamento não trata a localização, o tamanho ou a maturidade da igreja como relevantes para o fato de a igreja precisar de presbíteros e diáconos.

4. *Presbíteros e diáconos dão à igreja a oportunidade de funcionar sob a autoridade dada por Deus, o que mantém a igreja dirigida na direção adequada, constrói unidade e aumenta a eficiência no ministério.*

As igrejas lucram espiritualmente com o ministério eficaz de presbíteros e diáconos. Portanto, as igrejas têm responsabilidade significativa na designação de candidatos qualificados para os cargos.

Por que precisamos de presbíteros e diáconos?
- Esse é o padrão da igreja do Novo Testamento.
- O padrão garante às congregações um ministério completo e equilibrado.
- O padrão atende a diversas necessidades congregacionais por meio do funcionamento na pluralidade.
- O padrão fortalece a unidade e eficiência da igreja.

Não parece haver uma maneira pela qual os presbíteros foram escolhidos na igreja primitiva. Como o estudioso Daniel Wallace salienta: "Muitas das instruções dadas sobre a ordem da igreja é *ad hoc*, e não de princípio universal".[1] Portanto, devemos entender o que está sujeito ao princípio e o que é flexível. Em Atos 14, lê-se que Paulo e Barnabé "designaram" os primeiros presbíteros nas jovens igrejas da Ásia Menor (v. 23). No entanto, como observa o comentarista Simon Kistemaker: "o termo *designar* na verdade significa aprovar ao levantar as mãos em uma reunião congregacional",[2] indicando que Paulo e Barnabé de alguma forma envolveram a congregação em sua decisão. No caso anterior dos protótipos de diáconos de Atos 6, a linguagem também sugere que a congregação estava envolvida no processo de tomada de decisão. Eles foram instruídos a escolher "entre vocês sete homens" (At 6.3, NAA), o que significa que eles deveriam inspecionar ou examinar os homens a serem selecionados para esse cargo.[3] A congregação, então, apresentou os nomes de sete homens que se reuniram com o aprovação apostólica. A maneira precisa como fizeram isso não está explicada.

O mesmo é verdade na Carta a Tito. No processo de formação da igreja em Creta, Tito foi instruído a constituir presbíteros em cada cidade (Tt 1.5). Tito escolheu os homens sem o envolvimento da congregação? Ou ele os envolveu? A ambiguidade da linguagem torna difícil dizer com certeza, mas a palavra "designar", novamente, sugere que é melhor pensar que Tito recebeu contribuições congregacionais e, certamente, aprovação daqueles que ele indicou.

Quando se trata de como as igrejas devem selecionar presbíteros e diáconos, talvez seja melhor deixar os detalhes precisos do processo para as igrejas individuais e autônomas. Alguma flexibilidade parece estar em ordem. Mas, no mínimo, as congregações devem estar envolvidas, seja na designação de homens fiéis, seja em confirmar homens designados pelos presbíteros existentes. Certamente, os indicados devem ser examinados pela junta de presbíteros, para que possam eliminar qualquer um que não seja qualificado para o cargo. A eliminação de candidatos é difícil de realizar em nível congregacional em virtude da natureza intensiva e pessoal do exame exigido.

---

1 Daniel Wallace, "Who should run the church? A case for the plurality of elders", 7; acesso em: 25 de março de 2003; disponível em: https://bible.org/article/who-should-run-church-case-plurality-elders.

2 Simon Kistemaker, *Acts*, New Testament Commentary (Grand Rapids: Baker, 1990), 525 [edição em português: *Atos*, Comentário do Novo Testamento (São Paulo: Cultura Cristã, 1990)].

3 *BDAG*, *"episkeptomai"*, 378.

PRESBÍTEROS E CARÁTER

Nas epístolas pastorais, o cargo de bispo é algo que um homem pode "aspirar" a ter (1Tm 3.1). Mas a pessoa apenas se oferece para servir como presbítero? A lista de qualidades de caráter sem dúvida significa que as igrejas devem, de alguma forma, examinar aqueles que aspiram a servir como presbíteros; caso contrário, os lobos espirituais ganhariam pronta entrada na liderança da igreja. Presbíteros que falham em manter o caráter e a prática necessários para esse ofício devem ser repreendidos publicamente diante de toda a igreja. Eles podem ser acusados publicamente, mas apenas se houver pelo menos duas ou três testemunhas, para que não sejam feitas acusações infundadas contra eles (1Tm 5.19-21).

O padrão deve ser elevado para presbíteros e diáconos, caso esses servidores se destinem a servir suas respectivas igrejas como deveriam.

O que qualifica um homem para o cargo de presbítero em uma igreja local? Em minha observação, a maior omissão das igrejas ao considerar os presbíteros — ou mesmo de igrejas que têm diáconos atuando como presbíteros — é a negligência das qualificações bíblicas. O padrão deve ser elevado para que esses oficiais sirvam suas respectivas igrejas como deveriam. De fato, nada é mais importante do que examinar e identificar os homens à luz das qualificações definidas em 1 Timóteo 3 e Tito 1, e então esperar que esses homens permaneçam fiéis em essas qualidades. Igrejas em cujo contexto mudar para a liderança de presbíteros pode criar um conflito indevido, eu recomendaria, no mínimo, elevar o nível de qualificação espiritual de todos os líderes. As igrejas que preenchem os cargos de liderança vagos sem considerar seriamente as qualificações dos designados preparam o terreno para problemas mais profundos. Como o pastor John Piper expressou: "As qualificações espirituais nunca devem ser sacrificadas à perícia técnica".[4] Gerald Cowen acrescenta: "Para que a igreja tenha um impacto moral na sociedade, os mais altos padrões devem ser mantidos".[5] Designação de oradores públicos, contadores, especialistas jurídicos, gerentes de projeto,

---
4 John Piper, "Biblical eldership: shepherd the flock of God among you", seção 4; acesso em: 25 de março de 2003; disponível em: https://www.desiringgod.org/messages/biblical-eldership-session-1.

5 Gerald Cowen, *Who rules the church? Examining congregational leadership and church government* (Nashville: Broadman and Holman, 2003), 63.

executivos de bancos e gurus da publicidade não contribuem para a liderança espiritual. Indivíduos que são biblicamente qualificados para qualquer um dos cargos podem ter conhecimento técnico adicional desse tipo, mas deve ser sempre secundário.

---

1 Timóteo 3.1-7

Fiel é a palavra: se alguém aspira ao episcopado, excelente obra almeja. É necessário, portanto, que o bispo seja irrepreensível, esposo de uma só mulher, temperante, sóbrio, modesto, hospitaleiro, apto para ensinar; não dado ao vinho, não violento, porém cordato, inimigo de contendas, não avarento; e que governe bem a própria casa, criando os filhos sob disciplina, com todo o respeito (pois, se alguém não sabe governar a própria casa, como cuidará da igreja de Deus?); não seja neófito, para não suceder que se ensoberbeça e incorra na condenação do diabo. Pelo contrário, é necessário que ele tenha bom testemunho dos de fora, a fim de não cair no opróbrio e no laço do diabo.

Vale a pena refletir sobre essas características, uma de cada vez.[6] A principal característica de um presbítero é que ele está *acima de qualquer reprovação*. Paulo exige isto: "O bispo *seja* irrepreensível" (ênfase adicionada).[7] A palavra *irrepreensível* serve como um guarda-chuva sob o qual repousa o equilíbrio. "Isso *não* significa que um homem precisa ser perfeito", escreve John MacArthur. "Nesse caso, seríamos todos desqualificados! Isso significa que não deve haver nenhuma grande mancha em sua vida que outros possam apontar."[8] Piper acrescenta: "O termo parece ser uma palavra geral para viver de uma maneira que não dá motivo para outros pensarem mal da igreja ou da fé ou do Senhor [...] O foco aqui não é o relacionamento de uma pessoa com o Senhor, mas como os outros o veem".[9] Um homem conhecido como cabeça quente ou mulherengo, um negociador malandro ou de língua solta, estes não têm lugar no presbitério.

---

6 Veja o capítulo 9 para um exemplo de como um pastor pode lidar com o texto de maneira expositiva, fazendo assim aplicações pastorais apropriadas.

7 Itálico adicionado onde *deve* implicar necessidade moral.

8 John MacArthur, *Shepherdology: a master plan for church leadership* (Panorama City, CA: Master's Fellowship, 1989), 72.

9 John Piper, "Biblical eldership", seção 7.

A frase *esposo de uma só mulher* gerou muitas discussões ao longo dos anos. Muitos comentaristas oferecem argumentos detalhados sobre seu significado, portanto, não há necessidade de trabalhar aqui todas as questões relacionadas a essa qualidade. Mas, em resumo, a frase significa literalmente "um homem-com-uma-mulher", apontando para a fidelidade e para uma devoção contínua no relacionamento conjugal. Em uma época de falha moral desenfreada dentro da liderança da igreja, é fundamental que os presbíteros deem o exemplo de fidelidade e devoção em seus casamentos. Há algum motivo para questionar a devoção de um candidato a presbítero por sua esposa? Nesse caso, ele não deve ser colocado em uma posição de liderança.[10]

A palavra *temperante* se refere à habilidade de um presbítero de exercer autocontrole sobre seus apetites para que eles não ditem sua vida, seja no que se refere ao álcool (como significado original), seja em relação aos desejos mais amplos da carne. O presbítero deve, portanto, ser sóbrio em todas as coisas.

Sóbrio implica que a mente de um presbítero permanece ocupada, que ele é capaz de exercer um bom julgamento, mesmo em tempos difíceis.

Modesto implica que a vida pessoal do presbítero é bem ordenada, inclusive em seus relacionamentos com outras pessoas. Ele não se envolve em pretensões, mas zelosamente guarda sua vida interior para que sua conduta exterior possa honrar Cristo e o evangelho.

Um presbítero também deve ser *hospitaleiro*, uma palavra que se refere ao amor por estranhos. Sua casa deve ser aberta a outras pessoas como um centro de ministério além das paredes do prédio da igreja.

A *aptidão* do presbítero *para ensinar* (1Tm 3.2; Tt 1.9) é fundamental para seu trabalho. Alguns dividem os presbíteros em categorias de presbíteros regentes e presbíteros docentes, com base em 1 Timóteo 5.17: "Devem ser considerados merecedores de dobrados honorários os presbíteros que presidem bem, com especialidade os que se afadigam na palavra e no ensino". Sem dúvida, todos os presbíteros devem estar envolvidos no governo ou na direção da igreja. Mas todos eles também devem estar envolvidos no ministério de ensino da igreja. Então, alguns presbíteros se destacam no ensino, enquanto outros se destacam no governo, mas transformar essa distinção em dois tipos de ofícios de presbítero parece artificial e está além da intenção desse versículo. O equilíbrio necessário de ensino e governo mantém todo o grupo de

---

10 Veja Andreas J. Köstenberger, *God, Marriage, and Family*, 2ª ed. (Wheaton, IL: Crossway, 2010), 239-248 [edição em português: *Deus, casamento e família: reconstruindo o fundamento bíblico* (Vida Nova: São Paulo: 2014), para uma pesquisa cuidadosa de diversas posições em relação a "esposo de uma só mulher".

presbíteros focado nas Escrituras. Também requer que os presbíteros sejam teologicamente astutos, biblicamente articulados e prontos para instruir indivíduos ou grupos conforme a necessidade. Um presbítero que só sabe "governar", mas carece da precisão bíblica exigida no ensino, provavelmente criará desarmonia entre os presbíteros. Nada aperfeiçoou mais os presbíteros de minha igreja do que garantir que todos nós sejamos estudantes das Escrituras e responsáveis por ensinar a igreja.

Um presbítero *não deve ser dado ao vinho*. John Piper coloca desta forma: "A libertação da escravidão deve ser tão altamente valorizada que nenhuma escravidão tenha dileção".[11] Em outras palavras, um presbítero não deve "sentar-se muito tempo com vinho" ou ser "um escravo da bebida", ele também deve proteger outras áreas da vida onde possa ser tentado à escravidão.[12]

O autocontrole também será mostrado no temperamento do presbítero. Portanto, ele não deve ser *violento*, mas *gentil*, o que quer dizer, não um valentão, mas um homem bom e tolerante.

Um presbítero é *pacífico*. Ele faz de tudo para evitar conflitos desnecessários na Igreja.

Ele também está *livre de ser avarento*, o que nos lembra da natureza temporal das coisas materiais e do poder escravizador do materialismo. Generosidade, contentamento e disciplina financeira pessoal servem para curar o amor ao dinheiro.

Um presbítero deve *governar bem a própria casa, criando os filhos sob disciplina, com todo o respeito*. Paulo explica: "se um homem não sabe como administrar sua própria casa, como cuidará da igreja de Deus?". Em outras palavras, um presbítero deve dar o exemplo de liderança espiritual no lar, visto que, John Piper observa:

> O lar é um campo de provas para o ministério. [O presbítero] deve ter filhos submissos. Isso não significa perfeitos, mas significa bem disciplinados, para que não desprezem descarada e regularmente as instruções de seus pais. Os filhos devem reverenciar o pai (*meta pases semnotetos*). Ele deve ser um líder espiritual amoroso e responsável no lar. Sua esposa deve ser respeitada e ternamente amada. Seu relacionamento deve ser abertamente admirável.[13]

---

11 John Piper, "Biblical eldership", seção 7.
12 *LKGNT*, 622.
13 John Piper, "Biblical eldership", seção 7.

A habilidade de um homem em um campo não está desconectada de sua habilidade em outro.

Visto que a maturidade espiritual está no centro da vida de um presbítero, ele *não deve ser um neófito*. Por quê? Paulo explica: "para não suceder que se ensoberbeça e incorra na condenação do diabo". Nada parece subir mais a cabeça de uma pessoa imatura do que um título. Os olhos dos membros da igreja estão constantemente fixos nos presbíteros, buscando conduta e instrução exemplares. Colocar um novo crente em um papel tão exigente o posiciona para cair na armadilha do orgulho do Diabo.[14]

Visto que um presbítero representa sua igreja (e, portanto, Cristo), ele deve *ter bom testemunho dos de fora*. Novamente, por quê? Paulo responde: "a fim de não cair no opróbrio e no laço do diabo". Isso não significa que o mundo deve estabelecer o padrão para os líderes da igreja, mas, com certeza, que os líderes da igreja nunca devem escorregar abaixo dos padrões de caráter, dignidade e decoro do mundo (exceto quando os padrões do mundo são contrários à Palavra de Deus, por exemplo, com concepções contemporâneas de tolerância). Os elevados padrões de vida e caráter cristãos não devem dar ao mundo nenhum motivo para acusações de hipocrisia em relação aos líderes da igreja.

A lista de qualidades de caráter de Paulo escrita para Tito se assemelha à lista dada a Timóteo, mas com algumas variações.

Tito 1.5-9

Por esta causa, te deixei em Creta, para que pusesses em ordem as coisas restantes, bem como, em cada cidade, constituísses presbíteros, conforme te prescrevi: alguém que seja irrepreensível, marido de uma só mulher, que tenha filhos crentes que não são acusados de dissolução, nem são insubordinados. Porque é indispensável que o bispo seja irrepreensível como despenseiro de Deus, não arrogante, não irascível, não dado ao vinho, nem violento, nem cobiçoso de torpe ganância; antes, hospitaleiro, amigo do bem, sóbrio, justo, piedoso, que tenha domínio de si, apegado à palavra fiel, que é segundo a doutrina, de modo que tenha poder tanto para exortar pelo reto ensino como para convencer os que o contradizem.

---

14 Paulo não faz a mesma exigência na epístola a Tito, assunto que abordaremos posteriormente no capítulo 21. "Um novo convertido" está relacionado ao contexto.

Podemos supor que ambas as epístolas oferecem uma amostra da aparência do caráter cristão quando considerado seriamente.

A qualidade *irrepreensível* encontra-se em Tito, e de modo semelhante em Timóteo, como uma sentinela sobre o equilíbrio das exigências de caráter.

Embora a linguagem em Tito a respeito da família seja ligeiramente diferente daquela de Timóteo, a intenção permanece a mesma. O presbítero deve dar o exemplo ao ordenar sabiamente sua própria casa. Ele deve ser *marido de uma só mulher, ter filhos crentes, não acusados de dissolução ou insubordinação*. John Piper fornece um comentário útil que explica o significado de Paulo em relação aos filhos de presbíteros:

> Aqui, o foco não está apenas no relacionamento dos filhos com o pai, mas em seu comportamento em geral. Eles não devem ser culpados da acusação de "vida selvagem" ou comportamento descontrolado. E eles não devem ser "insubordinados".
>
> *Pista* significa "acreditar" (conforme RSV) ou "fiel" no sentido de honesto e confiável? Em favor do último estaria o uso da palavra em 1 Timóteo 3.11, onde as mulheres (diaconisas ou esposas de diáconos) devem ser *pistas en pasin*, fiéis em todas as coisas. Outros lugares nas epístolas pastorais onde a palavra parece ter esse significado são 1 Timóteo 1.12,15; 3.1; 4.9; 2 Timóteo 2.11,13; Tito 1.9; 3.8. Então a ideia parece ser de crianças bem educadas, ordeiras, geralmente obedientes, responsáveis e confiáveis.[15]

Em outras palavras, um presbítero não pode garantir que seus filhos sejam cristãos, mas ele é responsável por cuidar para que se comportem bem enquanto estiverem sob seus cuidados.

Paulo continua repetindo a necessidade de um presbítero ser *irrepreensível*, mas agora é dado o motivo de que o presbítero é *despenseiro de Deus*. O termo aponta para a responsabilidade contínua do presbítero de administrar as atividades da igreja. Se embaraçado por áreas de reprovação ou pela necessidade de esconder seu comportamento, então ele não se sairá bem como um gerente de um corpo espiritual.

---

15 John Piper, "Biblical eldership", seção 7.

Em Tito, Paulo acrescenta que um presbítero *não deve ser arrogante*, ou seja, nunca tão obstinado sobre suas próprias opiniões a ponto de ser indisciplinado, inflexível ou ter consideração apenas por si mesmo.¹⁶

Tampouco deve ser *impetuoso* ou ter o hábito de perder o controle da língua sempre que alguém o contradiz. Em vez disso, deve ser marcado por *amar o que é bom, sensível, justo, devoto, autocontrolado*. Suas prioridades são fixadas nas coisas que importam: relacionamentos, justiça, pureza e intensa devoção ao Senhor. A lista é coroada por "autocontrole", termo que significa "autodomínio completo, que controla todos os impulsos apaixonados e mantém a vontade leal à vontade de Deus".¹⁷

Embora Paulo diga a Timóteo que os presbíteros devam *ser aptos a ensinar*, ele expande isso em Tito, dizendo que um presbítero também deve apegar-se "à palavra fiel, que é segundo a doutrina". Ou seja, um homem não deve apenas compreender a doutrina bíblica, mas deve aplicá-la diligentemente em sua vida e prática. O presbítero deve ser um estudante das Escrituras, fiel na leitura e no estudo da doutrina bíblica, regular em se aprofundar na Palavra, dando assim um exemplo para a congregação. A fidelidade de um homem na Palavra permite que ele "seja capaz de encorajar outros pela sã doutrina" – ensinar, admoestar e instruir, seja um a um, seja a grupos – "e de refutar os que se opõem a ela" (NVI). Isto é, ele lida prontamente com o erro e falsos ensinamentos e corrige aqueles que aplicam mal a Palavra de Deus por motivos egoístas ou legalistas.

Para evitar o autoexame, algumas pessoas disseram que essas qualidades de caráter são impossíveis de atingir e que ninguém as cumpre. Mas eu acho que é mais correto dizer que Paulo está chamando os presbíteros em ambos os textos para agirem como cristãos genuínos. Além da capacidade de ensinar, nenhuma das características deve ser incomum entre os cristãos — todo crente deve procurar ser "irrepreensível". D. A. Carson certa vez observou que "a coisa mais notável sobre essas características é que não há nada de notável sobre elas".¹⁸ Viver dessa maneira demonstra que o presbítero leva a sério a intenção do evangelho de purificar um povo para a exclusividade de Deus (Tt 2.14).

---

16 *LKGNT*, 652.
17 Ibid.
18 Afirmado no "Henry Forum", realizado na igreja Capitol Hill Baptist Church.

Os presbíteros não apenas lideram a congregação, mas também devem trabalhar uns com os outros. As qualidades de caráter são, portanto, essenciais para a liderança plural viver em unidade e trabalhar junto com humildade. Alexander Strauch expressou claramente essa necessidade:

> Quando funciona corretamente, a liderança compartilhada requer um exercício maior de humilde submissão do que a liderança unitária. Para que um presbitério opere eficazmente, os presbíteros devem mostrar respeito mútuo uns pelos outros, submeter-se uns aos outros, esperar pacientemente uns pelos outros, considerar genuinamente os interesses e perspectivas uns dos outros e ter deferência uns aos outros. O presbitério, então, aumenta o amor fraterno, a humildade, a mutualidade, a paciência e a interdependência amorosa — qualidades que devem marcar uma igreja serva.[19]

Um homem deve demonstrar que pode se submeter aos presbíteros antes de ser convidado a liderar com eles.

Seria sábio para qualquer igreja que busca uma transição para a liderança de presbíteros — conforme os líderes ensinam sobre o assunto — enfatizar o caráter mais do que a função dos presbíteros. As funções variam um pouco de igreja para igreja, mas o caráter não. Uma vida de servo santa e humilde deve sempre marcar os homens designados como presbíteros. Presbíteros, diáconos e outros oficiais da igreja que falham em demonstrar o caráter exigido dos líderes espirituais têm causado grande dano às igrejas. Portanto, nós devemos fincar os padrões de Deus, certificando-nos de que o nível que estabelecemos seja paralelo ao ensino das Escrituras. Mesmo as congregações que não sabem ao certo o que os presbíteros devem fazer têm maior probabilidade de segui-los quando eles vivem como cristãos — e isso, em essência, é o que as qualificações descrevem. Em uma época em que o caráter cristão muitas vezes parece indistinto do mundo, os presbíteros devem dar o exemplo de como viver como discípulos fiéis. O objetivo de uma igreja não deve ser estabelecer pluralidade de presbíteros a qualquer custo, mas elevar os padrões de liderança espiritual na igreja a qualquer custo.

---

19 Alexander Strauch, *Biblical eldership: an urgent call to restore biblical church leadership*, ed. rev. e exp. (Littleton, CO: Lewis and Roth, 1995), 114.

> *O objetivo de uma igreja não deve ser estabelecer pluralidade de presbíteros a qualquer custo, mas elevar os padrões de liderança espiritual na igreja a qualquer custo.*

PLURALIDADE EM UMA ESTRUTURA CONGREGACIONAL

No processo de elevar a liderança espiritual, as igrejas devem seguir os padrões bíblicos, incluindo o presbitério plural. Mas alguns líderes da igreja temem o termo *presbítero*. Um líder batista do sul declarou sua oposição total: "Não sou a favor do governo dos presbíteros na igreja batista do sul à qual pertenço, de fato, se a igreja a que pertenço instituísse o governo por presbíteros, eu iria embora".[20]

Durante as últimas duas décadas, várias igrejas batistas adotaram a pluralidade de presbíteros de uma forma ou de outra, mas nem todas o fizeram suavemente. As igrejas se dividiram sobre o assunto porque as pessoas temem que adotar um modelo de pluralidade de presbíteros signifique abandonar a prezada prática batista de congregacionalismo. Pastores foram até mesmo demitidos da comunhão de suas associações locais por causa do termo presbítero.

Crescendo em uma igreja Batista do Sul, observei que o cargo de presbítero era estranho à nossa forma de governo. Nas congregações locais da Igreja de Cristo, em contrapartida, os presbíteros pareciam governar com tanta firmeza que pareciam servir a seu bel-prazer. Essa imagem de "governo totalitário" pelos presbíteros colocou medo na mente de muitos batistas. Em outras igrejas, os presbíteros não tinham a dignidade espiritual do ofício. E ainda em outras, os presbíteros fracos pareciam não ter a paixão que deveria caracterizar a liderança espiritual.

Nenhuma dessas imagens de presbíteros vem da Bíblia, mas ajudam a explicar por que o cargo de presbítero às vezes é temido. Muitos batistas temem a perda do congregacionalismo, enquanto muitos pastores temem a perda de autoridade.

Esses medos são compreensíveis. Mas, como em qualquer situação que causa medo, recuar e observar os fatos com imparcialidade pode aliviar a ansiedade. Posso temer uma cobra no caminho à minha frente. Mas, se eu parar para perceber que não

---

20 Citado em Robert Wring, "An examination of the practice of elder rule in selected Southern Baptist Churches in the light of New Testament teaching" (Ph.D. diss., Mid-America Baptist Theological Seminary, 2002), 96–97.

é venenosa e que posso facilmente contorná-la, então não preciso tremer. Os fatos mudam toda a minha perspectiva. Portanto, vamos considerar o quadro geral.

A pluralidade de presbíteros não deve eliminar o congregacionalismo. É verdade que algumas formas de presbitério plural passam completamente por cima da congregação. Na igreja primitiva, porém, a congregação estava envolvida nas decisões. Tanto Jesus quanto Paulo disseram que as igrejas detêm a autoridade final em questões de disciplina da igreja (Mt 18.15-17; 1Co 5). A igreja em Jerusalém selecionou os diáconos-protótipos segundo o conselho dos apóstolos, fornecendo assim um padrão viável para o envolvimento congregacional na recomendação de líderes espirituais e temporais (At 6.1-5). Depois que os apóstolos e presbíteros estabeleceram a posição da igreja em relação ao problema levantado pelos judaizantes, a congregação se envolveu ao aprovar a recomendação de enviar mensageiros às igrejas da Ásia Menor como a voz oficial da igreja de Jerusalém. A congregação como um todo não fez parte das discussões ou debates, mas foi informada posteriormente e confirmou o resultado do conselho: "Então, pareceu bem aos apóstolos e aos presbíteros, com toda a igreja, tendo elegido homens dentre eles, enviá-los, juntamente com Paulo e Barnabé..." (At 15.22). O segmento de frase "então, pareceu bem" era um termo político no mundo grego para "votar" ou "aprovar uma medida na assembleia".[21]

Não há evidência de que a igreja primitiva votou em todas as questões. Em vez disso, o presbiterado plural lidava com as questões do dia a dia com competência e eficiência. E a igreja respeitou e se submeteu a essa liderança, sabendo que homens de confiança estavam diante deles por desígnio divino. Ocasionalmente, as igrejas tinham que ser lembradas de obedecer e se submeter à pluralidade dos presbíteros; mas os presbíteros não eram déspotas — a congregação exercia papéis decisivos na vida da igreja (1Ts 5.12,13; Hb 13.17). Em outras palavras, o congregacionalismo certamente existia, mas não a tal ponto que a assembleia pública literalmente dirigisse a igreja.

O governo congregacional *absoluto* é difícil de controlar na prática. Durante meus primeiros anos de ministério, um presidente de seminário disse a um grupo de jovens aspirantes a ministros que, se uma igreja *votasse* para chamá-lo como pastor, então, era melhor você ir, porque essa era a vontade de Deus. Fiquei chocado com seu tom (e ainda estou) e por sua insistência de que a vontade de Deus poderia ser infalivelmente conhecida por meio do voto de uma congregação. Basta uma breve

---

21 LKGNT, 299-300.

leitura da história da igreja para refutar essa ideia. Os votos da igreja são afetados pela depravação humana tanto quanto os indivíduos que votam também são, e dificilmente podem assegurar a revelação da mente de Deus. As congregações devem trabalhar para entender o que as Escrituras ensinam, em vez de presumir que as igrejas falam de maneira infalível sempre que se reúnem.

> Uma igreja não é apenas uma democracia direta, pois nas igrejas há um reconhecimento comum de nosso estado decaído, de nossa tendência para errar e, em contrapartida, da *inerrância* da Palavra de Deus. Portanto, os membros de uma congregação de igreja são democráticos, talvez, apenas no sentido de que trabalham como uma congregação para tentar entender a Palavra de Deus.[22]

O presbitério deve encabeçar a responsabilidade na governança e na compreensão da Palavra de Deus. Como homens que se dedicam às Escrituras e à oração, os presbíteros ganham a confiança da congregação e aumentam sua autoridade como líderes espirituais na igreja. A autoridade dos líderes é necessária em uma igreja, como em qualquer tipo de governo. Enquanto os governos nacional, estadual e local servem de acordo com a vontade de seus cidadãos, os cidadãos dependem de seus funcionários eleitos para dar liderança, direção e proteção diariamente. Os cidadãos se submetem a essa autoridade porque ela dá ordem às suas vidas. De maneira semelhante, a congregação que se submete à liderança do presbitério pode funcionar com maior ordem e propósito, enquanto a congregação também responsabiliza o presbitério por exercer fielmente suas responsabilidades sob o Senhor Jesus Cristo. "O ministério da igreja", escreve John Piper, "é principalmente o trabalho dos membros na atividade de adoração a Deus, nutrindo uns aos outros e testemunhando para o mundo. As estruturas internas para a governança da igreja *não* são o ministério principal da igreja, mas são o equipamento necessário para mobilização dos santos na obra do ministério."[23] Portanto, a congregação, em geral, deve se concentrar na mobilização para o ministério, em vez de perder tempo se preocupando sobre governança. Essa responsabilidade é confiada ao menor grupo de presbíteros. Piper acrescenta: "As estruturas de

---

22 Mark Dever, *Nine marks of a healthy church*, 3ª ed. (Wheaton, IL: Crossway, 2000), 212 [edição em português: *Nove marcas de uma igreja saudável* (São José dos Campos, SP: Fiel, 2012.).
23 John Piper, "Biblical eldership", seção 4, princípio 2.

governança devem ser enxutas e eficientes para esse fim, não visando incluir o maior número possível de pessoas no cargo, antes visando libertar e encaixar tantas pessoas quanto possível no ministério".[24]

Na raiz de muita oposição à pluralidade de presbíteros estão os pastores que temem a perda de sua autoridade na igreja. Embora muitas igrejas batistas afirmem exercer o congregacionalismo, sua estrutura real se parece mais com um episcopado monárquico — o governo solitário de um homem sobre a congregação. Os primeiros batistas reagiram contra o episcopado monárquico na Igreja de Roma e na Igreja da Inglaterra. Suas vozes dissidentes ecoaram juntamente com a de outros evangélicos do século 17 que estavam alarmados com os abusos perpetrados pelo governo solitário de um homem sobre a igreja. Os batistas, portanto, conferiram às congregações autoridade em relação aos assuntos da vida da igreja, mas também reconheceram a necessidade de ordem, que só vem por meio da liderança espiritual. A Confissão de Fé da Filadélfia (1742) fornece um bom exemplo tanto da voz congregacional quanto da autoridade espiritual dos presbíteros:

> [Artigo] 8. Uma igreja particular reunida e completamente organizada, de acordo com a mente de Cristo, consiste de oficiais e membros: e os oficiais nomeados por Cristo para serem escolhidos e designados pela igreja (assim chamada e reunida) para a administração peculiar de ordenanças e execução de poder ou dever, com os quais Ele os encarrega ou para os quais Ele os chama, para continuar até o fim do mundo, são bispos ou presbíteros e diáconos.
>
> [Artigo] 9. A forma apontada por Cristo para a chamada de qualquer pessoa, instituída e concedida pelo Espírito Santo, ao cargo de bispo ou presbítero na igreja é que ele seja escolhido para tal pelo sufrágio comum da própria igreja; e solenemente separado por jejum e oração, com a imposição das mãos da liderança da Igreja, se houver algum antes constituído nela: e de um diácono, que seja escolhido também por sufrágio, e separado pela oração, e pela imposição de mãos.[25]

---

24 Ibid., seção 4, princípio 3.
25 Timothy George; Denise George, orgs., *John A. Broadus: Baptist Confessions, covenants, and Catechisms* (Nashville: Broadman and Holman, 1996), 86.

Os oficiais da igreja, presbíteros e diáconos, são designados por Cristo e escolhidos pela igreja. Eles possuem a "execução de poder ou dever, com os quais Ele os encarrega ou para os quais Ele os chama" no serviço à igreja de Cristo. Cada presbítero é "escolhido para tal pelo sufrágio comum" — ou votação — "da própria Igreja". Portanto, o pastor não carece de autoridade, mas, ao invés disso, compartilha autoridade com a pluralidade de líderes espirituais escolhidos pela igreja.

Essa autoridade compartilhada deve ser temida por um pastor que foi chamado para servir vocacionalmente em uma igreja? Não se os presbíteros cumprirem os requisitos bíblicos de caráter e prática. Em vez disso, o pastor deve acolher essa estrutura como um meio dado por Deus para protegê-lo e aumentar o ministério da igreja. É verdade que surgirão grandes problemas quando homens não qualificados servirem como presbíteros. Mas isso é parte da luta contínua enfrentada pela igreja até o retorno de Cristo. O pastor deve trabalhar para pregar, ensinar, treinar e orar até que o Senhor purifique a base de liderança da igreja, tornando possível para o pastor compartilhar a autoridade com uma pluralidade de presbíteros.

Outro elemento do fator medo envolve o conceito de "governar". Se governar significa controle ditatorial sobre a vida dos membros da igreja — intrometendo-se nas decisões pessoais cotidianas; colocar demandas sobre os membros fora dos parâmetros do ministério da igreja — então, essa regra deve ser temida. De fato, regras desse tipo deram má reputação à pluralidade de presbíteros e são uma distorção do quadro bíblico. Os presbíteros nunca devem governar de maneira "dominadora"; ao contrário, eles devem servir a igreja com humildade, espelhando a regra pastoral modelada por Cristo. Apascentar o rebanho de Deus exige governança, mas os presbíteros devem exercer esse governo como aqueles que prestarão contas ao Sumo Pastor (1Pe 5.2-5; Hb 13.17).

A pluralidade de presbíteros serve para evitar que um homem seja vítima da tentação de dominar uma congregação. A autoridade compartilhada aprimora o foco e a espiritualidade dos presbíteros. Um pastor que é chamado por uma igreja para um emprego de tempo integral certamente terá uma responsabilidade maior do que os outros presbíteros por causa dos deveres a ele confiados. Neste caso, o pastor é o primeiro entre os iguais em autoridade — primeiro em virtude do chamado da igreja e de seu treinamento e dons, mas igual no sentido de que ele não é uma figura "solitária" na liderança da igreja. Daniel Wallace explica que "prestação de contas e nossa natureza pecaminosa" fornecem uma das razões mais claras para a autoridade compartilhada da pluralidade de presbíteros. Ele continua,

> Cada líder sabe que carece de equilíbrio completo, que há coisas com as quais ele continua lutando. Ademais, mesmo além do fator natureza pecaminosa, está o fator personalidade. Alguns pastores são detalhistas; outros conseguem ver o todo. Alguns amam música, outros aprenderam pouco com ela. [...] Todos nós, juntos, contribuímos para a maneira que o corpo de Cristo funciona. Mas uma igreja que segue em sintonia com a personalidade e as fraquezas de um homem sempre estará desequilibrada.

> ... *As igrejas que têm um pastor com autoridade acima de outros (portanto, na função, um episcopado monárquico) têm um número desproporcionalmente alto de falhas morais no nível superior de liderança.* Em outras palavras, é menos provável que um pastor caia em pecado se ele for *primus inter parus* ("o primeiro entre iguais" no sentido de sua visibilidade e treinamento, e não espiritualidade) do que se ele for elevado acima do resto da liderança.[26]

Resumindo, uma pluralidade de presbíteros protege tanto o pastor quanto sua congregação.

Pluralidade de Presbíteros
- Encoraja os líderes, ao carregarem juntos a carga do ministério
- Aborda o ministério com maior precisão
- Limita a tirania e o autoritarismo na igreja
- Fornece um laboratório para mostrar a unidade na igreja

O desenvolvimento de uma liderança plural é exigente. Então, alguns podem perguntar: "Por que se incomodar?". A pluralidade oferece a cada presbítero alguma medida de encorajamento, visto que o corpo de presbíteros ou o corpo de diáconos trabalham juntos em benefício de sua congregação em particular. Cada pessoa trabalha com o mesmo propósito, e elas podem apoiar-se mutuamente sempre

---

26 Daniel Wallace, "Who should run the church?", 6; itálico do original.

que enfrentarem pressão ou precisarem de uma palavra de consolo. Muitas vezes, vi nossos presbíteros ajudarem uns aos outros a carregar cargas difíceis ou trabalhar juntos em oração.

Em minha própria experiência, sei o que é ficar sozinho em uma congregação — virtualmente todo pastor sabe o que quero dizer. É difícil, e também tentar buscar a Palavra de Deus e não encontrar muitas pessoas correndo para se juntar a você. Mas como é maravilhoso e edificante ter irmãos que pensam de modo semelhante junto como você. Isso inspira encorajamento no coração de qualquer líder cristão.

A pluralidade oferece a oportunidade de exercer o ministério de maneira mais exata. Cada pessoa em um corpo de presbíteros ou diáconos trará seus próprios dons e suas próprias forças para o trabalho geral e pode aplicá-los para o bem comum. Nenhum homem sozinho precisa tentar carregar o fardo de uma congregação.

A pluralidade também restringe tentativas de tirania ou ditaduras. Ter muita autoridade e muito pouca prestação de contas corrompe as pessoas, especialmente no reino espiritual. Quando alguém carece de maturidade espiritual, estar na liderança pode oferecer oportunidades para estimular o ego ou se agarrar ao poder. A liderança plural protege contra esses abusos porque os líderes responsabilizam uns aos outros. Autoridade igual entre os presbíteros defronta as tentativas de um homem dominar a liderança da igreja.

A pluralidade também serve como um laboratório para provar a unidade. Qualquer grupo de pessoas trabalhando juntas por um período de tempo terá sua unidade testada. O caráter dos presbíteros, ou a falta dele, virá à tona durante tempos de teste e adversidade. Nada é mais doce do que ver irmãos cristãos passarem por tais momentos em união.

QUESTÕES PARA REFLEXÃO

- Por que precisamos tanto de presbíteros quanto de diáconos?
- Como os presbíteros foram selecionados na igreja primitiva? Isso oferece um exemplo de como a seleção de presbíteros deve ser realizada em nossos dias?
- O que qualifica um homem para ser presbítero? Identifique as características principais.
- Por que alguns líderes da igreja temem a pluralidade de presbíteros?

CAPÍTULO 6

Unidade em verdade

Era a diferença entre uma estação de trem e um museu. É assim que eu descreveria o contraste entre as igrejas Tenth Presbyterian Church da Filadélfia e First Baptist Church da cidade. Uma estava cheia de agitação e vidas em movimento; a outra era bonita, tranquila e mortalmente silenciosa. A diferença era surpreendente.

Foi em meados da década de 1990. Mark Dever e eu viajamos para a Filadélfia em busca de um modelo de igreja de centro da cidade para aprender a partir dele, conforme trabalhávamos para reconstruir a igreja Capitol Hill Baptist Church. A convite de James Montgomery Boice — poucos anos antes de sua morte — decidimos passar o dia com esse pastor experiente e sua equipe.

Chegando cedo, caminhamos pela cidade e topamos com a igreja First Baptist Church da Filadélfia, que na época estava comemorando seu 300º aniversário. Depois de tocar a campainha e bater na porta várias vezes, quase desistimos. Finalmente, um homem velho abriu a porta. Ele parecia pertencer a uma fazenda amish no condado de Lancaster, e não a uma igreja batista no centro da cidade. Mark, sempre o historiador, começou imediatamente a aprender a história da igreja e tentou entender no que o "homem amish" — que se identificou como pastor — acreditava. Assistir a essa conversa foi como observar dois cachorros farejando um ao outro, até que finalmente Mark percebeu que o pastor achava que uma pessoa pode acreditar no que quiser. Sentindo-se em um beco sem saída, Mark pediu para ver o santuário.

Fomos conduzidos a um dos santuários protestantes mais belamente adornados que eu já tinha visto. Era mantido imaculadamente do chão ao teto e exibia arcos maciços de folha de ouro centrados sobre um grande púlpito de madeira. O pastor nos informou que eles haviam acabado de concluir uma restauração. Mark perguntou:

— Isso deve ter custado uma pequena fortuna. Vocês devem ter muitas pessoas frequentando, não?

— Algumas dúzias — disse o pastor.

— Como algumas dezenas de pessoas pagaram por isso? — perguntou Mark.

O pastor nos disse que o dinheiro veio da Andy Warhol Foundation, uma fundação de apoio às artes visuais que o próprio Warhol financiou. (Andy Warhol foi uma figura importante no movimento pop-art dos anos 60 e 70, um homossexual e um católico ruteno praticante.)

Você poderia resumir o que vimos na igreja First Baptist Church desta forma: a Palavra não era pregada, ninguém vinha, e o prédio era lindo.

Assim, descemos direto para a Rua 17ª para chegar à igreja Tenth Presbyterian Church, fundada em 1829. O contraste era impressionante. As portas estavam abertas e o lugar fervilhava de gente. "As Catacumbas" (o porão da igreja) abrigava uma escola clássica para crianças do centro da cidade. A Alliance of Confessing Evangelicals [Aliança de Evangélicos Confessantes] estava produzindo ótimos livros e áudios. Um programa de AIDS cuidou "dos pequeninos e desprezados". Um ministério de rádio de amplo alcance estendeu o já forte ministério de púlpito expositivo que enchia o salão principal todos os domingos. A equipe era grande e acolhedora. E o edifício? Apesar de muito bonito, ficava evidente pelo carpete gasto nas escadas e pelas paredes sujas ao longo dos corrimãos que multidões passavam por ali constantemente.

Você poderia resumir o que vimos na igreja Tenth Presbyterian Church da Filadélfia da seguinte maneira: A Palavra era pregada, as pessoas vinham e o prédio estava um pouco esfarrapado.

O que poderia explicar a diferença? Não é a localização. Nem a demografia. Também não era a idade da igreja. As duas igrejas compartilhavam tudo isso. Ainda assim, em algum lugar de sua história, a igreja First Baptist Church da Filadélfia sucumbiu à modernidade e abraçou uma série de posições teológicas, acomodando-se a esse modernismo. Houve algum ponto da longa linha de decisões tomadas na igreja First Baptist Church que a igreja Tenth Presbyterian Church não tomou. Na prática, esse tipo de decisão geralmente é feito por líderes. Em algum momento, os líderes da igreja First Baptist Church se encurvaram e então quebraram. Sem dúvida, foi incremental e talvez quase imperceptível no início. Sem dúvida, as explicações para a mudança incluíram palavras como "amorosa", "justa" e "aberta".

Então, uma maneira de resumir a diferença é dizer que uma igreja foi cuidadosamente guardada pelo tipo de pastores que Paulo disse a Tito para designar, enquanto a outra igreja não. Paulo instrui Tito dizendo que o presbítero deve ser "apegado à palavra fiel, que é segundo a doutrina, de modo que tenha poder tanto para exortar pelo reto ensino como para convencer os que o contradizem." (Tt 1.9). Os presbíteros da igreja Tenth Presbyterian Church, desde 1829, mantiveram a palavra fiel e refutaram aqueles que a contradisseram. Os pastores da igreja First Baptist Church, se eu fosse supor com base em tantas outras igrejas semelhantes, tinham suavizado em algum ponto, de alguma forma, em várias de suas posições.

No final de nossos dias na Filadélfia, a parábola das duas igrejas não poderia ter sido mais clara: quando os líderes amedrontados se acomodam a cultura — não há vida. Quando os presbíteros pregam a Palavra de Deus e guardam as ovelhas com amor e verdade — há vida. Líderes cheios de fé, tementes a Deus, amantes da Bíblia, que odeiam o pecado, amam o pecador e são *resistentes aos desvios da cultura*, estes eram a chave. Mas como você encontra esse tipo de homem para pastorear o rebanho de Deus?

Infelizmente, naquele ponto da vida da igreja CHBC, Mark Dever suportou esse fardo de uma forma estranha e, esperançosamente, de uma maneira que nunca mais venha a ser repetida. A nova constituição da igreja CHBC convocou os presbíteros a designarem os possíveis novos presbíteros para a congregação para um reconhecimento. Dado seu papel como pastor titular, Mark era o único presbítero reconhecido na época, então ele teve a tarefa de apresentar a primeira lista de candidatos. Isso basicamente se reduziu à tarefa desagradável de avaliar o estado espiritual e as qualificações bíblicas de cada homem adulto na igreja.

Para minimizar a solidão e o constrangimento da tarefa, Dever enviou uma carta a cada membro da igreja lhe pedindo não que designasse um homem — pois essa era sua tarefa —, mas que destacasse cada homem que, em sua opinião, pensava corresponder à descrição dos presbíteros conforme definido em 1 Timóteo 3 e Tito 1. O efeito foi duplo: em primeiro lugar, envolveu todos no processo. Em segundo lugar, destacou para Mark homens específicos que a congregação já considerava que funcionavam como presbíteros. Como resultado, havia pelo menos dois homens que Dever não havia considerado anteriormente e que acabaram sendo nomeados na primeira lista.

Restaram duas questões. Primeiro, quem *não* deve ser nomeado? Segundo, quem *deve* ser nomeado?[1] A primeira pergunta foi a mais dolorosa porque havia alguns homens na congregação que pareciam ser qualificados, mas na verdade não eram. Quando entrevistado, um homem revelou seu desacordo com a declaração de fé de nossa igreja sobre a questão do batismo. Isso era um problema, especialmente para uma igreja batista. Outro homem acabou sendo igualitário, acreditando que uma mulher poderia servir como presbítera. O homem era um agente político em Washington, DC, então não ficamos surpresos quando ele disse que queria ser um presbítero porque "o conselho de presbíteros é onde está o poder". Outro homem raramente comparecia a qualquer reunião da igreja além das manhãs de domingo. Para nós, isso mostrou uma falta de interesse, bem como uma falta de conhecimento das ovelhas que ele seria chamado para pastorear.

Ainda assim, como eu disse, todos *pareciam* qualificados. Todos os três homens descritos acima eram líderes, e mais, líderes em seus respectivos campos. Eles eram professores dinâmicos. Tinham a idade certa — nem muito jovens nem muito velhos. E todos eles asseveravam o evangelho.

Mas a igreja não é liderada por empresários, políticos ou médicos. A igreja é liderada por pastores — pastores que têm um pensamento teológico sólido e uma história de fidelidade. E, muitas vezes, o pensamento doentio e infiel não entra na igreja por meio de ataques diretos ao evangelho. O pensamento insalubre, muitas vezes, se insinua em uma geração por meio de doutrinas secundárias, apenas para subverter as doutrinas primárias na geração seguinte, visto que as doutrinas secundárias, como a doutrina da igreja, servem para proteger as primárias, como o evangelho. Portanto, precisávamos estar vigilantes tanto no que esses homens acreditavam quanto em como viviam.

Em outras palavras, estávamos basicamente procurando homens que cuidassem de sua vida e doutrina (1Tm 4.16). Não queríamos homens da verdade, ou homens do amor e da união, mas homens amorosamente unidos na verdade. Queríamos homens que estivessem dispostos a se dedicar ao bem do rebanho, procurando conhecê-los, para que pudessem, cuidadosa e individualmente, guiá-los a um conhecimento mais profundo da Palavra de Deus.

---

[1] Mark Dever e Paul Alexander exploram essas questões em profundidade na seção 3 do livro *A igreja intencional: edificando seu ministério sobre o evangelho* (São José dos Campos, SP: Fiel, 2015).

Além disso, não estávamos procurando por "equilíbrio", como algumas pessoas sugeriram que devêssemos. Alguns pensaram que os pontos de vista do pastor titular precisavam ser podados ou suavizados por um ponto de vista oposto. Eles pensavam que precisávamos de alguém que dissesse "não" para Dever. Certamente você quer homens que possam pensar por si mesmos e que sejam mais devedores da Palavra de Deus do que qualquer homem. Mas acredite em mim quando digo que você não quer como presbítero pessoas que estão sempre contrariando outras pessoas. Aqueles que estão sempre contrariando atrapalham o progresso e roubam a alegria do grupo no processo (veja Hb 13.17).

Positivamente, então, quem *deve* ser nomeado? A questão não é se eles dizem "sim" ou "não" ao pastor titular. O ponto é se o homem está ou não comprometido com a verdade das Escrituras e o bem da igreja. Ele sempre diz "sim" para isso. Às vezes, gosto de dizer que as igrejas devem nomear "homens que dizem sim". Eu sei, eu sei. Homens que sempre concordam com você são aqueles que não agem, que anuem apenas em se dar bem, que não defendem nada e não assumem riscos. Mas o apóstolo Paulo parece dar valor aos "homens que dizem sim", embora de um tipo diferente do que as pessoas normalmente pensam. Considere o desafio e a chamada destes dois versos:

> Se há, pois, alguma exortação em Cristo, alguma consolação de amor, alguma comunhão do Espírito, se há entranhados afetos e misericórdias, completai a minha alegria, de modo que penseis a mesma coisa, tenhais o mesmo amor, sejais unidos de alma, tendo o mesmo sentimento. (Fp 2.1,2)

> Rogo-vos, irmãos, pelo nome de nosso Senhor Jesus Cristo, que faleis todos a mesma coisa e que não haja entre vós divisões; antes, sejais inteiramente unidos, na mesma disposição mental e no mesmo parecer. (1Co 1.10)

Em ambas as passagens, Paulo aponta para a submissão e a unidade, mas não é qualquer submissão ou unidade. É a submissão à unidade em Cristo e a compartilhar a mente de Cristo.

Os filmes de Hollywood defendem o homem inclinado a discordar com todo mundo, o solitário, o homem que luta contra o sistema. Amamos a ideia de um cara que escolhe nadar contra a corrente ou se afastar da multidão. O herói de Hollywood pode ser usado para vender filmes, mas, falando biblicamente, seu caráter é cheio de falhas. Ele é inclinado ao isolamento, ao egoísmo e à desunião.

Enquanto isso, tantas igrejas no século 20 enfatizaram o amor e a unidade, mas um amor e unidade que são estranha e tragicamente desprovidos de verdade.

Em marcante contraste com isso, precisamos de líderes na igreja que deixem de lado suas preferências com o propósito de manter a unidade na verdade e no amor. Precisamos de presbíteros que sacrifiquem suas prioridades individuais pelo bem da congregação. Precisamos de homens que se esforcem tanto para compreender seus irmãos quanto para dar atenção às Escrituras, em vez de observar uma posição desinformada e permanecer indispostos a aprender. Precisamos de homens que amem a Deus e à igreja mais do que a si mesmos e que, por isso, estejam dispostos a colocar em risco o que as pessoas pensam deles, confrontando o erro e o pecado.

Ao nomear homens para servir como presbíteros, você não irá satisfazer a todos. Lembro-me de uma mulher reclamando que não gostava de nenhum dos indicados iniciais. Quando verificamos quais nomes ela havia submetido para consideração, descobrimos que ela não se preocupou em entregar nenhum. Em suma, a ideia de mudar para sistema de presbíteros na constituição foi aprovada quase por unanimidade, mas encontrar homens reais quase nos quebrou. Olhando para trás, um ex-membro marcou o processo de nomeação de presbíteros como o início de uma "divisão *de facto* da igreja". Ele estava certo. Um conjunto de presbíteros representa uma direção para uma igreja, e os cinco homens que eventualmente foram nomeados e confirmados significavam que a igreja estaria se movendo em um tipo de direção, e não em outra. E isso levou a uma divisão *de fato* da igreja — embora muito pequena. Esses membros que não gostaram dos novos presbíteros e de sua direção deixaram a igreja. Quem gostou, ficou.

A escolha de quem iria pastorear a igreja era de extrema importância. Os líderes errados provavelmente levariam a pastorados mais curtos de homens que iriam "tirar da cartola" os mais recentes truques e modismos de crescimento da igreja. No longo prazo, isso provavelmente levaria a uma brecha doutrinária. Os presbíteros fiéis, em contrapartida, restaurariam a fidelidade bíblica e uma comunidade marcada por vidas que autenticam sua confissão. Nós seríamos como os da igreja First Baptist Church da Filadélfia ou da igreja Tenth Presbyterian Church? Teríamos que vender a propriedade e nos tornar um depósito para a Biblioteca do Congresso nas proximidades, ou nos tornaríamos uma comunidade de seguidores de Cristo vibrante e que anuncia a verdade?

Parte 2

QUATRO TEXTOS BÍBLICOS CHAVE

CAPÍTULO 7

Um modelo para nossa época

ATOS 20.17-31

[17]De Mileto, mandou a Éfeso chamar os presbíteros da igreja. [18]E, quando se encontraram com ele, disse-lhes: Vós bem sabeis como foi que me conduzi entre vós em todo o tempo, desde o primeiro dia em que entrei na Ásia, [19]servindo ao Senhor com toda a humildade lágrimas e provações que, pelas ciladas dos judeus, me sobrevieram, [20]jamais deixando de vos anunciar coisa alguma proveitosa e de vo-la ensinar publicamente e também de casa em casa, [21]testificando tanto a judeus como a gregos o arrependimento para com Deus e a fé em nosso Senhor Jesus [Cristo]. [22]E, agora, constrangido em meu espírito vou para Jerusalém, não sabendo o que ali me acontecerá, [23]senão que o Espírito Santo, de cidade em cidade, me assegura que me esperam cadeias e tribulações. [24]Porém em nada considero a vida preciosa para mim mesmo, contanto que complete a minha carreira e o ministério que recebi do Senhor Jesus para testemunhar o evangelho da graça de Deus. [25]Agora eu sei que todos vós, em cujo meio passei pregando o reino, não vereis mais o meu rosto. [26]Portanto, eu vos protesto, no dia de hoje, que estou limpo do sangue de todos; [27]porque jamais deixei de vos anunciar todo o desígnio de Deus. [28]Atendei por vós e por todo o rebanho sobre o qual o Espírito Santo vos constituiu bispos, para pastoreardes a igreja de Deus, a qual ele comprou com o seu próprio sangue. [29]Eu sei que, depois da minha partida, entre vós penetrarão lobos vorazes, que não pouparão o rebanho. [30]E que, dentre vós mesmos, se levantarão homens falando coisas pervertidas para arrastar os discípulos atrás deles. [31]Portanto, vigiai, lembrando-vos de que, por três anos, noite e dia, não cessei de admoestar, com lágrimas, a cada um.

Por que designar presbíteros e diáconos como líderes espirituais na igreja? Tendo sido criado em uma igreja batista, frequentei duas igrejas batistas durante minha adolescência, e ambas eram bastante tradicionais. Cada uma delas tinha pastor titular, diáconos e membros adicionais da equipe, mas os presbíteros estavam em outras igrejas. Pelo que sei, todos com formação batista reconhecem o ofício de diácono sem questionar. Mas às vezes eles hesitam quando se trata do ofício de presbíteros, embora as Confissões de Londres, Filadélfia e New Hampshire, que datam do século 17 até o século 19, identifiquem os dois ofícios.[2]

Quando a igreja da qual agora sou pastor em Memphis começou a estudar o ensino bíblico sobre liderança da igreja, incluindo presbíteros, um membro parou abruptamente de frequentar. Visitei sua casa e perguntei sobre o motivo de sua partida. Rapidamente, ele apontou para a conversa sobre os presbíteros. "Simplesmente não é Batista!", ele disse. Citei exemplos históricos de presbíteros nas igrejas batistas, bem como o ensino bíblico, mas ele nem mesmo investigou o assunto.

No entanto, a Palavra de Deus sempre exige um estudo cuidadoso, incluindo a forma pela qual os presbíteros guardam e lideram a igreja, com diáconos lado a lado para servir.

As referências bíblicas aos presbíteros são comumente equiparadas ao cargo de pastor vocacionado ou à equipe de funcionários em igrejas modernas. Mas essa interpretação significa enxergar nossas práticas modernas no texto antigo. Isso é precisamente o que um oponente da liderança de presbíteros faz quando afirma que "todos os presbíteros/bispos eram orientados para o ministério e não eram leigos".[3] Embora seja verdade que o pastor é um presbítero, não é necessariamente verdade que os presbíteros são apenas "profissionais pagos". E, quando deixamos de reconhecer homens qualificados da congregação como presbíteros, a igreja perde alguns de seus maiores ativos de liderança. Na verdade, se os líderes não pagos forem excluídos como presbíteros, então multidões de congregações menores — muitas se reunindo em casas por causa da proibição de reuniões públicas — perderão completamente a sua liderança espiritual. Em última análise, cheira a arrogância pensar que apenas indivíduos profissionalmente treinados podem servir como líderes espirituais.

---

2 *CrChr*, 3:738-40, 747.

3 Robert Wring, "An examination of the practice of elder rule in selected Southern Baptist Churches in the light of New Testament teaching" (Ph.D. diss., Mid-America Baptist Theological Seminary, 2002), 52.

Uma prática mais bíblica, com presbíteros, fortalece o ministério pastoral das igrejas. Explicando os benefícios da liderança plural de presbíteros — pagos e não pagos — John MacArthur observa: "Sua combinação de conselho e sabedoria ajuda a assegurar que as decisões não venham de um único indivíduo e sirvam somente os seus interesses (cf. Pv 11.14)". Ele afirma: "Na verdade, a liderança de um homem é característica das seitas, não da igreja".[4]

O apóstolo Paulo entendeu a grande necessidade de líderes piedosos. Em sua segunda viagem missionária, Paulo chegou à famosa cidade asiática de Éfeso, "a principal cidade da província", de onde ele evangelizaria a Ásia Menor (At 19.10).[5] Éfeso era um importante centro cultural e econômico no Império Romano, mas também um importante centro de adoração pagã que incluía o templo de Diana, "uma das sete maravilhas do mundo antigo".[6] Lá, Paulo pregou e um tumulto começou. Mas Deus fez seu trabalho frutificar para que uma igreja fosse iniciada na cidade. O apóstolo ficou três anos, pregando e ensinando a Palavra. Durante esse período, ele evidentemente designou presbíteros para servir à igreja.

Em sua terceira viagem missionária, Paulo chegou perto de Éfeso, mas como estava decidido a ir para Jerusalém, ele não aportou em Éfeso. Em vez disso, navegou além, desembarcando em Mileto. De lá, chamou os presbíteros de Éfeso para encontrá--lo. Em Atos 20.17-31, Lucas registra o último encontro de Paulo com esses homens, encontro que insufla amor e paixão à medida que o apóstolo dá suas instruções finais aos líderes da igreja de Éfeso. A mensagem de Paulo aponta para a necessidade inequívoca dos presbíteros de continuar a obra de pastorear a igreja, uma necessidade que é evidente em todas as igrejas. Se os presbíteros desempenhavam um papel tão vital na igreja cosmopolita em Éfeso, não temos a mesma necessidade hoje? A exortação de Paulo aos presbíteros de Éfeso responde à pergunta: "Por que presbíteros?".

Atos 20.17-31
- A necessidade comum da Igreja (At 20.17,28-31)
- Pastores do rebanho (At 20.28,31)
- Um fundamento inesquecível (At 20.28)

---

4 John MacArthur, *The master's plan for the church* (Chicago: Moody, 1991), 195.
5 Curtis Vaughan, *Founders Study Guide Commentary: Ephesians* (Cape Coral, FL: Founders Press, 2002), 15.
6 Ibid., 15.

A NECESSIDADE COMUM DA IGREJA (AT 20.17,28-31)

A primeira coisa que devemos notar na exortação de Paulo em Atos 20 são os termos que ele usa para descrever esse grupo de líderes em Éfeso. Em primeiro lugar, ele os chama de "os presbíteros da igreja" (v. 17). Alguns argumentaram que a igreja de Éfeso foi dividida em igrejas domésticas e os presbíteros eram simplesmente os líderes individuais dos grupos domésticos. Mas isso é uma injustiça com o texto. "Presbíteros" é plural, e "igreja" é singular.

Em segundo lugar, Paulo declara que o Espírito Santo "vos constituiu bispos, para pastorear a igreja de Deus" (v. 28). *Supervisores* é o mesmo termo que Paulo usa em 1 Timóteo 3.1, que a versão inglesa Authorized Version traduz como "bispos" (tb. ARA) e a New American Standard Bible traduz como "superintendentes". Em grego, o termo é *episkopos*, ao passo que "presbíteros/ancião" é como traduzimos a palavra grega *presbuteros*.

Em terceiro lugar, Paulo usa a palavra "pastor" como verbo (v. 28), que se refere a alimentar e cuidar do rebanho.[7] A palavra grega aqui é *poimainō*, da qual o substantivo "pastor" tem suas raízes, como usado em Efésios 4.11.

O ponto é que todos esses três termos — presbítero, bispo e pastor — são intercambiáveis. Eles não se referem a hierarquias separadas ou cargos em vários níveis na igreja, mas ao mesmo cargo ou função dentro da igreja local. Pedro da mesma forma usa esses termos de maneira intercambiável em 1 Pedro 5.1,2.[8]

Como vimos no capítulo 3, a particularidade do termo *presbítero* aponta para o caráter do homem; essa palavra era usada para homens com maturidade avançada dentro da comunidade judaica. *Supervisor* ou *bispo* indica sua função de liderança espiritual, visto que esses termos eram usados na cultura grega para comissários ou administradores de cidades. E o termo *pastor* enfatiza o ministério do homem — o conceito de pastorear um rebanho ressoou amplamente por toda aquela parte do mundo.

Por que houve necessidade de presbíteros para servir na igreja? A igreja primitiva viveu sob ataque externo até aproximadamente o quarto século. Por trezentos anos, oposição, ataques e perseguições os afligiram, até o reinado do imperador romano Constantino. Esses ataques ocorreram em vários intervalos de tempo na

---

7 BDAG, 842, explica que o símbolo de um pastor liderando, guiando e governando é o que está em mente nesse caso e refere-se à administração da congregação.

8 Veja o capítulo 13 para uma visão detalhada desse texto.

tentativa de pegar a igreja com a guarda baixa. Os imperadores Nero, Domiciano, Trajano e Adriano supervisionaram lendários períodos de perseguição. Mas junto com a perseguição externa, a corrupção na doutrina, nas personalidades e na liderança também brutalizou a igreja: "Sei que depois da minha partida, entre vós penetrarão lobos vorazes, que não pouparão o rebanho" (At 20.29).[9]

Enquanto estava entre o rebanho de Éfeso, Paulo poderia facilmente reconhecer os ataques dos adversários e enfrentá-los. Ele teve a coragem e a autoridade para enfrentar quaisquer forças que atacassem a igreja. Mas a presença de Paulo entre eles estava chegando ao fim. Agora eles enfrentavam nova oposição sem que o grande apóstolo desviasse os golpes. Por isso, Paulo incumbe os presbíteros de Éfeso — e todos os que seguem seu padrão — a assumir a tarefa de proteger o rebanho contra ataques de fora e de dentro.

Paulo usa termos fortes para descrever os ataques. Ele chama os perpetradores de "lobos selvagens", descrevendo a igreja de Éfeso como um rebanho de ovelhas indefesas (At 20.29). Jesus usou a mesma imagem: "Acautelai-vos dos falsos profetas, que se vos apresentam disfarçados em ovelhas, mas por dentro são lobos roubadores" (Mt 7.15). Os lobos, nesse caso, teriam vestido pele de cordeiro para que pudessem subverter a igreja por meio de artimanhas.

Um tema recorrente encontrado nas epístolas é a advertência contra os falsos mestres. Alguns reivindicariam ser "o Cristo"; outros teriam uma nova revelação; ainda outros ensinariam um falso evangelho. E é um fato triste que os falsos mestres enganaram muitos, mesmo nas igrejas do Novo Testamento. A igreja de Éfeso está entre as sete igrejas da Ásia Menor às quais nosso Senhor se dirigiu em Apocalipse 2 e 3. A maioria dessas igrejas havia caído na letargia espiritual, enquanto algumas haviam cedido à tolerância de falsos mestres. Paulo, por meio de suas epístolas a Timóteo, aparentemente sentiu a necessidade, mais uma vez, de advertir a igreja de Éfeso sobre os falsos mestres (1Tm 4.1-3; 6.3-5; 2Tm 3).

Quando consideramos o fato de que nosso Senhor, bem como Paulo, João, Pedro e Judas, todos eles nos alertam sobre os falsos mestres, isso deve nos alertar quanto ao fato de que o falso ensino continua sendo um grave perigo. Igrejas e cristãos individuais podem ser vítimas desse ataque, seja de fora, seja de dentro do corpo.

---

9 Veja Justo L. Gonzalez, *The story of Christianity: the early church to present day* (Peabody, MA: Prince Press, 2001), 31-108.

Se a igreja em Éfeso precisava de homens que a protegessem do falso ensino, certamente as igrejas em Memphis, Bombaim, Chicago e Cidade do Cabo também precisam. Nessas advertências específicas, os conflitos de personalidade estavam longe da mente do apóstolo. Paulo estava preocupado com o ensino que se afastou das Escrituras e abraçou uma fé distorcida. Ele encarregou os presbíteros de Éfeso: "Atendei por vós e por todo o rebanho sobre o qual o Espírito Santo vos constituiu bispos, para pastoreardes a igreja de Deus, a qual ele comprou com o seu próprio sangue" (At 20.28). O processo de pastoreio exige a habilidade de reconhecer lobos. O que constitui uma "teologia do lobo"?

- Ensino que, de alguma forma, nega a divindade de Cristo ou a igualdade da Trindade;
- Ensino que substitui a suficiência da morte de Cristo na expiação pelo pecado por qualquer outra coisa;
- Ensino que nega a necessidade da justiça de Deus ser satisfeita para que os pecadores sejam salvos;
- Ensino que rouba a glória de Deus ao insistir que a salvação não é totalmente uma obra da graça de Deus;
- Ensino que nega a ressurreição corporal de Cristo;
- Ensino que afirma ter revelações autorizadas que não estão contidas nos cânon do Antigo e do Novo Testamentos;
- Ensino que insiste em algum tipo de obra ou abnegação ou prática ascética para melhorar a posição de uma pessoa diante de Deus, em vez de ela simplesmente descansar nos méritos de Cristo.

A "teologia do lobo" é ensinada hoje? Sim, de fato! Recebi uma nota de um pastor amigo me contando sobre o presidente de uma faculdade batista no sul dos Estados Unidos que escreveu um livro negando a autoridade das Escrituras, o nascimento virginal de Cristo, a divindade de Cristo, a necessidade da cruz para expiar pecados e a necessidade de salvação. Ainda mais angustiante é que algumas igrejas batistas permitiram esse homem em seus púlpitos simplesmente porque ele afirma ser um batista. Nesses casos, os presbíteros da igreja têm a responsabilidade de impedir que lobos de aparência digna enganem o rebanho.

O peso da responsabilidade por reconhecer o falso ensino, e, então, agir para removê-lo, recai sobre os presbíteros. Os presbíteros da igreja têm a tarefa de examinar constantemente "todo vento de doutrina" (Ef 4.14). Eles devem estar vigilantes em reconhecer os falsos ensinos, alertando o corpo e protegendo o rebanho de sua presa (Hb 13.17).

Paulo estava preocupado não só com os ataques que viriam de fora do corpo, mas com o engano que surgiria de dentro do corpo: "E que, dentre vós mesmos, se levantarão homens falando coisas pervertidas para arrastar os discípulos atrás deles" (At 20.30). Assim como havia um Judas entre os doze apóstolos, existem Judas na igreja hoje. Essas pessoas têm motivos egocêntricos para ingressar no corpo da igreja. Elas usam a igreja para engrandecimento pessoal, para melhorar seu senso de poder ou ganho material e para afastar os discípulos da verdade.

Paulo descreve seu padrão como "falando coisas pervertidas", tudo com o objetivo de alienar ou afastar alguns crentes do restante da igreja. A palavra "pervertida" é uma boa descrição. O termo grego significa "desviar, torcer, perverter, distorcer".[10] Esses mestres dizem coisas que até as crianças reconheceriam como imorais. Falar "coisas pervertidas" envolvia perverter ou alterar sutilmente a verdade. Envolvia pegar o que era verdadeiro e então remodelar seu significado ou dar-lhe uma falsa aplicação, ou manipulá-lo para dizer algo diferente do significado pretendido. Embora o ensino dos "lobos vorazes" surja bem descaradamente e seja facilmente reconhecido, o "falar" a que Paulo se refere aqui é enganoso e difícil de reconhecer. É preciso discernimento para ver as sombras sutis pelas quais esse "falar" se afasta da Palavra de Deus. Uma vez que um cristão se apega a essas ideias distorcidas da verdade bíblica, essa pessoa se torna uma presa fácil para a alienação do restante da igreja. Ele ou ela pode ver os outros na igreja como não iluminados e, então, seguir o ensino enganoso para sua própria vergonha.

Há alguns anos, um homem e sua esposa começaram a frequentar o estudo bíblico e os cultos em nossa igreja. Fiz uma visita extraordinariamente longa em sua casa, na qual o homem entrou em grandes detalhes sobre uma área particular de interesse teológico. Ele encobriu sua doutrina em linguagem bíblica comum, mas algo em suas palavras não parecia equilibrado. Aconteceu de um colega presbítero e eu estarmos dando uma aula sobre a Bíblia que esse homem frequentava. Um dia,

---

10 *LKGNT*, 318.

na aula, ele habilmente tentou dividir o corpo da igreja por uma negação inteligente da co-eternidade de Jesus Cristo com o pai. Como presbíteros, farejamos o ar imundo do falso ensino e nos unimos contra sua teologia falha. Vendo essa frente unida, ele logo abandonou nossa igreja. As pessoas estavam protegidas.

Ataques ao corpo da igreja e engano dentro do corpo nos lembram de uma necessidade que não podemos ignorar — a necessidade da igreja de ser protegida contra falsos mestres e enganadores. E esse é o trabalho dos presbíteros. Se os presbíteros eram necessários há mais de mil e novecentos anos, certamente são necessários hoje também.

PASTORES DO REBANHO

Atos 20.28 e 31 oferecem um esboço direto dos deveres dos presbíteros. Os presbíteros devem guardar, manter a vigilância e pastorear a igreja. O adversário quer dividir e destruir a igreja. O pecado e o falso ensino ameaçam a igreja constantemente. Os presbíteros devem, portanto, vigiar constantemente.

"Atendei por vós e por todo o rebanho", diz Paulo (At 20.28). Estar em guarda significa dar atenção ou prestar atenção ao que é ensinado, às tendências da cultura e ao comportamento do corpo para que a igreja possa seguir em frente sem impedimentos em sua missão. Paulo diz especificamente aos presbíteros para guardar duas coisas:

Primeiro, os presbíteros devem proteger sua própria vida espiritual. Os presbíteros devem, pessoalmente e como um grupo, dar atenção à sua própria caminhada com Cristo. Eles não devem funcionar como profissionais ministeriais — homens que são bons em dizer aos outros o que fazer, mas que não praticam o que pregam. Eles são profetas, não profissionais, diz John Piper: "A mentalidade do profissional não é a mentalidade do profeta. [...] Quanto mais profissionais desejamos ser, mais morte espiritual deixaremos em nosso rastro".[11] Como John Stott nos lembra: "Pois eles não podem cuidar adequadamente dos outros se negligenciarem o cuidado e a cultura de suas próprias almas".[12]

No clássico de Richard Baxter *O pastor reformado*, no capítulo intitulado "Sobre a supervisão de nós mesmos", ele identifica uma série de coisas que os presbíteros devem guardar com relação a si mesmos. Para parafrasear Baxter, devemos:

---

11 John Piper, *Brothers, we are not professionals! A plea to pastors for radical ministry* (Nashville: Broadman and Holman, 2002), 1 [edição em português: *Irmãos, nós não somos profissionais* (São Paulo, SP: Shedd Publicações, 2009)].

12 John Stott, *The Spirit, the church, and the world: the message of Acts* (Downers Grove, IL: InterVarsity Press, 1990), 327 [edição em português: *A mensagem de Atos*, A Bíblia fala hoje (Viçosa, MG: Ultimato/ABU, 1994)].

1. Cuidar de nós mesmos, para que não possamos perder aquela graça salvadora de Deus que oferecemos aos outros.
2. Cuidar de nós mesmos, para que não vivamos com aqueles pecados reais em relação aos quais podemos pregar contra nos outros. Vejamos que não somos culpados daquilo que podemos condenar diariamente.
3. Cuidar de nós mesmos, para que não sejamos inadequados para as grandes tarefas que nos comprometemos a completar. Visto que devemos ensinar aos homens os grandes mistérios da fé, não devemos ser bebês em nosso conhecimento da Palavra de Deus e sua prática.
4. Cuidar de nós mesmos, para que não exemplifiquemos doutrinas contraditórias. Cuidado, para que não coloquemos tais pedras de tropeço diante dos cegos que ocasionemos sua ruína. Cuidado, para que não desfaçamos com nossas vidas o que dizemos com nossas línguas. Cuidado, para que não nos tornemos o maior obstáculo para o sucesso de nosso próprio trabalho.[13]

Em segundo lugar, os presbíteros devem estar em guarda por todo o rebanho. Paulo usa termos pastorais para expressar *guarda*. O termos é melhor ilustrado quando pensamos em um grupo de pastores reunidos no sopé de uma montanha da Judeia com seu rebanho de ovelhas. As ovelhas mastigam a grama e as ervas na encosta da montanha de maneira despreocupada, enquanto os pastores constantemente procuram ladrões que roubariam o rebanho, lobos que o devorariam e outros perigos que o ameaçam. O trabalho do pastor nunca termina. Ele constantemente observa, verifica constantemente a saúde, garante constantemente que estão todos alimentados e seguros. Ele conhece suas ovelhas e reconhece suas necessidades. Um presbítero opera de maneira semelhante. Ele também faz perguntas ao rebanho para verificar sua compreensão e aplicação da lei e do evangelho, bem como seu entendimento da justificação e santificação. Fred Malone oferece algumas perguntas úteis a esse respeito:

- Como a vida de Cristo e a obra redentora ajudam você a viver como marido, esposa, pai, mãe, filho, filha ou membro da igreja?
- O que você acha que é o grande objetivo de Deus para sua vida?

---

13 Richard Baxter, *The reformed pastor: a pattern for personal growth and ministry* (Portland, OR: Multnomah, 1982, from 1830 edition), 27-32 [edição em português: *O pastor aprovado* (São Paulo: PES, 2016)].

- O que o céu significa para você hoje?
- O que Cristo pensa e sente a seu respeito quando você peca?
- Você acha que Deus gosta de você?[14]

Os presbíteros que trabalham ensinando, pregando, instruindo, exortando e admoestando o rebanho cumprem esse dever. Eles têm, às vezes, de reprovar aqueles que estão em pecado. Devem admoestar aqueles que estão brincando de transgredir a fé. Devem instruir e exortar a igreja a andar em sã doutrina. Eles devem reconhecer erros e não ter medo de corrigi-los. O pastor do século 19 Charles Bridges nos lembra que as necessidades do corpo da igreja não podem "ser tratadas completamente no púlpito".[15] As necessidades da congregação requerem atenção individualizada, a qual somente pode ser dada efetivamente por meio de uma pluralidade de pastores. Bridges sugere um número de casos que precisam desse tipo de cuidado especial.

- Pastorear é uma obra espiritual.
- Pastorear é trabalho árduo.
- Pastorear é prestar contas.

Os indolentes estão adormecidos — os que tentam depender de si mesmos estão retrocedendo — os zelosos estão sob a influência do orgulho espiritual — os fervorosos estão se tornando hipócritas — os regulares, formais. Então, há o inquiridor, pedindo direção — o tentado e perplexo, procurando apoio — o aflito, ansiando pelo consolo animador do Evangelho — o pecador convicto, desde a cura superficial de sua ferida, acomodando-se a uma paz ilusória — o mestre, "tendo um nome que vive; mas ele está morto". Esses casos não podem, em todas as suas formas insignificantes e diversificadas, ser totalmente tratados no púlpito.[16]

---

14 Fred Malone, "Do personal work", em: Thomas K. Ascol, org., *Dear Timothy: letters on pastoral ministry* (Cape Coral, FL: Founders Press, 2004), 179.
15 Charles Bridges, *The Christian ministry: with an inquiry into the causes of its inefficiency* (1830; repr., Carlisle, PA: Banner of Truth, 1991), 344.
16 Ibid.

Os presbíteros devem ser obedientes ao Senhor, mesmo quando implementam decisões difíceis. Sua preocupação nunca deve ser conformar-se ao cristianismo popular para obter aprovação. Em vez disso, eles devem discernir o cristianismo bíblico e levar o rebanho a andar nele sem concessões. Os presbíteros que almejam apenas popularidade não se importam com o rebanho.

O dever de liderar bem o rebanho continua com a ordem: "*Atendei* [...] para pastoreardes a igreja de Deus, a qual ele comprou com o seu próprio sangue" (At 20.28). Hoje, temos uma visão bastante romântica dos pastores, especialmente com canções de Natal referindo-se a eles em termos brilhantes. No entanto, quando Paulo escolheu essa metáfora, ele estava se referindo a um trabalho que não tinha status. Um pastor era considerado a "classe baixa" da sociedade. O nosso foco é esse: o trabalho de pastorear não é para fama ou reputação pessoal, antes, é humilde, realizado em serviço amoroso como pastor subordinado a Cristo.

Pastorear é uma obra espiritual. J. Oswald Sanders nos lembra: "Os fins espirituais só podem ser alcançados por homens espirituais que empregam métodos espirituais".[17] Muito se fala hoje em dia sobre os líderes da igreja serem pessoas que procuram agradar os outros. Mas os homens verdadeiramente espirituais se concentram em agradar apenas uma pessoa, o Senhor Deus.

Pastorear é um trabalho árduo. Nos tempos bíblicos, guardar ovelhas contra o perigo significava tensão mental e emocional. Os pastores sempre encontravam perigo. Lembre-se de que Davi encontrou um urso e um leão enquanto pastoreava. Os pastores caminhavam com dificuldade por montanhas e vales e por terrenos acidentados em todas as condições climáticas.

Da mesma forma, o trabalho dos presbíteros deve continuar independentemente das condições e situações. Os presbíteros nunca estão de folga, mesmo quando saem do prédio da igreja. Um presbítero deve cuidar de sua própria vida espiritual, protegendo sua própria família dos perigos espirituais. Ele deve manter um exemplo piedoso para o restante da igreja. Enquanto outros descansam, ele continua a labutar através do estudo, da oração, do ministério, do aconselhamento, das visitas e da vigilância.

---

17 J. Oswald Sanders, *Spiritual leadership* (Chicago: Moody, 1980), 40 [edição em português: *Liderança espiritual* (São Paulo, SP: Mundo Cristão, 1987)], citado em: John MacArthur, *Shepherdology: a master plan for church leadership* (Panorama City, CA: Master's Fellowship, 1989), 134.

Pastorear é prestar contas. No tempo do apóstolo Paulo, os pastores normalmente trabalhavam para outra pessoa. Eles tinham a responsabilidade de prestar contas de cada ovelha perante o dono do rebanho. Paulo lembra os presbíteros de Éfeso dessa responsabilidade quando lhes diz: "... pastoreardes a igreja de Deus, a qual ele comprou com seu próprio sangue". Os presbíteros devem ser lembrados de que a igreja não pertence a nós. A igreja pertence a Deus por meio do preço redentor do sangue de Cristo. Nós, que servimos, somos meramente pastores subordinados que um dia prestarão contas de suas obrigações (Hb 13.17).

John Murray oferece quatro desafios ao refletir sobre o que significa "pastorear a igreja de Deus":

1. O pastor impede que seu rebanho se extravie. Na prática, isso significa instrução e aviso.
2. Um pastor vai atrás de suas ovelhas quando elas se perdem. Na prática, isso significa repreensão e correção, em muitos casos o exercício da disciplina eclesiástica.
3. Um pastor protege suas ovelhas de seus inimigos. [...] Talvez não haja uma característica mais nefasta dos membros da igreja do que a falta de discernimento [...] aqui, os presbíteros, ao cuidar do rebanho, devem cultivar para si mesmos e inculcar nos membros da igreja essa sensibilidade ao que é verdadeiro e reto, para que eles e o povo sejam capazes de detectar a voz do inimigo.
4. Um pastor conduz seu rebanho ao aprisco; ele derrama óleo em suas feridas e lhes dá água pura para saciar sua sede. Eu gostaria de enfatizar a necessidade e a bênção do ministério da consolação.[18]

"Portanto, vigiai, lembrando-vos de que, por três anos, noite e dia, não cessei de admoestar, com lágrimas, a cada um" (At 20.31). Os presbíteros estão envolvidos em uma guerra espiritual — e a igreja é um campo de batalha. Eles são chamados a estar constantemente alertas. Então, a Palavra ordena que os presbíteros fiquem sempre despertos, continuamente vigilantes para as coisas que podem prejudicar o rebanho.

---

18 John Murray, *The collected writings of John Murray: the claims of truth* (Edinburgh: Banner of Truth, 1976), 1:265-66.

Enfrentamos a oposição constante do adversário, que é um oportunista que busca momentos em que nossa guarda está baixa e nossa tolerância ao pecado está alta. É nessas horas que ele ataca. Consequentemente, os presbíteros devem permanecer em seus postos, sempre vigilantes em benefício do rebanho de Deus.

Paulo exemplificou vigilância, servindo entre os efésios por três anos, vigiando e admoestando-os com a compaixão das lágrimas (At 20.31). Não era apenas um trabalho. Era um ministério ou uma comissão dada pelo Senhor, e ele levou isso a sério. E essa é a chamada para todos os presbíteros. Eles devem reconhecer que Deus lhes deu um ministério para cuidar de *seu próprio* rebanho.

É importante notar que Paulo reservou um tempo para "admoestar cada um". A admoestação pode variar desde instruir alguém por preceitos e princípios bíblicos até advertir alguém de que está trilhando o caminho do pecado.[19] A palavra para *admoestação* significa "colocar na mente" (*nouthetōn*) ou avisar ou instruir alguém que se desviou. É o campo em que os presbíteros, por preceito e prática, devem impactar a igreja. Quando os presbíteros vivem a vida cristã para que outros vejam a necessidade de andar diariamente com Cristo, a igreja é influenciada. À medida que proclamam a verdade de Deus para que outros cresçam no entendimento e na prática da fé cristã, a igreja é influenciada. Conforme os presbíteros admoestam, eles mostram mais cuidado com a alma de uma pessoa do que com a aprovação dessa pessoa, e a igreja sente o impacto.

UMA FUNDAÇÃO INESQUECÍVEL (AT 20.28)

Um último lembrete neste texto bíblico merece nossa atenção: "Atendei por vós e por todo o rebanho *sobre o qual o Espírito Santo vos constituiu bispos*" (grifo do autor). Paulo e seus companheiros missionários podem ter selecionado os presbíteros; a congregação pode ter aprovado os presbíteros; contudo, o Espírito Santo os *fez* bispos. O Espírito Santo foi o fundamento da autoridade dos presbíteros. A capacidade dos presbíteros de servir ao corpo surgiu do chamado distinto do Espírito Santo e de sua obra de separá-los. Assim, John Stott conclui: "Portanto, a supervisão é dele também, ou ele não poderia delegá-la a outros".[20]

---

19 *BDAG*, 679.
20 Stott, *The Spirit, the church, and the world*, 329.

Esse é, de fato, um elemento misterioso em todo o trabalho de seleção de presbíteros. Uma congregação procura designar homens piedosos que sejam confirmados pelas qualificações da Palavra. O conselho de presbíteros[21] examina os homens e os apresenta à congregação para aprovação. Então toda a igreja os separa em um solene serviço de instauração. No entanto, por trás de tudo isso está a obra invisível do Espírito Santo. Ele é quem, em última instância, os designará para esse ofício na igreja. John Stott, novamente, escreve,

> Essa esplêndida afirmação trinitária de que a supervisão pastoral da igreja pertence a Deus (Pai, Filho e Espírito Santo) deve ter um efeito profundo sobre os pastores. Ela deve nos humilhar para nos lembrarmos de que a igreja não é nossa, mas de Deus. E ela deve nos inspirar à fidelidade.
>
> Eu confesso que não entendo toda essa obra do Espírito Santo. Mas estou humilhado pela verdade de que o Espírito Santo, que habita corporativamente no meio da igreja (Ef 2.22), opera para separar os homens para o nobre trabalho de presbítero. E porque o Espírito Santo faz essa obra, a igreja deve prestar atenção à importância de seu próprio ministério e de sua resposta à liderança dos presbíteros.[22]

O Espírito Santo faz com que esses homens sejam "supervisores" e não "supersenhores". A eles não é dado o papel de ditadores, mas de humildes e amorosos líderes-servos na congregação. Eles devem exercer seus deveres na dependência do mesmo Espírito que os separou, reconhecendo que suas mãos não podem fazer tudo o que precisa ser feito na vida do povo de Deus. Devem confiar no Espírito Santo para trabalhar nos lugares secretos das mentes e dos corações das pessoas para cumprir a tarefa divina diante delas.

Os perigos que enfrentamos na América do século 21 são da mesma natureza daqueles enfrentados por nossos precursores do primeiro século. O mesmo Senhor que orientou os apóstolos a designar líderes espirituais sobre a igreja primitiva nos dirige a fazer o mesmo nas igrejas modernas. Ao selecionar esses líderes, a popularidade deve ser deixada de lado e as qualificações bíblicas enfatizadas em seu lugar. Todo homem considerado por sua igreja como um presbítero deve examinar a si mesmo à luz da Palavra de Deus antes de aceitar essa nomeação.

---

21 Algumas vezes é chamado de presbitério, referindo-se à assembleia dos presbíteros.
22 Stott, *The Spirit, the church, and the world*, 329.

QUESTÕES PARA REFLEXÃO

- De quais maneiras a igreja em Éfeso se parece com a sua própria igreja?
- Quais são as principais responsabilidades atribuídas aos presbíteros de Éfeso?
- Que papel a vida espiritual dos presbíteros desempenha na eficácia geral do trabalho deles?
- O que Paulo quer dizer com guardar e pastorear a igreja de Deus? Como essas necessidades estão sendo atendidas em seu próprio ambiente da igreja?

CAPÍTULO 8
Fracasso, depois sucesso

"Todos os cinco candidatos falharam", disse o moderador da reunião de membros. Era o outono de 1998. Desde que a particularidade da nova constituição da igreja passou a ser solicitar presbíteros, Mark havia indicado cinco homens para servirem nesses cargos. A reunião dos membros tinha corrido razoavelmente bem até esse momento. Ninguém esperava que essa primeira lista de indicados a presbíteros fracassasse. Mas eles fracassaram.

Fracassaram?

Mas quando a nova constituição foi votada, apenas uma pessoa se opôs. Além disso, não apressamos o processo. Levamos mais de dois anos para preparar o caminho. No entanto, lá estava: "Todos os cinco candidatos fracassaram".

A constituição exigia que um presbítero indicado fosse confirmado por 75% da congregação, e eu fui um dos indicados que não conseguiu atingir a meta dos 75%. Todos nós recebemos entre 65% e 73% de apoio. As emoções aumentaram quando os membros da igreja esbarraram uns nos outros no caminho para uma das saídas, alguns se sentindo vitoriosos e outros desanimados. Mas, principalmente, parecia haver uma sensação de confusão: "E agora?".

Mark Dever se reuniu comigo e com os outros quatro candidatos reprovados — os homens em quem ele mais confiava para pensar biblicamente e com sabedoria — para avaliar e tomar conselhos. Indicaríamos um grupo diferente de presbíteros? Indicaríamos novamente os dois mais votados? Precisávamos voltar a trás e mudar a constituição, baixando a porcentagem para 65%? Alguma dessas ideias dividiria ou mataria a igreja? Nossa nova constituição exigia pelo menos três presbíteros, a maioria dos quais não estava a serviço da igreja. Como deveríamos funcionar se não pudéssemos eleger ninguém?

Esses são os momentos em que a conveniência e o pragmatismo parecem atrativos, e você fica tentado a jogar fora os preciosos princípios teológicos. Graças a Deus nem todas as tentações ganham força. Em nosso caso, tanto as Escrituras quanto a história recente da igreja — um histórico ruim de programas voltados para os negócios e pastores sem fundamento — nos impulsionaram a manter o curso. Estávamos determinados a buscar orientação na Bíblia.

Para nós, Atos 20.17-35 capturava o que queríamos em nossos presbíteros e direcionaria nossa resposta à eleição fracassada. Nessa passagem, Paulo chama a atenção para três coisas em particular.

Em primeiro lugar, o presbítero deve viver entre as pessoas. Paulo diz: "Vós bem sabeis como foi que me conduzi entre vós em todo o tempo, desde o primeiro dia em que entrei na Ásia, servindo ao Senhor com toda a humildade, lágrimas e provações que, pelas ciladas dos judeus, me sobrevieram" (At 20.18,19). Ao longo de suas cartas, Paulo oferece sua vida como um modelo: "Sede meus imitadores, como também eu sou de Cristo" (1Co 11.1). Como disse uma pessoa: "Queremos presbíteros que cheirem a ovelha, não a campos de golfe". Por quê? Porque uma das maneiras de aprendermos é observando o exemplo de outras pessoas. Discipulado é tanto instrução quanto imitação. O amor é teórico até você ver e sentir o carinho do outro. A ideia de sacrifício torna-se tridimensional quando você vê a viúva pobre colocar suas duas últimas moedas de cobre no gazofilácio. Portanto, queremos presbíteros que venham a modelar vidas piedosas, o que exige proximidade.

Como exemplo de como isso pode ser simples, uma vez concordei em encontrar um jovem em minha casa e depois caminhar até uma padaria local para um café matinal. Eu o convidei para a nossa cozinha enquanto reunia minhas coisas e dava um beijo de despedida em minha esposa e filhos. O jovem esteve em minha casa por menos de três minutos. Lá fora, ele me disse: "Você não sabe quão importante foi ver". Eu disse: "Ver o quê?". Ele disse: "A maneira como você ama sua família". O jovem cresceu sob a pobre "liderança" de um pai abusivo e alcoólatra. Ele nunca tinha *visto* ternura ou o simples afeto exibido em um beijo na bochecha. A lição para nós? Queremos presbíteros que vivam à vista de um mundo carente e vigilante. Essa é uma das razões pelas quais votamos para vender a casa pastoral de propriedade da igreja a quarenta minutos de distância, no norte da Virgínia, antes que Mark Dever viesse para a igreja CHBC. Queríamos que os líderes da igreja vivessem no campo missionário de Capitol Hill e entre as pessoas conhecidas como igreja Capitol Hill Batist Church.

Em segundo lugar, um presbítero deve ensinar o povo. Igrejas inteiras têm sido construídas para serem "criativas" ou "inovadoras", gerando novas maneiras de ser igreja. Isso está certo? Deus é o Criador e nós lhe damos glória imitando-o por meio da criação e recriação, certo? Sim. Mas acredito que, em relação aos presbíteros, queremos na verdade homens que geralmente sejam previsíveis e imitáveis, ao invés de criativos. Em especial, quando se trata de ensinar a Bíblia, não queremos que ninguém seja criativo com a mensagem. Tampouco somos ordenados a entreter. Somos ordenados a ensinar ao nosso povo a Palavra de Deus. Ponto final. Ouça Paulo novamente: "jamais deixando de vos anunciar coisa alguma proveitosa e de vo-la ensinar publicamente e também de casa em casa" (At 20.20). E Paulo não pregou suas ideias, ideias que ele imaginou que seriam úteis; ele pregou a Bíblia — toda a Bíblia! "Porque jamais deixei de vos anunciar todo o desígnio de Deus" (v. 27).

Em terceiro lugar, o presbítero é chamado para proteger o povo. Paulo se refere à guerra espiritual quando diz: "Eu sei que, depois da minha partida, entre vós penetrarão lobos vorazes, que não pouparão o rebanho. E que, dentre vós mesmos, se levantarão homens falando coisas pervertidas para arrastar os discípulos atrás deles" (vv. 29,30). O Antigo Testamento está repleto de exemplos de maus pastores que falharam em guardar a lei de Deus e trouxeram consequências devastadoras para o povo de Israel (p. ex., Ez 34.1-10). Presbíteros fiéis são pastores que protegem o rebanho de Deus.

Isso pode ser feito de dois modos. Primeiro, os presbíteros podem proteger formalmente o rebanho. Parte fundamental dessa tarefa é supervisionar as práticas de adesão à membresia. Examine todos que entram na igreja para ter certeza de que estão "na fé" (2Co 13.5). Um processo de adesão cuidadoso protege o rebanho daqueles que acreditam e praticam uma religião falsa. Os presbíteros devem assumir a liderança aqui. Do outro lado do processo de adesão estão aqueles que precisam ser excluídos da igreja, aqueles que se apresentam verbalmente como cristãos, mas cujas vidas contradizem essa afirmação. Em Mateus 18.15-17, Jesus diz à igreja para exortar os que pecam a fim de levá-los ao arrependimento, e, se necessário, excluir os que não se arrependerem. Os presbíteros protegem o rebanho conduzindo-o fielmente pelo triste, mas amoroso processo de excomunhão.

Segundo, os presbíteros podem proteger informalmente o rebanho. Normalmente, os presbíteros protegem o rebanho por meio do ensino regular e da pregação da Palavra de Deus. Isso ainda é bastante formal. Mas uma igreja saudável acolhe o cuidado e a proteção formais dos presbíteros e se volta para cuidar, reprovar, corrigir, treinar e discipular a si mesma (veja Ef 4.15,16). Essa proteção informal acontece quando o casal bem instruído adverte a jovem mulher que é tentada a namorar com um não cristão. Acontece quando um irmão se oferece para ajudar outro irmão a ser responsável na luta contra o pecado. E os presbíteros também assumem a liderança nessa proteção informal, ministrando em relacionamentos pessoais com os membros da igreja. A proteção formal e informal do rebanho deve estar no centro da descrição do trabalho de em presbítero.

Com esses pontos em mente, Dever descartou sua lista original de candidatos e indicou cinco novos nomes. Na verdade, ele não o fez. Ele acreditava fortemente que os primeiros cinco homens que ele indicou estavam ensinando, protegendo e vivendo entre o rebanho. Assim, ele escreveu um documento de quatro páginas apresentando uma variedade de argumentos para renomear os cinco candidatos originais e o apresentou a um grupo interessado de cerca de quarenta membros da igreja após um culto matinal de domingo. Aqui estão alguns resultados disso:

- Eu, aquele que nomeia, posso estar errado. Certamente não acredito em inerrância pastoral.
- A constituição pode estar errada na porcentagem exigida. Nunca sugeri que a constituição adotada atualmente é inerrante. A Bíblia em nenhum lugar requer 75%.
- Não estou certo de que esta congregação estava errada, tanto que 65% a 73% da congregação presente realmente *apoiava* os indicados.
- Acredito que a congregação que votou esmagadoramente para demitir Jonathan Edwards estava errada.
- Eu disse a esta congregação em novembro de 1993 que, se eu fosse admitido como pastor, ela precisaria saber que, em última instância, eu não trabalharia para a congregação, mas para Deus.
- Por que entendo que devo indicar os mesmos cinco novamente? Porque, depois de continuar a orar sobre isso, não consigo ver outros que possam ser indicados neste momento... e não consigo imaginar *não* indicar cada um desses cinco para a igreja.
- Sinto-me encorajado pelo fato de os indicados reprovados estarem dispostos a servir à igreja independentemente de serem reconhecidos como presbíteros.

- O espírito humilde e a maneira ponderada de discussão entre os indicados reprovados, isto é, sobre o que poderíamos fazer, apenas me encoraja a indicá-los novamente.
- Não há uma visão alternativa coerente entre aqueles que votaram contra esses cinco.
- É arrogante da minha parte indicar os mesmos cinco novamente? A maior parte da igreja concorda comigo. Recebi muitos conselhos para fazer isso. Não o faço de maneira irresponsável. Minha consideração principal: não compreendo isso como uma questão de arrogância, mas de integridade.
- É uma grave deficiência espiritual em uma igreja ter líderes que não são confiáveis ou membros incapazes de confiar.
- Ao vir para esta igreja, eu sabia que estaria chegando a uma área pobre no que diz respeito à confiança.
- A confiança nunca é finalmente conquistada; ela é dada.
- Entendo essa questão como um referendo claro acerca da direção desta igreja.

O que Mark faria se a segunda votação falhasse? Antes da votação, Mark escreveu: "Por fim, se eu não puder nomear homens para servirem como presbíteros que um número suficiente de vocês reconheça, então vocês estariam no direito de encontrar outro pastor que, presumivelmente, poderia encontrar esses homens. Eu consideraria isso, em certa medida, uma liberação de Deus".

Em novembro de 1998, os mesmos cinco candidatos foram indicados novamente para servir na função de presbítero. Dessa vez, eles foram eleitos pelos membros, todos ultrapassando a determinação constitucional de 75% de aprovação.

Por que eles foram aprovados dessa vez? Confiamos que foi a vontade de Deus, é claro. De uma perspectiva humana, alguns foram simplesmente persuadidos a confiar na liderança de Mark. Outros foram persuadidos a não desconsiderar um homem apenas por sua idade relativamente jovem ou por sua exigente agenda de trabalho. E houve alguns que não apareceram na segunda vez (os idosos do Triple L Club — uma grande parte do voto inicial "não" — pareceram desistir).

Com essa votação bem-sucedida, nossa igreja passou de um pastor para seis.

CAPÍTULO 9
Presbíteros na igreja local

1 TIMÓTEO 3.1-7

¹Fiel é a palavra: se alguém aspira ao episcopado, excelente obra almeja. ²É necessário, portanto, que o bispo seja irrepreensível, esposo de uma só mulher, temperante, sóbrio, modesto, hospitaleiro, apto para ensinar; ³não dado ao vinho, não violento, porém cordato, inimigo de contendas, não avarento; ⁴e que governe bem a própria casa, criando os filhos sob disciplina, com todo o respeito ⁵(pois, se alguém não sabe governar a própria casa, como cuidará da igreja de Deus?); ⁶não seja neófito, para não suceder que se ensoberbeça e incorra na condenação do diabo. ⁷Pelo contrário, é necessário que ele tenha bom testemunho dos de fora, a fim de não cair no opróbrio e no laço do diabo.

As igrejas do Novo Testamento mantinham uma forma simples de governo. Essa forma foi moldada gradualmente nas primeiras décadas do cristianismo, como Atos e as Epístolas revelam, e se desenvolveu muitas vezes em resposta a alguma necessidade experimentada pela igreja local. Em Atos 6, por exemplo, surgiu uma disputa sobre a distribuição de alimentos às viúvas. Os apóstolos responderam propondo que a igreja escolhesse "sete homens de boa reputação, cheios do Espírito e de sabedoria" (At 6.3), os quais eles colocariam nessa área de serviço. Dessa maneira, os apóstolos poderiam continuar a liderar a igreja por meio da oração e do ministério da Palavra. Esse incidente nos dá um vislumbre acerca de como as igrejas plantadas pelos apóstolos e missionários ao longo do Império Romano no primeiro século começaram a moldar sua forma de governo ou seu governo eclesiástico. Dois corpos servindo em papéis de liderança: um lidando com as necessidades espirituais e o outro com as necessidades temporais.

Em algum momento nos anos iniciais da igreja cristã, o ofício dos presbíteros emergiu, como sugere a passagem de Atos 11.30. Mais tarde, Lucas observa que Paulo e Barnabé voltaram nas igrejas plantadas em sua primeira viagem missionária para designar presbíteros (At 14.23). A linguagem de Lucas — "E, promovendo-lhes, em cada igreja, a eleição de presbíteros" — mostra claramente que mais de um presbítero foi nomeado em cada igreja. A pluralidade de presbíteros na igreja local continuou ao longo da igreja primitiva e no século seguinte.

Entretanto, algo aconteceu no segundo século que continua a afetar as estruturas das igrejas até o dia de hoje. Inácio, um bispo em Antioquia, escreveu uma carta aos magnésios, um povo que vivia onde hoje é a Turquia moderna, na qual se refere a um único bispo com autoridade sobre a igreja.[1] É o comentário mais antigo registrado que o faz. Com esse início, deu-se a evolução gradual em que um único bispo presidiria os assuntos espirituais de uma cidade. Antes disso, os títulos de bispo (ou supervisor), presbítero e pastor eram usados de modo intercambiável, como vimos. Agora, o governo de um único bispo, o que foi chamado de *episcopado monárquico*, começou a se estabelecer. Seguiram-se dois desenvolvimentos principais. Primeiro, o bispo de Roma, que, por fim, seria chamado de papa, ganhou primazia sobre todos os outros bispos. O primeiro papa no sentido moderno do termo foi Leão, o Grande, no quinto século.[2] O papado continuou através dos séculos, em que um único homem é o encarregado da soberania sobre a Igreja Católica. Após a Reforma Protestante, a forma de episcopado monárquico se transmutaria em denominações, seja a anglicana, sejam as muitas denominações pentecostais e carismáticas. A história revela claramente as inúmeras tragédias que resultaram dos erros dos episcopados monárquicos.[3]

Segundo, esse mesmo *episcopado monárquico* tem sido praticado na era moderna em milhares de igrejas batistas e independentes, onde um único pastor é reconhecido como a única autoridade sobre uma igreja local. Essa forma de

---

[1] *Magnesians* 6.1; *ANF*, 1:61: "Exorto-vos a estudar para fazer todas as coisas com divina harmonia, enquanto vosso bispo preside no lugar de Deus, e vossos presbíteros no lugar da assembleia dos apóstolos, junto com vossos diáconos, que me são muito queridos e são encarregados do ministério de Jesus Cristo".

[2] Justo Gonzalez, *The story of Christianity* (Peabody, MA: Prince Press, 1984), 1:242–243.

[3] Por exemplo, veja Justo Gonzalez, *The story of Christianity*; Bruce Shelley, *Church history in plain language* (Nashville: Thomas Nelson, 2008) [edição em português: *História do cristianismo: uma obra completa e atual sobre a trajetória da igreja cristã desde as origens até o século XXI* (Rio de Janeiro: Thomas Nelson, 2018)]; S. M. Houghton, *Sketches from church history* (Edinburgh: Banner of Truth, 1980). Essas obras oferecem ampla evidência de práticas corruptas e antibíblicas e de decisões do papa que moldaram a igreja católica moderna.

episcopado monárquico geralmente carece do nível de autoridade concedido ao papado ou a um bispo em uma estrutura episcopal, mas negligencia um padrão importante do Novo Testamento para a igreja local: uma pluralidade de homens piedosos dirigindo cada congregação.[4]

A Reforma Protestante do século 16, com seu retorno à autoridade das Escrituras para a doutrina e a prática da igreja, também trouxe mudanças para a congregação local. Como vimos no capítulo 1, alguns reconheceram quatro ofícios na igreja. Alguns reconheceram presbíteros e diáconos, mas dividiam os presbíteros em presbíteros que ensinam e os presbíteros que governam. E alguns mantiveram essa mesma distinção no que diz respeito à função, embora reconhecessem apenas os dois ofícios de presbítero e diácono.

Também vimos no capítulo 1 que, embora nem todas as igrejas batistas no início da América sustentassem a pluralidade de presbíteros, muitas o faziam. No entanto, o avanço para o oeste ao longo de todo o continente significava que um pastor frequentemente serviria a mais de uma igreja com liderança masculina limitada. Por necessidade, ele geralmente era o único presbítero da igreja. Além disso, a ênfase de Isaac Backus no congregacionalismo e no individualismo democrático, como vimos, significava que ele atribuiu "pouco poder real ao presbiterado". Plantadores de igrejas influenciados por Backus não tinham autoridade para nomear presbíteros adicionais, restringindo-os a um presbítero por igreja.[5]

Felizmente, estamos testemunhando em nossos dias um retorno à pluralidade de presbíteros nas igrejas batistas. Embora não seja generalizado, esse retorno é significativo o suficiente para que a literatura antipresbiteral comum saia de vários círculos. Em praticamente todas as novas igrejas de que ouvi falar nos últimos dez anos, a maioria pratica alguma forma de pluralidade de presbíteros. Esse retorno à prática bíblica corrige vários erros significativos:

---

4 Gonzalez, *The story*, 242, destaca que alguns estudiosos acreditam que a igreja primitiva de Roma era governada por um "episcopado colegiado", ou seja, um grupo de supervisores que serviam em pluralidade.

5 Stanley Grenz, *Isaac Backus — Puritan and Baptist, his place in history, his thought, and their implications for modern Baptist theology* (NABPR Dissertation Series, 4; Macon, GA: Mercer University Press, 1983), 278–279. Por causa de seus volumosos escritos que influenciaram os batistas do século 19, as gerações posteriores "foram além de Backus" ao diminuir o papel da pluralidade de presbíteros, como Grenz indica. Em minhas observações, Backus, afetado pelo Iluminismo e pelos escritos de John Locke, enfatizou o *individualismo* e um congregacionalismo estrito, em vez do congregacionalismo saudável junto com a pluralidade de presbíteros tão evidente no Novo Testamento.

1. A falha em designar homens qualificados para os ofícios bíblicos de presbítero e diácono.
2. A prática de transformar os diáconos em líderes espirituais na igreja.
3. A prática de colocar um único pastor em uma posição sem apoio no que tange a questões difíceis de doutrina, disciplina ou liderança.
4. O erro de conceder toda a liderança a um único homem; *ou* a um grupo de homens (e mulheres) não qualificados; *ou* a ninguém além da própria congregação.

Essa longa introdução estabelece o cenário para considerarmos a simplicidade da liderança da igreja do Novo Testamento. Paulo enfatiza mais o caráter do que a função porque o caráter dos falsos mestres em Éfesios havia corrompido e enfraquecido a igreja.

A igreja local deve considerar seriamente o padrão do Novo Testamento para os líderes espirituais. Mas o que isso implica para congregações modernas? Este capítulo buscará esclarecer tanto o caráter quanto a função do ofício do presbítero.

ASPIRAÇÃO AO OFÍCIO DE PRESBÍTERO

Paulo trata o ofício de presbítero como "excelente obra" (ARA) ou "uma nobre função" (NVI). No entanto, considere o cenário de Paulo por um momento. As igrejas para as quais ele escreveu não tinham décadas ou até mesmo séculos de existência; elas não tinham uma longa história de formação de líderes piedosos. Ao invés disso, elas eram muitas vezes jovens e repletas de fraquezas por causa de seu contexto de paganismo. Por vezes, viviam sob constantes oposições. É possível que houvesse apenas alguns homens entre seus membros. Selecionar presbíteros e diáconos não era uma tarefa simples. Particularmente em áreas onde a perseguição crescia intensamente, os presbíteros seriam os primeiros a serem perseguidos nas ondas de pressão sobre as igrejas. Para ter uma ideia da pressão, podemos considerar a perseguição de 2011 a igreja Shouwang em Pequim, a qual procurou se encontrar abertamente em um parque após terem sido expulsos de seu local de reunião alugado e terem sidos agredidos pelo governo. A liderança continua sendo o principal alvo da polícia chinesa. No contexto antigo, essa atividade fazia um homem pensar bastante e seriamente antes de *aspirar* ao cargo de presbítero.

Ainda assim, Paulo abre a discussão sobre o presbiterado em 1 Timóteo 3 com o tópico da aspiração dos homens. "Fiel é a palavra: se alguém aspira ao episcopado, excelente obra almeja". Ele usa uma fórmula doutrinária para chamar especial atenção a esse ensinamento: "fiel é a palavra" ou "esta afirmação é digna de confiança" (NVI) Em outras palavras, uma pessoa deve ter isso em mente ao longo de todo o trecho.

Com nossa legítima preocupação em relação ao egoísmo e ao orgulho, é fácil retrair-se diante da ideia de alguém que *aspira* ao cargo de supervisor. No entanto, a palavra de Paulo para aspirar aponta para a ideia de alguém estendendo a mão para o ofício com um desejo genuíno de servir ao povo de Deus. Para que ninguém aspire ao cargo por causa de um título, uma rápida olhada nas qualificações de caráter deve esmagar motivos impuros.

Da mesma forma, estou convencido de que se alguém precisa ser persuadido a servir como presbítero, essa pessoa não tem o direito de aceitar a responsabilidade. A aspiração ao cargo sugere um desejo apaixonado de servir e pastorear a congregação. Pois, ao servir entre os presbíteros, essa pessoa está cuidando da igreja de Deus (1Tm 3.5).

Mais uma vez, vemos que em 1 Timóteo 3 a palavra *presbítero* é equivalente a *bispo/supervisor*, mesmo que escritores como Inácio de Antioquia as separe.[6] Paulo diz a Tito para que permaneça em Creta a fim de designar presbíteros em cada cidade, e, nos versos que seguem, Paulo se refere a esses homens como "supervisores" (Tt 1.5-7). Como vimos, ambos os termos carregavam grande importância nas comunidades antigas, o primeiro enfatizando o *caráter* de dignidade e honra apropriado a tais servos, e o último enfatizando a *função de* liderança. Paulo combina os dois termos no uso da igreja do Novo Testamento para explicar um ofício, sem mencionar o terceiro termo *pastor* (veja At 20.28; cf. 1Pe 5.2),[7] com todos os três estamos falando da mesma "excelente obra" digna de aspiração.

O CARÁTER ADEQUADO PARA O OFÍCIO

O objetivo de Paul ao listar os traços de caráter em 1 Timóteo 3 não era desenvolver um "super cristão" que se elevasse acima dos cristãos comuns. Ao invés disso, ele identificou aqueles traços que deveriam caracterizar *os cristãos*. Além de "apto para ensinar", não há realmente qualidades exigidas dos presbíteros que não deveriam ser normais para cada cristão na igreja local.

---

6 Veja, acima, a primeira nota de rodapé deste capítulo.
7 Veja o capítulo 3 para uma explanação mais detalhada.

Será que "acima de reprovação", a característica abrangente que fala de uma conduta irrepreensível, é demais para se pedir a qualquer cristão?

Ou será que "esposo de uma só mulher" — fidelidade e dedicação no casamento — é algo exigido apenas dos líderes espirituais?

Consideraríamos estranho pedir ao cristão típico para ser "temperante" ou sóbrio; "prudente" ou autocontrolado; "respeitável" ou ordeiro em sua vida e seu dever; e "hospitaleiro" ou disposto a abrir sua casa para servir aos outros?

Não deveria todo cristão evitar ser "dado ao vinho" ou beberrão, assim como "belicoso" ou um valentão violento?

Não é a norma na igreja que os crentes sejam "cordiais", gentis e tolerantes; "pacíficos" e inimigos de contendas; bem como "livres do amor ao dinheiro" ou não avarentos?

Não desejamos que todo pai cristão "governe bem a própria casa"? Não esperamos nós que ele procure manter "os filhos sob disciplina, com todo o respeito"? De fato, acreditamos que todos os homens cristãos devem ser líderes espirituais em seus lares, amar suas esposas como Cristo amou a igreja, criar seus filhos na educação e disciplina do Senhor, e não provocá-los à ira por opressão e severidade (veja Ef 5.22—6.4). Não acreditamos que apenas presbíteros e diáconos devem liderar suas famílias dessa maneira, enquanto o resto de nós pode deixar nossas preocupações familiares ao vento.

Deveriam apenas os presbíteros estarem preocupados em ter "bom testemunho dos de fora [da igreja] a fim de não cair no opróbrio e no laço do diabo"? Essa foi uma questão importante em Efésios. Os falsos mestres haviam destruído a reputação da igreja. Mas eles, como nós, precisavam de presbíteros para estabilizar o navio adernado, para que tanto os líderes quanto os membros vivessem uma vida orientada pelo evangelho mesmo quando não estivessem na igreja.

O erudito bíblico William Mounce argumenta que as qualidades particulares que Paulo exigia entre os presbíteros e diáconos efésios *se contrapunham* a falta de caráter cristão entre os falsos mestres. Embora os falsos mestres proibissem o casamento e talvez até a gravidez ao mesmo tempo em que seduziam mulheres inocentes (1Tm 4.3; 2.15; 2Tm 3.6), o presbítero deveria ser "esposo de uma só mulher". Enquanto os falsos mestres eram sem domínio de si (2Tm 3.3), o presbítero deveria ser "prudente". Enquanto eles careciam de amor pelos outros (1Tm 1.5), o presbítero deveria ser "gentil". Em outras palavras, quase todas as características que Paulo exige dos presbíteros encontram sua antítese negativa em algo que ele diz sobre os falsos mestres.

Essa é uma razão significativa pela qual Paulo queria que a vida daqueles na liderança da igreja fosse caracterizada por um viver cristão simples e fiel.[8]

Por causa da falta de santidade cristã em nossos dias, alguns consideram essas qualidades como virtualmente impossíveis de serem atingidas, reservadas apenas a elite cristã. Nada poderia estar mais longe da verdade. O que Paulo deseja é que as igrejas locais levem o viver cristão a sério, e isso exige designar líderes que irão exemplificar um comportamento genuinamente cristão. Isso significa que selecionamos apenas indivíduos que exibem perfeitamente essas qualificações de caráter? Eu penso que não. Nenhum de nós é plenamente perfeito em nenhuma delas. Em vez disso, selecionamos indivíduos cujas vidas são geralmente caracterizadas por essas qualidades.

DEVERES APROPRIADOS PARA AO OFÍCIO

Embora 1 Timóteo 3 não descreva todos os aspectos dos deveres de um supervisor, dá-nos alguma indicação do que ele fará em favor da igreja. Se nos basearmos em 1 Timóteo 5.17 e resumirmos as responsabilidades de um presbítero como "governar" e "pregar e ensinar", encontraremos ambas as ideias em 1 Timóteo 3. Em primeiro lugar, ele compara governar à administração amorosa e sábia que um pai exerce sobre sua família: "pois, se alguém não sabe governar a própria casa, como cuidará da igreja de Deus?" (v. 5). A palavra "governar" significa "exercer uma posição de liderança, administrar, dirigir, estar à frente de".[9] A mesma palavra é usada para liderança espiritual em 1 Tessalonicenses 5.12, onde é traduzida como "vos presidem no Senhor e vos admoestam", o que implica um forte interesse nas pessoas a fim de mostrar cuidado por elas.[10] Em outras palavras, governar uma igreja não significa dar ordens às pessoas, mas supervisioná-las (daí o termo *episkopos* ou supervisor), liderando de forma cuidadosa e trabalhando para o seu bem. Como acontece com qualquer tipo de administração ou governo, as decisões devem ser tomadas para o bem da igreja; a direção deve ser definida para promover a missão da igreja.

Essa liderança de governar, administrar ou dirigir não deve ser feita de forma autocrática, mas dentro da estrutura de um congregacionalismo saudável. Os presbíteros (e diáconos) devem ser confirmados pela igreja. Por exemplo, a congregação

---

8 Wm. Mounce, *Pastorals*, WBC (Nashville: Nelson, 2000), vol. 46, 156-158.
9 *BDAG*, 870.
10 Ibid.

de Jerusalém ajudou a selecionar os sete que serviram nas necessidades temporais; o antigo *Didaquê* (80-150 d.C.) referia-se a bispos e diáconos nomeados por braços erguidos pela congregação;[11] e os antepassados reformados e batistas adotaram a mesma prática.[12] Os presbíteros, o tempo todo, conduzem a igreja em áreas de doutrina, direção e disciplina.

Em segundo lugar, Paulo se refere, em 1 Timóteo 3, ao mais proeminente dos deveres dos presbíteros — *ensinar* e *pregar*. Ele não diz que um presbítero deve pregar, mas exige que um presbítero seja "apto para ensinar" (v. 2). Mais tarde, ele encoraja a igreja de Éfeso a remunerar bem os presbíteros "que se afadigam na palavra e no ensino" (1Tm 5.17). Ele também diz a Tito que os presbíteros deveriam ser "apegados à palavra fiel, que é segundo a doutrina, de modo que tenha poder tanto para exortar pelo reto ensino como para convencer os que o contradizem" (Tt 1.9). O falso ensino havia golpeado o fundamento da igreja de Éfeso e, portanto, não havia espaço para negligenciar o ensino doutrinário. Os presbíteros deviam liderar a igreja principalmente por meio da instrução regular das Escrituras.

Paulo faz uma ressalva: o presbítero "não seja neófito, para não suceder que se ensoberbeça e incorra na condenação do diabo". Em virtude da atenção que decorre da liderança e do ensino, um presbítero deve guardar seu coração contra a tendência inata para o orgulho e a vaidade. Às vezes, novos convertidos pensam mais enfatuadamente sobre si mesmos quando recebem posições de liderança. Os presbíteros devem exercer seu cargo com humildade, reconhecendo sua própria pecaminosidade e fraqueza, bem como dependendo da obra redentora e sustentadora de Cristo.

Esse dever de ensinar nunca foi rescindido. Os presbíteros ainda devem priorizar o ensino das Escrituras. Portanto, eles devem ser estudantes da Palavra, que praticam boas disciplinas de estudo trabalhando em todo o texto bíblico para entendê-lo e aplicá-lo.

O que aconteceria com a paisagem do cristianismo se cada igreja tivesse uma pluralidade de homens piedosos liderando-as, homens comprometidos em estudar, compreender, ensinar e aplicar todo o conselho de Deus? Quão diferente,

---

11 Simon Kistemaker, *Acts*, New Testament Commentary (Grand Rapids: Baker, 1990), 525 [edição em português: *Atos*, Comentário do Novo Testamento (São Paulo: Cultura Cristã, 2017), 2 vols.], citando *The Apostolic Fathers* (Loeb Classical Library), vol. 1: "Didaquê".

12 Veja *CrChr*, 3:725, 739, para exemplos, com a Declaração de Savoy de 1658 e a Confissão Batista de Londres de 1688 convocando a votação da igreja para o estabelecimento desses ofícios.

por exemplo, a vida Batista do Sul (minha própria denominação) seria. No momento, apenas um terço dos membros da convenção Southern Baptist Convention comparece à igreja em algum determinado domingo. Com tais líderes, no entanto, a integridade pode ser restaurada na membresia. As igrejas provavelmente levariam a membresia mais a sério se a Palavra fosse corretamente aplicada e se as responsabilidades pastorais dos presbíteros fossem uma prioridade.

Permita-me, no entanto, rapidamente acrescentar que ter presbíteros não garante que a igreja seja saudável. Em primeiro lugar, a igreja deve aprovar apenas aqueles homens que dão evidência de viver o evangelho e que estão comprometidos com o ensino fiel de todo o conselho de Deus. Em segundo lugar, a igreja deve reconhecer a estrutura ordenada por Cristo para liderança e ensino na igreja, respondendo a ela com fidelidade. Finalmente, a igreja local deve cultivar continuamente homens mais jovens para servirem como futuros presbíteros, desafiando-os a serem diligentes em seu discipulado cristão e em seu estudo da Palavra.

Presbíteros são nomeados não por causa de um cargo, mas para adornar fielmente o evangelho de Jesus Cristo. Uma igreja fará isso melhor submetendo-se ao padrão dado à igreja do Novo Testamento para seu governo.

QUESTÕES PARA REFLEXÃO

- Como a história antiga e a mais recente afetaram a prática da pluralidade de presbíteros nas igrejas locais?
- A aspiração ao ofício de presbítero é um traço positivo ou negativo? Explique sua resposta.
- De quais maneiras as qualidades de caráter exigidas dos presbíteros refletem um nível normal de prática cristã?
- Qual a importância dada por Paulo à capacidade dos presbíteros de ensinarem na igreja? Como isso é praticado em nossa liderança eclesiástica?

CAPÍTULO 10

Discordância entre os irmãos

Sentado à mesa em um restaurante em Capitol Hill, comendo hambúrgueres, eu disse a um colega presbítero a respeito de um terceiro presbítero:

— Não tenho certeza se ele é qualificado.

— Você não acha isso —, respondeu meu companheiro presbítero e amigo de confiança.

— O que você quer dizer com isso?

— Você é um homem íntegro, pelo que eu sou grato. Se você realmente pensasse que ele não é qualificado, você não conseguiria continuar sentado na mesma mesa que ele. Não, eu acho que isso é pessoal — ele explicou.

Eu sabia que meu amigo estava certo, embora não quisesse admitir. Na minha carne, parecia mais fácil tornar as dificuldades que eu vinha tendo com esse outro presbítero em uma questão relacionada às suas qualificações, o que significaria que o problema era com *ele*, e que eu não teria que me humilhar para lidar com o relacionamento ferido.

Deixe-me ser transparente com você: a amizade nem sempre vem naturalmente com todos os meus colegas presbíteros. Eu os amo em Cristo, sim. Mas isso não significa que serei amigo íntimo de todos eles. A boa notícia é que podemos trabalhar com pessoas mesmo quando a amizade não surge naturalmente, principalmente se as respeitarmos como homens íntegros.

Além das razões que Phil mencionou em seu capítulo sobre os atributos necessários de um presbítero, essa é mais uma razão pela qual é tão crítico que todos os homens sentados ao redor da mesa dos presbíteros atendam às qualificações que Paulo apresenta em 1 Timóteo 3 e Tito 1. Às vezes, o trabalho de presbítero pode dar a sensação de ser semelhante a correr com seu pelotão do exército em direção ao fogo inimigo.

Você precisa ser capaz de confiar nesses homens — que eles são confiáveis e protegerão sua retaguarda. Quando um conselho de presbíteros trata de um caso difícil de disciplina na igreja, ou considera um caso complexo de ensino sutilmente falso, ou toma uma decisão difícil que, você antevê, não será bem recebida pela congregação, você precisa saber que os outros homens na mesa estão acima de qualquer reprovação — são "irrepreensíveis". Você precisa ser capaz de confiar na integridade deles.

Colocando de outra forma, quando você está fazendo sacrifícios pelo evangelho, porque ama a Cristo mais do que qualquer coisa, você quer ter certeza de que a vida de todos os outros irmãos que lideram a igreja também enaltece o evangelho e não o compromete.

É por isso que nomear novos presbíteros é o único assunto para o qual nosso próprio conselho de presbíteros não permite nenhum voto dissidente. A maioria dos assuntos pode ser movida pelo conselho com a maioria dos votos. Mas, quando se trata de nomear novos presbíteros, exigimos unanimidade (com a possibilidade de até duas abstenções, pois nem todos podem conhecer o homem). Por que o padrão mais alto nessa questão? Novamente, porque você precisa ser capaz de confiar nos homens sentados à mesa com você para todas as outras questões.

Então, o que você faz quando tem dificuldade para se dar bem com um outro presbítero? Primeiro, você deve distinguir se essas lutas são doutrinárias, questões de caráter ou pessoais. As duas primeiras categorias, sem dúvida, são questões de qualificação. E, normalmente, se um problema se enquadrar em uma dessas duas categorias, é óbvio que você não será a única pessoa que poderá vê-lo. Vários presbíteros ou todos eles precisarão lidar com tais situações.

Porém, creio que pode ser útil passar o restante do capítulo refletindo sobre como lidar com desentendimentos ou disputas entre presbíteros quando o assunto é indiscutivelmente pessoal. O que fazer, então? Você deve começar, é claro, buscando a Deus em oração para afastar Satanás. Uma vez que Satanás adora dividir, ele geralmente o faz entre dois líderes. E ele usará tudo o que puder, até mesmo questões simples de personalidade.

Em seguida, procure o irmão para construir o relacionamento. Frequentemente, a irritação surge da ignorância. Trabalhe para conhecer o irmão e lembre-se de que muitas vezes você não conhece todos os fatos.

Por fim, seja humilde. Mesmo se, no final, você não entender por que uma pessoa é do jeito que é, Deus com certeza foi muito mais tolerante com você. Além disso, você pode confiar que Deus deu aquele homem ao corpo, com sua combinação particular de pontos fortes e fracos, para construir o corpo de uma forma que você não pode. Estude as passagens sobre corpo de Cristo em 1 Coríntios 12, Romanos 12, e em outros lugares, e saiba que Deus tenciona o bem por meio dessas diferenças, embora, em nosso estado decaído, essas diferenças possam envolver falta de camaradagem.

Ao longo dos anos, tive que praticar exatamente essas coisas, como aconteceu com o irmão mencionado acima. Na verdade, ele estava fazendo o mesmo comigo. Muito mais está em jogo do que meus próprios gostos, desgostos e guerras territoriais não santificadas. Está em jogo a saúde da igreja, o que significa que está em jogo a própria glória de Deus (do ponto de vista da responsabilidade humana).

Frequentemente, o desentendimento pessoal com outro presbítero pode surgir como resultado da rejeição das suas ideias à mesa por parte daquele presbítero. Portanto, é importante para mim separar minhas ideias da minha identidade (que é justificada em Cristo). Assim, uma rejeição de minhas ideias não é uma rejeição pessoal a mim. Nesse sentido, desenvolver relacionamentos pessoais fora das reuniões do presbitério torna o trabalho como presbítero mais fácil de realizar.

Sem dúvida, é difícil desenvolver relacionamentos com outros presbíteros em uma igreja em crescimento e em uma cidade movimentada. Parte da maneira pela qual nossos presbíteros lidam com isso é pastoreando uns aos outros no início de cada reunião, antes de pastorearmos a igreja. Fazemos isso compartilhando preocupações, confessando, elogiando e, então, orando uns pelos outros. Basicamente, informamos um ao outro o que está acontecendo em nossas vidas. Podemos levar até uma hora da reunião do presbitério para fazer isso. Além disso, tentamos nos reunir individualmente para almoços e jantares de tempos em tempos.

Ainda assim, mesmo com tudo isso, diferenças reais surgem entre presbíteros — entre homens íntegros cujas vidas, formalmente falando, estão acima de qualquer reprovação. Então, como saber quando desistir de insistir em suas convicções e quando manter-se firme?

A resposta curta é: quanto mais clara uma questão está nas Escrituras, mais firme você deve manter sua posição. Por um lado, não vou ceder sobre a divindade de Cristo, mesmo que os outros doze presbíteros o façam. Por outro lado, pessoalmente tenho fortes convicções sobre controle de natalidade que não são óbvias e claras nas Escrituras; e essas convicções não são compartilhadas por todos os meus irmãos presbíteros. Nessa questão, portanto, vou com mais leveza. Uma situação envolvendo a questão do controle de natalidade realmente surgiu há algum tempo. Defendi minha posição vigorosamente de maneira bíblica e prática. Mesmo assim, tive que me submeter — com alegria — aos outros presbíteros, que podem até ter simpatizado com minha posição, mas acabaram votando de outra forma.

Lembro-me de uma ocasião em que tirei um ano sabático de meu trabalho como presbítero e depois voltei. Os irmãos me perguntaram o que aprendi durante meu período de descanso. Percebi que a igreja continuou a prosperar sem meu envolvimento ativo e opiniões como presbítero. Isso me levou a uma percepção saudável de que deveria considerar minhas opiniões com mais tranquilidade.

Dada a importância da unidade e maturidade entre os presbíteros, existem alguns traços ou características de candidatos ao presbiterado que deveriam levantar bandeiras amarelas. Os óbvios incluem volatilidade, instabilidade, má reputação na comunidade, crianças indisciplinadas e assim por diante. Isso nos traz de volta a se o homem preenche ou não os critérios de caráter estabelecidos por Paulo.

Mas deixe-me apontar para várias bandeiras amarelas menos óbvias. Uma seria a de um espírito conflituoso. Você sabe de que tipo de pessoa estou falando. Se você disser "preto", ele dirá "branco". Não importa o que você diga, é isso que você recebe. O espírito que está sempre procurando "por outro lado" ou "adiando uma decisão inevitável por ser negativa" não ajuda na edificação da igreja. Em Atos 6, por exemplo, os Doze instruem a igreja a nomear diáconos não apenas por suas proficiências, mas porque esses homens trariam unidade entre as viúvas que falavam grego e as que falavam hebraico. Da mesma forma, um presbítero deve ser alguém que constrói unidade e trabalha para resolver as coisas, em vez de meramente oferecer uma opinião contrária.

Outra bandeira amarela que é comumente esquecida é a questão do fruto espiritual de um homem na vida das pessoas ao seu redor. Para colocar isso de forma positiva, foi isso que chamou nossa atenção em 1998, por exemplo, em um membro da igreja chamado Andy Johnson. Ele vinha discipulando discretamente outros homens solteiros de maneira consistente, resultando em um verdadeiro progresso espiritual em suas vidas. Colocando de forma negativa, então, se a pessoa não manifesta frutos espirituais, isso é uma bandeira amarela, mesmo que o mundo reconheça esse homem como sendo "bem-sucedido".

Finalmente, uma esposa não apoiadora é uma bandeira amarela. Exercer o cargo de presbítero de modo bem feito é uma tarefa exigente. É necessário tempo para orar. É necessário tempo para se preparar para ensinar. Exige tempo para discipular.

Exige tempo para ser hospitaleiro. Tudo isso afeta o lar e impõe certas exigências à esposa. Como ela se sente em relação à hospitalidade? O que ela acha de perder o marido todas as quintas-feiras à noite para uma reunião do presbitério? Ela dá as boas-vindas ao visitante inesperado que está em necessidade?

Frequentemente, olhamos para o sucesso mundano como um bom critério para avaliar um homem. Devemos ensinar nossas igrejas a buscar homens da Palavra — a medir os homens com base em seu conhecimento da Palavra, sua submissão à Palavra e sua capacidade de proclamar a Palavra de Deus. Eu gosto do que Mark Dever diz: a "capacidade de ensinar" de um presbítero significa que, quando os lobos se aproximam do rebanho, as ovelhas sabem que podem confiar nesse pastor para expor o lobo e, assim, protegê-las. Essa é a grande vocação do presbítero.

CAPÍTULO 11

Os presbíteros e a congregação em harmonia

HEBREUS 13.17-19

¹⁷Obedecei aos vossos guias e sede submissos para com eles; pois velam por vossa alma, como quem deve prestar contas, para que façam isto com alegria e não gemendo; porque isto não aproveita a vós outros. ¹⁸Orai por nós, pois estamos persuadidos de termos boa consciência, desejando em todas as coisas viver condignamente. ¹⁹Rogo-vos, com muito empenho, que assim façais, a fim de que eu vos seja restituído mais depressa.

Já escutei muitas histórias de conflitos na igreja. Embora tais conflitos variem, a raiz última está no fracasso dos líderes em liderar e/ou no fracasso da congregação em seguir. Em algumas ocasiões, os líderes se empenham em liderar e a congregação se recusa a seguir. Em outros casos, congregações dispostas se debatem, em inércia espiritual, porque seus líderes falham em liderar biblicamente. Ambas as situações resultam em conflitos.

Líderes de igreja (presbíteros, diáconos, pastores, administradores, professores) e congregações devem seguir diligentemente os padrões bíblicos para a vida da igreja, padrões estes que incluem o relacionamento uns com os outros. Afinal de contas, esse relacionamento é o que determina o ritmo de crescimento e desenvolvimento cristão, uma lição estabelecida claramente na Epístola aos Hebreus.

Hebreus é uma poderosa epístola doutrinária. Em profundidade, riqueza, clareza e vigor na explicação de Cristo e do evangelho, Hebreus equipara-se com qualquer outra parte das sagradas Escrituras. Ainda assim, com toda sua profundidade doutrinária, Hebreus permanece um dos livros bíblicos mais práticos. Suas implicações pastorais resplandecem ao longo de toda a epístola. O comentarista do Novo Testamento Philip E. Hughes, referindo-se àqueles que se satisfazem com "uma associação pouco exigente e superficial com a fé cristã", explica que a Carta aos Hebreus foi escrita "para despertar exatamente essas pessoas do estado letárgico de comodismo e complacência em que haviam afundado, e para incitá-las a perseverar de todo o coração no embate cristão". Ele acrescenta, "[Hebreus] é um tônico para a debilidade espiritual".[1] O autor, "claramente um pregador com um coração pastoral",[2] não tem nenhum desejo de se demorar em minúcias; antes, sua preocupação está em levar a congregação de crentes a um caminhar íntegro e perseverante com Jesus, concentrado nele. "O escritor de Hebreus", diz o erudito bíblico Andrew Trotter Jr., "mostra aquela combinação de tenacidade e ternura que é tão crucial no ministério. Mesmo quando suas advertências são tão rigorosas quanto quaisquer outras no NT, ele se certifica de encorajar aqueles que acredita estarem no caminho certo".[3]

Não é de surpreender, portanto, que, em uma epístola de linguagem fortemente doutrinária, o escritor pastoral trate a respeito do relacionamento crítico entre a congregação e seus líderes. Relações desajustadas poderiam tornar questionável o argumento centrado em Cristo da carta, o qual a liderança da igreja tentaria aplicar. Uma vez que "esse autor conhece intimamente seus leitores",[4] ele se empenha o máximo possível no exame de qualquer coisa que possa obstaculizar a aplicação da doutrina de Cristo em suas vidas. Não seguir seus líderes espirituais seria um desses obstáculos.

Nada em Hebreus indica que os presbíteros e professores dessa igreja tinham abandonado suas responsabilidades. No entanto, parece que, a despeito de sua fidelidade, os membros da congregação estavam hesitando em segui-los. Assim, o autor de Hebreus exorta a congregação a se lembrar dos líderes espirituais que já haviam morrido e a imitar sua fé (Hb 13.7). Então, ele os convoca a seguirem seus líderes atuais (Hb 13.17). Ambas as exortações (vv. 7,17) apontam para a conexão entre a doutrina apresentada e sua aplicação na caminhada diária.

---

1 Philip Edgcumbe Hughes, *A commentary on the Epistle to the Hebrews* (Grand Rapids: Eerdmans, 1977), 1.
2 Andrew H. Trotter Jr., *Guides to New Testament exegesis: interpreting the Epistle to the Hebrews* (Grand Rapids: Baker, 1997), 45.
3 Ibid.
4 Ibid., 47.

Trotter especula que a epístola é endereçada a "um pequeno grupo de antigos líderes na igreja, que estavam tendo dificuldades em se submeterem aos líderes atuais".[5] Talvez eles tenham sofrido na incruenta perseguição de Cláudio em 49 d.C. e na terrível e sangrenta perseguição de Nero alguns anos depois. Tendo sofrido esse trauma, eles se sentiram em estado de choque ao emergirem e voltarem para a vida ativa da igreja. A avidez de sua doutrina tinha começado a enfraquecer, assim como sua lealdade para com aqueles que atualmente lideravam a igreja. Assim, o escritor pastoral de Hebreus corrige firmemente seus erros teológicos, adverte sobre os perigos de voltar a um legalismo judeu e ordena que sigam seus líderes na igreja.[6]

A sequência de aplicações pontuais no último capítulo de Hebreus serve para reforçar o ponto de que a doutrina é sempre aplicável à vida diária. Os líderes espirituais de qualquer congregação devem se especializar em ajudar a igreja a aplicar a Palavra de Deus. *Assim como os líderes guiam a igreja para aplicar a verdade à vida, semelhantemente as congregações devem seguir seus líderes.* Mas como isso funciona na vida contínua da igreja? A passagem de Hebreus 13.17-19 responde a essa pergunta, e podemos investigá-la em duas direções.

Hebreus 13.17-19
- Líderes que lideram (vv. 17,18)
- Congregações que seguem (vv. 17-19)

LÍDERES QUE LIDERAM (HEBREUS 13.17,18)

É verdade que Hebreus 13.17,18 não menciona os títulos de *presbítero*, *supervisor* ou *pastor*. Ainda assim, o termo usado, *líderes*, é um particípio que pode ser traduzido como "aqueles que os conduzem" e parece apontar para uma pluralidade de

---
5 Ibid., 37–38.
6 Ibid., 38.

presbíteros.⁷ Quer essa congregação em particular chamasse seus "líderes" de *presbíteros*, *supervisores* ou *pastores*, quer não, eles estavam, de fato, envolvidos em governar, ensinar e pastorear a igreja — as funções exatas da pluralidade de presbíteros

Embora hoje não nos falte livros, princípios e seminários sobre liderança, temos falta de líderes piedosos. Cada igreja precisa de uma pluralidade de homens que exemplifiquem fielmente a vida cristã e expliquem claramente as Escrituras. O que os líderes devem fazer? A resposta de Hebreus a essa pergunta não é de forma alguma exaustiva, mas direciona os líderes sobre como liderar.

Vigilância

O texto de Hebreus 13.17 lembra aos líderes espirituais que eles possuem a incrível responsabilidade de zelar pela igreja: "pois velam por vossa alma, como quem deve prestar contas". A palavra traduzida como *velar* é forte,⁸ descrevendo um pastor que zela de maneira vigilante e sacrificial por seu rebanho. Ele pretende protegê-los dos lobos e ficará sem dormir se necessário, esforçando-se para discernir qualquer causa de problema. Vigilância também tem uma conotação militar — a de soldados guardando seu posto, mantendo-se vigilantes para que o inimigo não entre furtivamente para causar danos.

O escritor de Hebreus também diz que esses líderes devem exercer essa vigilância "sobre as vossas almas", que é outra forma de dizer que a preocupação dos líderes é com a pessoa inteira, ou com "a sede e o centro da vida que transcende o terreno".⁹

Os líderes espirituais devem, com discernimento, estarem sempre atentos ao cuidado da igreja. Seus deveres se concentram principalmente nas pessoas que compõem a igreja, não em prédios ou orçamentos. De que tipo de coisas eles devem cuidar em

---

7   Vale a pena observar como o termo para líderes é usado em Lucas 22.26, Atos 14.12 e 15.22. Veja também, *BDAG*, 434. A palavra *hegeomai*, quando usada no particípio presente, será traduzida como "governante" ou "líder", com o contexto determinando o tipo particular de líder identificado. Os homens que acompanharam Paulo e Barnabé com a carta do Concílio de Jerusalém, Judas (chamado Barsabás) e Silas, são citados em Atos 15.22 como "líderes entre os irmãos" (NAA). O mesmo termo é usado para Paulo em Atos 14.12, onde o particípio é usado na forma nominal, "o líder da conversa" (NASB), de acordo com *LKGNT*, 296. Parece que o particípio presente de *hegeomai* assumiu um significado quase técnico com a ideia de que a liderança envolve fala ou discurso de algum tipo. Eu argumentaria que esse é o uso em Hebreus 13.7,17, uma vez que a implicação é que esses líderes "vos pregaram a palavra de Deus" e zelaram pelas almas da congregação — indicando que *hegeomai* é um termo pastoral distinto que inclui ensino, instrução e pregação.

8   A palavra grega *agrupnousin* significa "estar sem dormir, ansiar pelo sono, estar atento", de acordo com *LKGNT*, 720, e "estar atento a respeito de, cuidar de, zelar por", de acordo com *BDAG*, 16.

9   *BDAG*, *psuche*, 1098–1100.

benefício da igreja? (No versículo 17, *por* pode ser traduzido como *"em benefício de"*.) *Em primeiro lugar, eles devem estar atentos a doutrinas perigosas e falsos ensinos.* Um exemplo claro dessa instrução vem da instrução do apóstolo Paulo aos presbíteros de Éfeso:

> Atendei por vós e por todo o rebanho sobre o qual o Espírito Santo vos constituiu bispos, para pastoreardes a igreja de Deus, a qual ele comprou com o seu próprio sangue. Eu sei que, depois da minha partida, entre vós penetrarão lobos vorazes, que não pouparão o rebanho. E que, dentre vós mesmos, se levantarão homens falando coisas pervertidas para arrastar os discípulos atrás deles. Portanto, vigiai, lembrando-vos de que, por três anos, noite e dia, não cessei de admoestar, com lágrimas, a cada um (At 20.28-31).

Os líderes espirituais precisam estar a par dos últimos acontecimentos em relação à doutrina e ao ensino em uma igreja. Mais heresias, meias-verdades e pseudodoutrinas do que podemos imaginar serão apresentadas como verdade.

Há alguns anos, minha família foi a uma igreja batista em Atlanta enquanto visitávamos alguns parentes. O pastor leu a Escritura e disse: "Que Deus abençoe sua Palavra inspirada pelo Espírito para que *se torne a Palavra de Deus para nós hoje*" (ênfase do autor). Posto dessa forma, fica evidente que esse entendimento vem direto das páginas da teologia neo-ortodoxa do século 20, que nega a plena autoridade das Escrituras. Mas a Bíblia não *se torna* a Palavra de Deus; ela é a Palavra de Deus. A congregação foi enganada pelo carisma daquele homem no púlpito. Eles precisavam de líderes espirituais que pudessem discernir esse ensino astuto e abordá-lo biblicamente.

Talvez ainda mais perigoso seja o desaparecimento da teologia nas igrejas evangélicas. David Wells destacou: "Ninguém sequestrou a teologia", como no sequestro de uma criança. Em vez disso,

> o desaparecimento está mais próximo do que acontece em lares onde as crianças são ignoradas e, para todos os efeitos e propósitos, abandonadas. Eles permanecem em casa, mas não têm lugar na família. Assim é com a teologia na igreja. Ela permanece à margem da vida evangélica, mas foi desalojada de seu centro.[10]

---

10 David F. Wells, *No place for truth: or whatever happened to evangelical theology?* (Grand Rapids: Eerdmans, 1993), 106 [edição em português: *Sem lugar para a verdade: o que aconteceu com a teologia evangélica?* (São Paulo: Shedd Publicações, 2017)].

Cuidar de uma congregação exige estar atento às demandas de entendimento teológico da igreja. Negligenciar a teologia destrói o alicerce da igreja e, em última análise, afeta sua prática. Em nossos dias, essa negligência é acompanhada pelo aumento do pragmatismo, que move a igreja de um ministério centrado na Bíblia para uma estrutura de igreja e um padrão de vida individualista que se assemelham mais ao mundo do que ao Novo Testamento.[11] Wells acrescenta: "É a *prática* evangélica, em vez da profissão evangélica, que revela a mudança".[12] Como evangélicos, ainda professamos crer nas confissões e credos da igreja, mas nossa prática revela que muitas vezes não entendemos as implicações teológicas do que professamos. Os líderes espirituais devem permanecer alertas e vigilantes para esse tipo de negligência.

Acrescente a isso os incontáveis falsos mestres propagando sua doutrina através da mídia, além dos grupos de culto que se disfarçam de cristãos, e ficará claro que líderes espirituais precisam estar em alerta em tempo integral. "Lobos selvagens" não foram um fenômeno apenas do primeiro século. Inúmeros saqueadores continuam a devastar as igrejas. Os líderes espirituais devem permanecer na brecha contra tais erros impostos à igreja.

Em segundo lugar, os líderes espirituais devem permanecer alertas em relação a comportamentos enganosos dentro da igreja. Escondido na pequena Epístola de 3 João está o aviso sobre Diótrefes, que agarrou os domínios da liderança de uma igreja como uma espécie de ditador. O professor do Novo Testamento D. Edmund Hiebert descreve Diótrefes como "um indivíduo ambicioso, egoísta e sedento de poder que buscava agressivamente estar à frente das coisas e governar os outros".[13] Embora possa ter mascarado seus motivos com palavras ortodoxas, ele era egocêntrico e cheio de orgulho, procurando usar a igreja para satisfazer sua própria ânsia de poder. O apóstolo João expôs seu comportamento enganoso e exortou a igreja a resistir a tal iniquidade (3Jo 9,10). Ele fez o que os presbíteros da igreja devem fazer: eles devem expor o comportamento enganoso antes que este destrua a igreja.

---

11 Veja meu ensaio, "The pastor and church growth: how to deal with the modern problem of pragmatism", em: John Armstrong, orgs., *Reforming pastoral ministry: challenges for ministry in postmodern times* (Wheaton, IL: Crossway, 2001), 263ss.; e John MacArthur Jr., *Com vergonha do evangelho: quando a igreja se torna como o mundo*, 2ª ed. (São Paulo: Editora Fiel, 2018).

12 Wells, *No place for truth*, 108, itálicos do autor.

13 D. Edmund Hiebert, *The Epistles of John: an expositional commentary* (Greenville, SC: Bob Jones University Press, 1991), 336.

Algum tempo atrás, eu estava envolvido no ministério de um pastor cuja igreja tinha alguns homens como Diótrefes. Embora tenha procurado abordar os problemas de maneira nobre e biblicamente, ele reconheceu que os outros líderes espirituais da igreja falharam em expor esses homens enganosos que agarraram as rédeas do poder. Cochilando em serviço, os outros líderes da igreja permitiram que os lobos destruíssem a igreja livremente e minassem o ministério do pastor. O fracasso dessa igreja em refletir a beleza de Cristo na comunidade deve, em última análise, ser traçado até a abdicação desses líderes de sua responsabilidade de permanecer alerta.

Em terceiro lugar, os líderes espirituais devem ficar alertas a comportamentos facciosos. Não seria maravilhoso se pudéssemos fazer um pedido e assistir a todas as divisões nas igrejas irem embora? Mas não é assim na realidade. Sempre enfrentaremos essa batalha na igreja de Jesus Cristo.

Os líderes espirituais devem permanecer firmes contra a divisão. Ao repreender, admoestar e liderar o exercício da disciplina na igreja, os líderes impedem essa divisão da igreja. "Evita o homem faccioso, depois de admoestá-lo primeira e segunda vez, pois sabes que tal pessoa está pervertida, e vive pecando, e por si mesma está condenada", Paulo instrui Tito (Tt 3.10,11). Nenhuma dessas coisas são medidas populares em uma igreja. Mas esse é o trabalho dos presbíteros.

P. H. Mell identifica os comportamentos facciosos como uma das várias "ofensas públicas" em que o pecado é "contra a igreja em sua capacidade organizacional".[14] Em outras palavras, a divisão não ofende apenas um ou dois membros; ela afeta todo o corpo. Os líderes espirituais que zelam pelas almas da igreja não devem hesitar em aplicar medidas disciplinares contra os ofensores. A saúde e a unidade da igreja estão em jogo.

Em quarto lugar, os líderes espirituais devem estar alertas para o desenvolvimento espiritual da igreja. Isso inclui conhecer, ensinar e encorajar positivamente o crescimento espiritual na igreja. Os presbíteros devem prestar atenção ao conteúdo da instrução e como os membros respondem a ela. Isso lhes dá uma melhor compreensão da maturidade da igreja e de sua capacidade de discernir os falsos ensinos.[15]

---

14 P. H. Mell, *Corrective church discipline with a development of the Scriptural principles upon which it is based* (Charleston, SC: Southern Baptist Publication Society, 1860), citado em: Mark Dever, org., *Polity: biblical arguments on how to conduct church life* (Washington, DC: Center for Church Reform, 2001), 423.

15 Estou em dívida com meu companheiro presbítero Tom Tollett, por indicar essa implicação do texto.

Prestação de contas

Como pastor e presbítero em minha própria congregação, não acho nenhum pensamento mais alarmante do que o encontrado neste versículo: "Pois eles velam por vossas almas *como quem prestará contas*" (ênfase do autor). Em certo sentido, os líderes da igreja prestarão contas a dois grupos diferentes. Primeiro, os líderes da igreja prestarão contas de seu ministério às suas igrejas. Esta é uma realização incrível. As igrejas devem esperar que seus líderes sejam fiéis e diligentes. Como pastor, sinto essa responsabilidade. Minha própria igreja não considera levianamente o trabalho do ministério, e nunca deveria. As igrejas precisam manter altas expectativas acerca da caminhada pessoal de seus presbíteros com Cristo, seu ministério da Palavra e seu exemplo perante o corpo.

Segundo, essa passagem de fato aponta mais especificamente para um dia superior de prestação de contas — o grande dia de prestação de contas quando todos estaremos perante o Senhor em julgamento. E aqui o autor de Hebreus fala em uníssono com os apóstolos:

- Tiago explica que os mestres receberão "maior juízo" (Tg 3.1).
- Pedro usa a mesma palavra para *prestação de contas* quando fala de julgamento, uma prestação de contas a ser dada por todos os homens diante dos olhos que tudo vê e da mente que tudo sabe (1Pe 4.5).
- Paulo se refere a esse mesmo julgamento no prefácio de sua exortação "prega a palavra": "Conjuro-te, perante Deus e Cristo Jesus, que há de julgar vivos e mortos, pela sua manifestação e pelo seu reino: prega a palavra..." (2Tm 4.1,2). As palavras "perante Deus" transmitem a ideia de estar "diante da face de Deus". Visto que a relação entre doutrina e prática está tão intimamente ligada à liderança dos responsáveis pelo rebanho de Deus, o Senhor alerta seus pastores subordinados de que haverá um tempo de prestação de contas.

Em suma, a referência do autor de Hebreus a prestar contas é parte de um amplo tema do Novo Testamento. E a prestação de contas de que ele fala diz respeito a todos os líderes espirituais da igreja.

Quando nosso tempo acabar, prestaremos contas de como cumprimos nossas responsabilidades. Portanto, devemos viver e servir como aqueles que responderão ao Senhor da igreja por nossos ministérios. "Essa consideração solene deve afetar não apenas a qualidade de sua liderança", escreve o comentarista Philip Hughes, "mas também a qualidade da obediência com que a comunidade cristã responde a essa liderança".[16] Os líderes espirituais e suas congregações nunca devem perder de vista a séria realidade da eternidade.

Seriedade

Grande seriedade, então, acompanha a liderança espiritual. Manter o cargo envolve mais do que usar o título de *pastor*, *presbítero* ou *diácono*. Exige servir em boa consciência e com a devida diligência.

Evidentemente, acusações foram feitas contra o escritor de Hebreus. Talvez ele tenha sido acusado de buscar ganhos pessoais ou de ser um mau líder. Só podemos especular. Mas vemos sua resposta serena: "pois estamos persuadidos de termos boa consciência" (Hb 13.18). A menos que ele estivesse respondendo a algum tipo de acusação contra si, essa seria uma declaração estranha. Mas ele não vê necessidade de dar uma explicação longa. A epístola que escreveu comprova sua compreensão da Palavra de Deus, seu amor pelo evangelho e sua paixão pelo crescimento espiritual dessa congregação. Portanto, ele precisava apenas afirmar: "pois estamos persuadidos de termos boa consciência", significando, como Hughes explica, "que sua conduta em relação a eles pode suportar o escrutínio tanto do homem quanto de Deus".[17] Para que não pensemos que estava se gabando, o autor rapidamente afirma seu desejo de ser honrado em sua ética cristã: "desejando em todas as coisas viver condignamente". Ele não afirma ser perfeito espiritualmente; antes, pretende afirmar sua seriedade no exercício de seu ministério. Certamente ele é um modelo de conduta ainda necessária para aqueles que lideram as igrejas locais.

Considere outra observação sobre a seriedade da liderança. No segmento de frase a seguir, em Hebreus 13.17, o escritor diz: "para que façam isto com alegria e não gemendo; porque isto não aproveita a vós outros". A liderança cristã envolve emoções. *Alegria* e *gemendo* são dois termos muito diferentes que podem caracterizar a resposta emocional de alguém às demandas da liderança da igreja. O segmento de frase: "para que *façam* isto" (um verbo no presente do subjuntivo que assume um sentido exortativo) deve determinar a atitude da igreja.[18] A igreja não deveria res-

---

16 Hughes, *Hebrews*, 586.
17 Ibid., 587. O *nós* aqui é chamado de pronome epistolar, o que significa que *nós* serve como um substituto para *eu*.
18 "Quando alguém exorta outros a participarem com ele em qualquer ato ou condição, o subjuntivo é usado na primeira pessoa do plural", conhecido como subjetivo exortativo, de acordo com H. E. Dana e Julius Mantey, *A manual grammar of the Greek New Testament* (Toronto: Macmillan, 1957), 171.

ponder à liderança com neutralidade; em vez disso, deveria responder de tal modo que seus líderes pudessem cumprir seus deveres "com alegria e não gemendo". A alegria vem quando o líder sente que Cristo está sendo formado na igreja (Gl 4.19), enquanto o *pesar* surge quando os líderes veem rebelião contra a Palavra ou apatia para com as disciplinas espirituais.

Conduta

Sentindo o peso da responsabilidade e a seriedade de seu ofício, um líder da igreja não pode deixar de pedir oração por sua conduta: "Orai por nós", diz o escritor. Por quê? Por causa de seu "[desejo contínuo de] em todas as coisas viver condignamente" (Hb 13.18). O escritor *deseja* uma conduta digna, expressão que aponta para um anseio profundo. Os líderes sabem que, como suas congregações, são pecadores em constante necessidade de graça. Eles sabem que não podem simplesmente ensinar e suplicar aos outros enquanto negligenciam sua própria conduta. Sabem que têm fraquezas que o adversário exploraria de bom grado por meio de várias tentações.[19] Eles sabem que ficam cansados e fatigados e, às vezes, consideram se livrar do jugo da liderança espiritual por uma responsabilidade menor. E assim, sabendo de tudo isso, o escritor de Hebreus exorta a igreja a orar por ele — para que seu mais profundo anseio por uma conduta honrada "em todas as coisas" seja cumprido.

No final das contas, um líder espiritual pode não ser um grande pregador ou professor, pode falhar em habilidades administrativas, pode falhar em suas habilidades para aconselhar e pode ter falta de energia para seus deveres, *mas ele não deve desonrar o nobre ofício confiado a ele pela igreja por uma falha de conduta*. Outras coisas são importantes, mas a conduta do líder espiritual como cristão é o fundamento de todo o seu ministério.

Negligencie sua conduta e seu ministério será negado. Mas honre o Senhor em sua conduta e, mesmo com fraquezas, você se mostrará fiel.

---

19 John Owen, *The works of John Owen: temptation and sin* (Carlisle, PA: Banner of Truth Trust, 1991), 6:96, explica a tentação como "qualquer coisa, estado, forma ou condição que, por qualquer motivo que for, tenha força ou eficácia para seduzir, para desviar a mente e o coração de um homem de sua obediência, a qual Deus requer dele, em relação a qualquer pecado, em qualquer grau do mesmo, seja qual for". Ele indica ainda que a tentação particular é aquela "que causa o pecar ou o leva a pecar, ou, de algum modo, a se desviar de seu dever, seja *trazendo* o mal para seu coração, seja *suscitando* aquele mal que está em seu coração, ou, de qualquer outra forma, o desviando da comunhão com Deus, e daquela obediência constante, igual e universal, na matéria e no modo, que é exigida dele".

CONGREGAÇÕES QUE SEGUEM (HB 13.17-19)

Os líderes fiéis também devem ter congregações fiéis, ou então seu trabalho será cheio de tristeza em vez de alegria. Os observadores geralmente tratam a igreja como nada mais do que uma organização social com conotações religiosas. Mesmo alguns dentre a congregação local podem pensar em sua igreja apenas das perspectivas empresarial e de gestão organizacional. No entanto, a Escritura mantém um ponto de vista diferente.

O escritor de Hebreus exorta seus leitores a não abandonarem suas reuniões regulares. Ele vê os cristãos como "irmãos", que estão unidos em uma família de crentes. Cada um tem a responsabilidade de encorajar um ao outro e estimular "uns aos outros ao amor e às boas obras". Visto que a igreja tem acesso à presença de Deus por meio do "sangue de Jesus", olhando para Cristo como "um grande sumo sacerdote da casa de Deus", eles devem se unir e se aproximar de Deus como um povo que ora. Eles devem permanecer juntos em sua confissão de Cristo, e devem cuidar mutuamente uns dos outros em comunhão (Hb 10.19-25). A igreja "só desfruta dessa liberdade de acesso" à santa presença de Deus como povo regenerado.[20] Ela deve se apegar firmemente à sua confissão de Cristo feita "primeiro publicamente no batismo, mas também como um testemunho a ser mantido com alegria até o fim desta vida".[21] A igreja não pode existir com "individualismo egoísta", que é o terreno fértil para a divisão.[22] Em vez disso, os membros individuais devem procurar maneiras de incitar uns aos outros nas práticas que caracterizam os verdadeiros crentes.[23] E isso certamente não pode ocorrer caso os membros não compareçam regularmente às reuniões da igreja.

Em todas as épocas, as maiores ameaças à igreja vêm das áreas de "doutrina e vida, ou crença e comportamento", explica o pastor e teólogo Philip Ryken. "A rebelião da mente é negar o que Deus nos diz para pensar (que hoje assume a forma de relativismo)".[24] É por isso que o escritor de Hebreus exorta a igreja: "guardemos firme a confissão da esperança, sem vacilar" (Hb 10.23). Ryken continua: "A rebelião do

---

20 Hughes, *Hebrews*, 410.

21 Ibid., 414.

22 Ibid., 415.

23 Rienecker e Rogers explicam que a palavra *estimular* (*paroxusmos*) significa "irritante, incitante, estimulação", *LKGNT*, 703, o que não deixa dúvidas sobre o envolvimento ativo de cada membro da igreja em ajudar a motivar outros no corpo para o serviço cristão fiel.

24 Philip Ryken, *City on a hill: reclaiming the biblical pattern for the church in the twenty-first century* (Chicago: Moody, 2003), 97–98.

coração é desobedecer o que Deus nos ordena a fazer (o que hoje assume a forma de narcisismo)".[25] E é por isso que os membros da igreja devem estar constantemente engajados em incitar "uns aos outros ao amor e às boas obras". No entanto, como isso pode acontecer na prática? O Novo Testamento mostra claramente que "o plano de Deus era colocar a igreja sob os cuidados de pastores".[26] Os pastores lideram enquanto os membros da igreja seguem.

Obediência e submissão

Talvez a parte mais difícil desse texto seja encontrada nas palavras iniciais de Hebreus 13.17: "Obedecei aos vossos guias e sede submissos para com eles; pois velam por vossa alma, como quem deve prestar contas". As palavras *obedecer* e *submeter* evocam pensamentos de um proprietário de escravos perverso, estalando seu chicote para submeter seus escravos à obediência servil. Mas essa imagem é estranha ao significado desse versículo. Um olhar mais atento ao texto revela a responsabilidade que Deus deu a cada um na igreja.

Os líderes espirituais têm a responsabilidade de zelar "por vossa alma", isto é, em prol da vossa vida. Deus pretende proteger a igreja. Ele não deseja que ninguém tropece nos falsos ensinos, na tentação do pecado ou nas seduções do mundo. Portanto, ele nos avisa de todas essas coisas em sua Palavra; e nos deu o santo exemplo de nosso Senhor, bem como dos apóstolos e crentes ao longo dos séculos (cf. Hb 11.1—12.3). Mas, em sua grande misericórdia, Deus também colocou líderes espirituais — presbíteros — na igreja e deu-lhes a responsabilidade de lidar vigilantemente com os obstáculos espirituais.

Quando, por exemplo, um falso ensino surge entre as igrejas, os presbíteros devem se posicionar contra ele pelo bem do rebanho. Usando a Palavra de Deus, eles devem expor tal erro, alertar sobre seu perigo e procurar manter a igreja fora do *caminho de danos espirituais*. É lamentável que esse ministério de líderes espirituais seja frequentemente tratado de maneira irresponsável pela congregação ou deixado para o trabalho de um único pastor.

A igreja sabe da vigilância que é necessária apenas para *reconhecer* o falso ensino? Eles entendem a agonia que envolve lidar com o erro, muitas vezes diante

---

25 Ibid., 98.
26 Ibid.

de mal-entendidos e oposição? Ryken explica: "Presbíteros e pastores são chamados para dominar a teologia bíblica, para passar tempo estudando a Palavra de Deus e aprendendo as grandes doutrinas da fé cristã".[27] Eles correm o risco de ofender outros enquanto defendem a verdade. Eles são submetidos ao ridículo pelo mundo e, às vezes, pela igreja, tudo pelo bem da congregação posta sob sua responsabilidade.

Como a igreja deve responder àqueles que "velam por vossa alma"? A congregação pode obedecer e se submeter ou pode endurecer e se rebelar. Não há meio termo. A apatia é simplesmente uma rebelião silenciosa.

Se você vê o valor da liderança espiritual e reconhece que Deus colocou essa liderança na igreja para o seu benefício, então a única resposta é obedecer e se submeter aos seus líderes espirituais. Rebelar-se é cometer anarquia espiritual. É desobedecer a Jesus.

João Crisóstomo, o "pregador da língua de ouro" do quarto século, escreveu: "A anarquia é um mal, causa de muitas calamidades e fonte de desordem e confusão"; além disso, "um povo que não obedece a um governante [isto é, presbítero ou pastor] é como um povo que não tem nenhum, e talvez até pior".[28] Infelizmente, muitas de nossas igrejas são caracterizadas pelo individualismo e narcisismo, e esses instintos certamente reagem mal ao chamado à obediência e submissão. Mas quer seja popular, quer não, o Senhor da igreja determinou que seu corpo trabalhe com uma pluralidade de líderes e membros fiéis que valorizam a obediência e a submissão como uma responsabilidade alegre.

Tanto o *obedecer* quanto o *se submeter* são imperativos presentes, mostrando constância por parte da igreja. Obedecer não significa ser um "seguidor de homens", ao invés de um seguidor de Cristo. Em vez disso, seguimos nossos líderes espirituais *apenas* à medida que eles imitam a Cristo e aderem ao ensino da Palavra. Nunca devemos obedecer e nos submeter em áreas que claramente contradizem o ensino das Escrituras.

Alguns usam esses versículos para reivindicar *autoridade absoluta*, mas essa autoridade pertence apenas ao Senhor. Uma regra básica simples é usar o "bom senso santificado" ao obedecer e se submeter aos líderes espirituais. Esses versículos comandam obediência e submissão na esfera da igreja e na vida espiritual. Eles não exigem

---

27 Ibid., 101.
28 "Chrysostom", em: J. P. Migne, org., *Patrologia Graeca* (London: ET, 1893), vol. 63, citado em: Hughes, *Hebrews*, 585–586.

obediência em assuntos pessoais no que se refere às finanças, às decisões de negócios e até mesmo aos parceiros de casamento. Certamente, os presbíteros da igreja podem oferecer conselhos nessas outras áreas e podem até exortar os membros da igreja com sabedoria divina; mas eles não devem exercer controle. "Eles velam por suas almas", não por suas contas bancárias.[29]

Líderes espirituais têm a responsabilidade de falar a Palavra de Deus à congregação e dar-lhe um exemplo a ser seguido, e é nesse contexto que a congregação deve obedecer e se submeter. *Obedecer* carrega a ideia de seguir alguém obedientemente porque você confia nessa pessoa. A implicação é que a igreja ouve o ensino da Palavra por meio dos presbíteros e vê sua seriedade em seguir o ensino das Escrituras, então ela obedientemente fazem o mesmo. Um presbítero nunca deve adotar uma atitude que sugira: "Faça o que eu digo, não o que eu faço". Em vez disso, eles devem dar o exemplo para que se possa dizer com confiança: "imitai a fé que tiveram" (Hb 13.7).

Submissão envolve o reconhecimento da autoridade ordenada por Deus e estabelecida na igreja para ordem e direção. A congregação se submete ou se coloca debaixo da liderança de seus líderes espirituais, seguindo sua orientação e ensino. "Se a obediência se aplica ao ensino dos líderes, então a submissão se relaciona à função de seus líderes".[30] O comentarista Raymond Brown oferece um esclarecimento necessário sobre o significado de submissão.

> Um dos aspectos claramente prejudiciais à saúde de alguns ensinamentos contemporâneos é o atual modo de "pastorear" e a noção, popularizada em algumas igrejas domésticas e em outros lugares, de que todo crente deve ter um mentor espiritual que é totalmente responsável por todos os aspectos de sua vida. O "líder" espiritual deve ser consultado antes de se fazer compras significativas, mudar de emprego e aceitar novas responsabilidades. A Escritura não ensina nem encoraja ou exemplifica submissão desse tipo. É ruim para quem o pratica, à medida que desencoraja a responsabilidade pessoal perante o Senhor Deus, um sinal de verdadeira maturidade cristã.

---

29 Com isso, deve-se inferir que os presbíteros não estão envolvidos na solicitação de extratos bancários ou de investimento. Os presbíteros podem, no entanto, encontrar ocasiões para exortar os membros a respeito de doações, se houver negligência nessa área, ou quanto a um planejamento financeiro sábio, se necessário.

30 Raymond Brown, *The message of Hebrews*, The Bible Speaks Today (Downers Grove, IL: InterVarsity Press, 1982), 264.

Além disso, minimiza a importância de outros relacionamentos profundos, especialmente o casamento, por meio do qual a vontade de Deus pode ser discernida com mais naturalidade.[31]

Nossas vidas são mais bem reguladas e governadas quando andamos em submissão às autoridades que Deus colocou em nossas vidas. Na igreja, essa autoridade é encontrada naqueles a quem Deus levanta como líderes espirituais. "A submissão à autoridade é absolutamente necessária para o ordenamento adequado da sociedade, e a igreja de Deus não é exceção. Na verdade, a submissão à autoridade muitas vezes é um teste de nossa submissão a Deus".[32] Portanto, *obedecer* e *submeter-se* não são ordens ofensivas, mas condições para uma vida ordeira dentro da igreja.

Lucro ou prejuízo?

O texto de Hebreus 13.17 termina com um apelo sincero: "para que façam isto com alegria e não gemendo; porque isto não aproveita a vós outros". Os presbíteros enfrentam responsabilidades e demandas pesadas. Eles devem liderar a congregação nos caminhos de Deus. Devem ensinar e exortar a congregação nas doutrinas da Palavra de Deus. Devem levar uma vida exemplar, servindo como modelos vivos da fé cristã para a congregação. E devem zelar constantemente pelas almas da congregação, protegendo-as do engano, erro, pecado e mundanismo. À luz de tudo isso, a responsabilidade da igreja é permitir que "façam isto com alegria e não gemendo".

Os presbíteros e pastores devem encontrar seu maior prazer em cumprir suas pesadas responsabilidades em suas igrejas. Deve ser uma alegria liderar, ensinar, dar o exemplo e zelar pelas almas. Eles devem estar constantemente ansiosos para o desafio de cada dia na liderança espiritual. O pastor John MacArthur escreve,

> É responsabilidade da igreja ajudar seus líderes a governar com alegria e satisfação. Uma maneira de fazer isso é por meio da submissão voluntária à autoridade deles. A alegria de nossos líderes no Senhor deve ser uma motivação para a submissão. Não devemos nos submeter a contragosto ou por um

---

31 Ibid., 264–265.
32 Alexander Strauch, *Biblical eldership: an urgent call to restore biblical church leadership*, ed. rev. e exp. (Littleton, CO: Lewis and Roth, 1995), 160.

sentimento de compulsão, mas de boa vontade, para que nossos presbíteros e pastores possam sentir alegria em seu trabalho conosco.[33]

Uma atitude humilde por parte dos membros da congregação é essencial para que os presbíteros tenham alegria em seus deveres. Se alguém na congregação tiver ciúme dos que ocupam posições de liderança espiritual, a alegria dos líderes espirituais será muito reduzida. Aqueles que se ressentem por estarem sob a autoridade de outra pessoa criam divisão e contenda dentro da congregação. Um mundo de problemas emerge quando os membros da igreja se rebelam contra esse ensino claro das Escrituras.

"Para que façam isto com alegria" — então, o que significa o "isto" segundo o texto? É o trabalho abrangente de zelar pelas almas da congregação. Os membros contribuem para a eficácia geral desse trabalho ao terem as atitudes corretas em relação aos líderes que Deus colocou sobre eles. "Pesar" ou "gemido" causados por insensibilidade à Palavra e arrogância para com a liderança espiritual não é lucrativo para a igreja. Brown acrescenta: "Se os líderes espirituais têm que trabalhar sob condições adversas e hostis na igreja local, então isso não funciona para o bem imediato dos membros e certamente não para seu benefício final".[34]

Mas a alegria de que fala Hebreus não é unilateral. Negligenciar a obediência e a submissão, continua o texto, "não aproveita a vós outros". A palavra grega traduzida como *não aproveita* significa literalmente "prejudicial",[35] e o pronome plural *vós* se refere à igreja. A igreja inteira, então, achará prejudicial quando até mesmo alguns membros se rebelarem contra os líderes espirituais da igreja.

Por que isso é assim? Como igreja, estamos misteriosamente entrelaçados pelos laços de Jesus Cristo. Cada igreja local é uma expressão visível única do corpo de Cristo. Cada igreja se torna uma família de crentes que devem aprender a viver uns com os outros, trabalhar uns com os outros, aprender uns com os outros e enfrentar adversidades uns com os outros. Quando um está alegre, todos devem estar alegres. Quando alguém está sofrendo, todos compartilham dessa dor. Por esta mesma regra, a atitude de uma pessoa afeta toda a igreja. Quando alguém na igreja se rebela abertamente ou fica secretamente agitado com os presbíteros, todo o corpo, de uma forma ou de outra, é afetado.

---

33 John MacArthur, *MacArthur's New Testament Commentaries: Hebrews* (Chicago: Moody, 1983), 446.
34 Brown, *Hebrews*, 265.
35 *LKGNT*, 720.

A necessidade urgente da oração

À luz de todas as responsabilidades dadas aos líderes espirituais e à congregação, o pastor que é o autor de Hebreus pede aos seus leitores que orem por ele, bem como pelos outros líderes espirituais da igreja. "Orai por nós", suplica ele, para que possamos nos conduzir com honra como cristãos, presbíteros e líderes. Depois acrescenta uma nota de urgência: "Rogo-vos, com muito empenho, que assim façais, a fim de que eu vos seja restituído mais depressa" (Hb 13.19).

Não sabemos o que impediu o escritor de retornar a essa igreja. Pouco tempo depois, ele afirma que Timóteo havia sido libertado, presumivelmente da prisão, e que o escritor planejava vir com Timóteo. Qualquer que seja o obstáculo, o escritor entendeu que superá-lo exigiria a intervenção de Deus. Ele precisava das orações dessa congregação para viver honradamente diante do Senhor e ser capaz de cumprir suas responsabilidades para com a igreja.

A lição em tudo isso: não apenas a igreja precisa de líderes espirituais, mas os líderes espirituais precisam da igreja e de suas orações. Kent Hughes afirma isso claramente com base em seus próprios anos de serviço cristão.

> Quão diferente seria a igreja moderna se a maioria das pessoas orasse por seus pastores e sua liderança leiga. Haveria suspensões sobrenaturais das atividades de costume do culto. Haveria momentos de visitações inexplicáveis do Espírito Santo. Mais leigos lidariam com questões mais profundas da vida. O vácuo de liderança evaporaria. Haveria mais conversões.[36]

Como pastor e presbítero, minhas necessidades particulares podem ser diferentes daquelas dos outros presbíteros e líderes em nossa igreja, mas todos nós precisamos das orações do povo de Deus, que, no meu caso, é chamado de igreja South Woods Baptist Church (minha própria congregação). Suas orações são fundamentais. Sem sua oração fiel, nosso ministério não terá sucesso. Com ela, não há limite para o que nosso gracioso Deus terá prazer em fazer por meio de nossa congregação.

Portanto, unindo-me a esse escritor do primeiro século, exorto-o a orar pelos líderes de sua própria congregação. Ore por sua disciplina e caminhada cristãs. Ore por seu papéis como marido e pai. Ore por seu entendimento e compreensão da Palavra.

---

36 R. Kent Hughes, *Preaching the Word: Hebrews, an anchor for the soul* (Wheaton, IL: Crossway, 1993), 2:239.

EQUIPE PASTORAL

Ore por sua pregação e ensino da Palavra. Ore pelos momentos de aconselhamento e testemunho, bem como pelos momentos de orientação e tomada de decisões. Ore para que, no final, possamos servir a Cristo juntos com alegria, apenas para sua glória.

QUESTÕES PARA REFLEXÃO

- O que o escritor de Hebreus ensina a respeito do que os líderes espirituais devem fazer em favor da igreja?
- Como os líderes espirituais devem prestar contas?
- Como a igreja deve responder a seus líderes espirituais?
- De que maneira os líderes espirituais dependem da igreja?

CAPÍTULO 12
Da suspeita à confiança

Em nossa igreja não usamos o termo "ordenar" presbíteros, mas "instalá-los". Meu amigo Thabiti Anyabwile, no entanto, não se importa muito com o termo "instalação". Ele diz: "Isso soa como se você estivesse pregando uma peça de mobília no prédio da igreja. Eu não gosto muito de ser pregado".

Talvez um termo melhor seja "casamento". É uma espécie de casamento entre um homem e sua congregação. Nos casamentos os votos são trocados — afirmações verbais de uma aliança e compromisso.

Sendo assim, depois de serem nomeados pela igreja, os cinco presbíteros recém-eleitos da igreja Capitol Hill Baptist Church fizeram os seguintes votos à congregação:

1. Você reafirma sua fé em Jesus Cristo como seu Senhor e Salvador pessoal?
Sim.

2. Você crê que as Escrituras do Antigo e Novo Testamentos são a Palavra de Deus, totalmente confiável, plenamente inspirada pelo Espírito Santo, a suprema, final e única regra infalível de fé e prática?
Sim.

3. Você acredita sinceramente que a Declaração de Fé e Aliança desta igreja contém a verdade ensinada na sagrada Escritura?
Sim.

4. Você promete que, a qualquer momento, caso se descubra em desacordo com qualquer uma das afirmações na Declaração de Fé e Aliança,

irá, por sua própria iniciativa, tornar conhecida ao pastor e aos outros presbíteros a mudança que ocorreu em seus pontos de vista desde que assumiu esse voto?
Sim.

5. Você subscreve o governo e a disciplina da igreja Capitol Hill Baptist Church?
Sim.

6. Você promete se submeter aos seus companheiros presbíteros no Senhor?
Sim, com a ajuda de Deus.

7. Você foi motivado, até onde pode discernir seu próprio coração, a aceitar o cargo de presbítero por amor a Deus e desejo sincero de promover sua glória por meio do evangelho de seu Filho?
Sim.

8. Você promete ser zeloso e fiel na promoção das verdades do evangelho e da pureza e paz da igreja, qualquer que seja a perseguição ou oposição que possa lhe acometer em decorrência disso?
Sim, com a ajuda de Deus.

9. Você será fiel e diligente no exercício de todos os seus deveres como presbítero, sejam pessoais ou relativos, sejam privados ou públicos, e se esforçará pela graça de Deus para promover a profissão do evangelho em sua maneira de viver e andar com piedade exemplar perante esta congregação?
Sim, pela graça de Deus.

10. Você agora está disposto a assumir responsabilidade pessoal na vida desta congregação como um presbítero, para supervisionar o ministério e os recursos da igreja, e se dedicar à oração, ao ministério da Palavra e ao pastoreio do rebanho de Deus, contando com a graça de Deus, de tal forma que a igreja Capitol Hill Baptist Church e toda a igreja de Jesus Cristo sejam abençoadas?
Sim, com a ajuda de Deus.

Mas não foram apenas os presbíteros que fizeram os votos. A congregação também teve que assumir compromissos, conforme destacado na explicação de Phil Newton sobre Hebreus 13. Sendo assim, os membros da igreja CHBC responderam com os seguintes votos:

1. Vocês, membros da igreja Capitol Hill Baptist Church, reconhecem e recebem publicamente esses homens como presbíteros, como presentes de Cristo para esta igreja?
Sim.

2. Vocês os amarão e orarão por eles em seu ministério, e trabalharão junto com eles com humildade e alegria, para que, pela graça de Deus, a igreja possa cumprir sua missão, dando-lhes toda a devida honra e apoio em sua liderança, para a qual o Senhor os chamou, para a glória e honra de Deus?
Sim.

Proferir essas palavras, é claro, foi a parte mais fácil.

Mas e depois da declaração dos votos? Em certo nível, sabíamos que haveria uma luta nos domínios celestiais. Muitas vezes pensei que Satanás tinha o dedo em nossa pequena igreja, o que explica parcialmente as décadas de pastorados fracassados e o declínio da frequência. Um testemunho fiel em um dos mais importantes entroncamentos internacionais, tal como Washington, D.C., seria uma perda para o lado de Satanás. Você acha que estou exagerando? Até o fim dos tempos não saberemos plenamente como tudo aconteceu. No entanto, acho que estou em boa companhia com o apóstolo Paulo, que parece ciente do paradeiro de Satanás quando fala, em um lugar, das tentativas de Satanás de "tirar vantagem" de nós e, em outro lugar, de "impedir-nos" (2Co 2.11; 1Ts 2.18).

No nível humano, parecia uma onda de perguntas que surgiram até mesmo dos votos que prometemos manter. Como exatamente o "governo e disciplina da igreja Capitol Hill Baptist Church" acontecerá (voto 5)? Há um momento em que *não devo* me submeter aos meus companheiros presbíteros no Senhor (voto 6)? O primeiro ano como presbítero foi muito parecido com a experiência de ter o primeiro filho. Você foi as aulas de parto com sua esposa. Vasculhou todos os livros para pais que conseguiu encontrar. Observou todos os seus amigos íntimos que tinham filhos. Mas, então, lhe entregam o bebê no hospital e dizem: "Todo seu!". E agora?

Nós, os novos presbíteros, tínhamos de ser pacientes conforme tentávamos mudar a postura padrão de muitos na congregação — especialmente os mais comunicativos — da suspeita para a confiança. Integrada ao DNA de um trabalhador de Washington, que muitos de nossos membros da igreja foram e são, está a noção de que as "Sunshine Laws"[1] — chamadas eufemisticamente de requisitos de transparência — são uma boa ideia porque há um rato escondido em cada caixa embrulhada para presente. Tivemos que transformar a mentalidade democrática de "um homem, um voto" em uma mentalidade capaz de, alegremente, se unir em seguir a liderança dos presbíteros. As ovelhas precisavam confiar em Deus, confiar que ele usaria os novos presbíteros para cuidar delas. E eles também precisavam ser pacientes conosco à medida que crescíamos em nossas novas funções. Os presbíteros precisavam aprender o que as ovelhas podiam e não podiam suportar.

Fizemos algumas mudanças que vieram facilmente, como mudar o nome de "reuniões administrativas" para "reuniões de membros". Também mudamos a hora de estudo bíblico, das reuniões bimestrais dos membros, de uma quarta-feira à noite, que era frequentada por não membros, para a hora seguinte à nossa reunião de oração de domingo à noite. Agora fazíamos uma pausa de dez minutos após o culto noturno e, então, nos reuníamos novamente, mas apenas com os membros de nossa igreja. Por quê? Porque a reunião de membros é um momento para a família em que irmãos e irmãs se reúnem para conduzir os assuntos da igreja, liderados pelos pais da igreja, ou seja, os presbíteros. Os não membros, aqueles que não subscreveram a declaração de fé nem se comprometeram a apoiar o ensino e a missão da igreja, não devem estar presentes. Também escolhemos o presbítero mais paciente para moderar as reuniões dos membros, nas quais declarações difíceis ou até mesmo acusatórias eram dirigidas contra os presbíteros. Precisávamos de alguém bom em absorver golpes e não revidar.

Mesmo após essas mudanças, lutamos para implementar nosso novo modelo de liderança. Phil falou no capítulo anterior sobre como os presbíteros e a congregação devem trabalhar em harmonia uns com os outros. Nosso primeiro ano de presbiterado foi sentido mais como uma disputa. Muitas reuniões de membros estavam cheias

---

1 "Sunshine Laws" são regulamentações que exigem a transparência governamental e se destinam a garanti-la (N. do T.).

de tensão. Os membros, às vezes, acusavam os presbíteros de impor algumas coisas. Não me lembro de nenhuma reunião em que a maioria dos membros foi contra a recomendação de um presbítero, mas muitas vezes parecia haver falta de entusiasmo. Parecia haver uma nuvem inexplicável sobre nossas reuniões. Nosso trabalho não parecia uma alegria, como diz Hebreus 13.17.

A memória falha com o tempo e tenho certeza de que vários fatores contribuíram para virar o jogo, mas posso apontar uma reunião que ajudou a desfazer a nuvem tensão entre os presbíteros e a congregação. Uma parte de cada reunião era destinada a receber novos membros, despedir-se dos membros renunciantes e, ocasionalmente, disciplinar membros não arrependidos. Durante o tempo dedicado à renúncia de membros, houve uma troca muito constrangedora entre Mark e um membro da congregação — vamos chamá-la de Sandy. Mark anunciou que uma mulher que chamaremos de Lynn havia renunciado. Sandy levantou a mão e disse: "Almocei com Lynn há pouco, nesta semana, e ela não quer renunciar". "Sim, ela quer", disse Mark, que também tinha se encontrado com Lynn naquela mesma semana. Rapidamente a situação se transformou em uma disputa entre a palavra de Mark contra a de Sandy.

A situação foi agravada pelo fato de que muitos na congregação sabiam que Lynn não confiava em autoridade, em geral, e nos presbíteros, em particular. Se Mark insistisse no que sabia ser verdade, pareceria que estava expulsando alguém da igreja porque ela estava lhe causando problemas.

Essa constrangedora conversa foi seguida por outro caso em que os presbíteros recomendaram que a igreja excomungasse alguém. Foi um caso claro de pecado sério, explícito e impenitente. Os presbíteros estavam lidando com a situação há meses, mas essa foi a primeira vez que a congregação ouviu falar disso. Para eles, era como um martelo na cabeça, porque o indivíduo pecador era bem conhecido e querido. Os presbíteros pediam a remoção imediata dele da membresia. Pelo que me lembro, ganhamos a votação, mas perdemos a confiança da congregação.

No dia seguinte, assim que nós, como presbíteros, tivemos a chance de pensar nos eventos da noite anterior, percebemos que não é apenas *o que* fazemos para liderar a congregação, mas *como* o fazemos que é importante. Percebemos que tínhamos que suavizar nossos processos para não machucar as ovelhas de quem estávamos tentando cuidar. A partir desse dia, por exemplo, exigimos que todas as renúncias fossem apresentadas por escrito. Além disso, percebemos que, embora estivéssemos tecnicamente certos em apresentar o caso de disciplina à congregação, deveríamos ter avisado a congregação com antecedência. Da mesma forma que nós, como presbíteros, precisamos de tempo para processar informações novas e surpreendentes, a congregação também precisa de tempo. Frios e distantes em relação à questão, fizemos um apelo imediato à disciplina.

Atualmente, quando alguém está em pecado sem arrependimento e em perigo de excomunhão, geralmente colocamos seu nome na "Lista de Cuidados". Isso envolve simplesmente anunciar o nome e a situação para a igreja de acordo com Mateus 18.17 e, então, encorajar a igreja a orar e estender a mão para o membro não arrependido, chamando-o ao arrependimento. Então, em nossa próxima reunião de membros regularmente agendada, se a situação permanecer inalterada, os presbíteros guiam a igreja na disciplina do membro, recomendando que a congregação o exclua.

Qual foi o resultado dessas mudanças aparentemente pequenas? Foi como se Satanás tivesse sido expulso das nossas reuniões membros. Tínhamos, sem querer, permitido que Satanás dividisse os presbíteros e a congregação. Só depois disso conseguimos perceber a óbvia relação entre a paciência dos presbíteros e a confiança da congregação.

À medida que os presbíteros amadureciam como grupo, ficava cada vez mais fácil para a congregação cumprir Hebreus 13.17: "Obedecei aos vossos guias e sede submissos para com eles...". À medida que a congregação cresceu em sua capacidade de seguir e confiar, nosso trabalho como presbíteros tornou-se a alegria que o autor de Hebreus diz que deveria ser.

CAPÍTULO 13

Líderes espirituais para o rebanho de Deus

1 PEDRO 5.1-5

¹Rogo, pois, aos presbíteros que há entre vós, eu, presbítero como eles, e testemunha dos sofrimentos de Cristo, e ainda co-participante da glória que há de ser revelada: ²pastoreai o rebanho de Deus que há entre vós não por constrangimento, mas espontaneamente, como Deus quer; nem por sórdida ganância, mas de boa vontade; ³nem como dominadores dos que vos foram confiados, antes, tornando-vos modelos do rebanho. ⁴Ora, logo que o Supremo Pastor se manifestar, recebereis a imarcescível coroa da glória. ⁵Rogo igualmente aos jovens: sede submissos aos que são mais velhos; outrossim, no trato de uns com os outros, cingi-vos todos de humildade, porque Deus resiste aos soberbos, contudo, aos humildes concede a sua graça.

Uma igreja com liderança espiritual forte, normalmente, é uma igreja estável, unida e saudável. Ainda assim, muitas vezes as igrejas deixam a liderança espiritual ao acaso. Os membros não avaliam sua forma de governo à luz das Escrituras nem exigem que seus líderes cumpram os padrões bíblicos. Em vez disso, eles chamam pastores, contratam funcionários, elegem diáconos e continuam fazendo o que quer que pareça funcionar melhor no momento. Enquanto isso, as lutas pelo poder acontecem silenciosamente debaixo da superfície. A desunião se insinua. E então, inesperadamente, essas lutas vêm à tona em uma barulhenta assembleia da igreja. Em um esforço para conter a comoção, a igreja rapidamente faz mais mudanças de equipe, talvez implemente novos programas. O problema é que a igreja está construindo sobre líderes não qualificados e estruturas desajeitadas. Ainda assim, uma nova safra de líderes ainda mais jovens é eleita para infundir sangue fresco em um organismo mortalmente anêmico. Às vezes, essa nova infusão dá ao corpo um impulso temporário de vitalidade, mas a igreja nunca se torna realmente saudável. Em vez disso, o ciclo ocorre repetidamente, e a frustração e o desapontamento são tudo o que resta.

No centro do desenvolvimento de uma igreja está sua liderança espiritual. Se os líderes carecem do caráter necessário para o trabalho santo, a igreja também carecerá de caráter. Isso resultará em instabilidade. Soluções de curto prazo, novos programas e novas ideias não resolvem problemas de longo prazo de caráter e estabilidade.

Existe uma maneira melhor, uma maneira mais corajosa: retornar aos padrões bíblicos de estrutura e vida da igreja. Somente assim uma igreja pode prosseguir, com confiança, em um mundo que é cada vez mais hostil ao cristianismo bíblico. O desenvolvimento de uma estrutura de liderança presbiteral não resolverá todos os problemas. Mas a reorientação de nossas igrejas em direção ao padrão bíblico fornece uma estrutura para o desenvolvimento de igrejas fortes e saudáveis.

Como os presbíteros se encaixam na estrutura da vida congregacional? Investigaremos esse assunto focando em três questões.

1 Pedro 5.1-5
- Como identificar líderes espirituais? (vv. 1,2)
- Como os presbíteros e a congregação funcionam? (vv. 2-5)
- A quem os presbíteros devem prestar contas? (v. 4)

COMO IDENTIFICAR LÍDERES ESPIRITUAIS? (1PE 5.1,2)

O contexto de 1 Pedro 5.1-5 nos ajuda a ver a importância dos presbíteros na vida cotidiana da igreja. Pouco antes de explicar o ministério dos presbíteros nesses versículos, Pedro aborda o assunto do sofrimento por causa do evangelho, chamando-o de "o fogo ardente que surge no meio de vós, destinado a provar-vos" (1Pe 4.12; ver também vv. 13-19). O ministro escocês do século 17 Robert Leighton observou que, na "terrível provação" enfrentada pelos primeiros cristãos, "há um significativo aumento dos problemas e ódios por aquela santidade de vida à qual os filhos de Deus são chamados".[1]

A perseguição parecia ser o destino comum desses crentes na Ásia Menor. Os primeiros cristãos, como os judeus aos quais às vezes eram associados, se recusavam a participar das práticas religiosas do império, como pagar ao imperador honra divina. Isso, é claro, os sujeitou a intolerância e perseguição romanas, já que os oficiais romanos acreditavam que sua recusa representava uma ameaça política e os acusavam de deslealdade ao governo. Pedro, portanto, exortou os crentes a se submeterem às autoridades governantes, para que, "pela prática do bem, façais emudecer a ignorância dos insensatos" (1Pe 2.15; veja também vv. 13,14). No entanto, os cristãos seriam tentados a temer não apenas os oficiais romanos. Um comentarista observou que "os cristãos enfrentaram o que talvez tenha sido uma ameaça ainda maior das atitudes da população em geral",[2] possivelmente por causa de acusações de que os cristãos viviam vidas imorais. Além disso, os cristãos evitavam alguns dos compromissos sociais alinhados às práticas idólatras, o que provavelmente levou outros na comunidade a acusá-los de indiferença. E essas acusações geraram estranhamento e oposição. Pedro rebateu esse tipo de dificuldade exortando seus leitores a manterem uma "boa consciência, de modo que, naquilo em que falam contra vós outros, fiquem envergonhados os que difamam o vosso bom procedimento em Cristo" (1Pe 3.16). Ainda assim, os crentes sofreram por causa do evangelho.[3]

O tema do sofrimento aparece novamente na epístola de Pedro após a passagem que trata dos presbíteros (1Pe 5.1-5), já que ele lida com o sofrimento causado pelas ansiedades da vida e pelos ataques do diabo (1Pe 5.6-11).

Em suma, a discussão de Pedro sobre os presbíteros surge no meio de sua exortação para perseverar durante o sofrimento. De que modo o sofrimento e os presbíteros estão criticamente relacionados? Os crentes que enfrentam sofrimento precisam da nutrição e do exemplo que vêm dos presbíteros da igreja, que possuem em si mesmos um senso de dignidade e dependência do Senhor em meio às provações. O autor de Hebreus percebeu a mesma coisa (Hb 13.7). Os presbíteros não substituem a vida

---

[1] Robert Leighton, *An obedient and patient faith: an exposition of 1 Peter* (1853; repr., Amityville, NY: Calvary Press, 1995), 437.

[2] Paul J. Achtemeier, *1 Peter*, Hermeneia: A Critical and Historical Commentary on the Bible (Minneapolis: Fortress Press, 1996), 23–34.

[3] Ibid., 28–29.

espiritual da congregação, mas a encorajam instruindo e aplicando fielmente a Palavra de Deus à igreja. Eles fornecem modelos tangíveis — "provando ser exemplos para o rebanho" — em face das dificuldades da vida.

Ainda assim, a primeira pergunta que queremos fazer a respeito do próprio texto de 1 Pedro 5.1-5 é: Como esses líderes espirituais são identificados por Pedro?

Posição

Em primeiro lugar, Pedro identifica os líderes espirituais por sua posição: eles são chamados de presbíteros. Dirigindo-se a um subgrupo de seus leitores, ele diz: "Rogo, pois, aos presbíteros que há entre vós, eu, presbítero como eles" (v. 1). É óbvio que ele não está simplesmente se referindo aos mais velhos da congregação, visto que no próximo versículo ele lhes diz para *pastorear* e *supervisionar* o rebanho de Deus (v. 2). E então ele lhes diz para se absterem de usar sua posição para dominar aqueles que estão sob seus cuidados (v. 3).[4]

Conforme observado anteriormente, o termo *presbíteros*, que era usado de modo intercambiável com superintendentes e pastores (p. ex., At 20.17-35), era comum na vida judaica, referindo-se aos líderes em Israel ou àqueles abençoados por Deus com idade avançada. Em virtude de sua maturidade, eles receberiam responsabilidades de liderar suas comunidades.[5]

Observe também que Pedro não se refere ao "presbítero em cada cidade", como se um único presbítero/pastor fosse suficiente para cada igreja. Sem contar com as referências a um presbítero em particular, como no caso de Pedro, os presbíteros da igreja do Novo Testamento são sempre mencionados como uma pluralidade. O Novo Testamento não oferece uma regra sobre o tamanho dessa pluralidade, mas o padrão uniforme parece recomendar uma pluralidade. Novamente, W. B. Johnson, o líder da convenção Southern Baptist Convention do século 19, fornece alguma ajuda:

> Embora uma pluralidade de bispos [presbíteros] seja necessária para cada igreja, o número não é fixo, pela razão óbvia de que as circunstâncias devem necessariamente determinar qual será o número. Em uma igreja onde mais

---

4 "É o título de um ofício, não a descrição da senilidade". Peter H. Davids, *The First Epistle of Peter*, NICNT (Grand Rapids: Eerdmans, 1990), 175.

5 Veja o capítulo 3 para uma discussão adicional acerca desses três termos intercambiáveis.

de um presbítero não é possível, aquele pode ser nomeado com base no princípio de que, assim que outro presbítero possa ser nomeado, haverá uma pluralidade.[6]

A pluralidade fornece uma medida maior de sabedoria e liderança para a congregação, que se soma à mistura de dons espirituais que servem ao corpo. Juntos, esses homens podem buscar ao Senhor em questões críticas que a congregação enfrenta. Juntos, eles se responsabilizam uns pelos outros como exemplos para o rebanho.

Experiência

Em segundo lugar, Pedro identifica esses líderes espirituais por meio da experiência deles, bem como por sua própria experiência em primeira mão entre os presbíteros de Jerusalém.[7] Ele compreendeu as pressões que esses homens estavam suportando na província da Ásia Menor. Portanto, se identifica como "eu, presbítero como eles, e testemunha dos sofrimentos de Cristo, e ainda coparticipante da glória que há de ser revelada" (v. 1). A palavra *testemunhar* significa literalmente "testemunhar algo", e Pedro juntou-se a esses homens para testemunhar os sofrimentos de Cristo, isto é, tudo o que Cristo suportou para redimir os pecadores. Jesus Cristo os redimiu "pelo precioso sangue, como de cordeiro sem defeito e sem mácula, o sangue de Cristo" (1Pe 1.19). Pedro também foi uma testemunha ocular da glória de Cristo exibida na transfiguração e na ressurreição (1Pe 1.3; 2Pe 1.16-18). Mantendo a centralidade do evangelho, Pedro garante aos outros presbíteros que eles eram *parceiros na obra do evangelho*.

Ele também estava de olho no futuro. Esses irmãos, junto com Pedro, compartilhariam (literalmente, companheiros em) a glória radiante da revelação de Jesus Cristo.[8] Essa era a esperança que ancoraria suas almas em meio à perseguição.

---

6 Johnson, *Gospel developed*, citado em: Dever, *Polity*, 194.

7 O exemplo mais óbvio é o Concílio de Jerusalém em Atos 15, mas considere também Atos 11.1-18, o testemunho de Pedro perante os líderes da igreja, bem como Atos 11.19-26, a ação dos líderes da igreja em resposta a propagação do evangelho em Antioquia.

8 *LKGNT*, 765, afirma que o termo *koinonos* significa "companheiro, aquele que compartilha".

COMO OS PRESBÍTEROS E A CONGREGAÇÃO FUNCIONAM?
(1PE 5.2-5)

Tendo se identificado com a posição dos presbíteros, a paixão pelo evangelho e a esperança em Cristo, Pedro passa a tratar do trabalho dos presbíteros na vida congregacional. Como os presbíteros devem funcionar? Como a congregação deve responder?

A responsabilidade dos presbíteros

"Apascentai o rebanho de Deus, que está entre vós, tendo cuidado dele" (1Pe 5.2, ACF), Pedro escreve. Os termos *apascentai* e *tendo cuidado* são sinônimos, na forma verbal, de "pastor" e "presbítero", respectivamente.[9] Esses são os mesmos termos (um como substantivo, o outro como verbo) usados por Paulo em Atos 20.28 quando disse aos presbíteros efésios: "Atendei por vós e por todo o rebanho sobre o qual o Espírito Santo vos constituiu bispos, para pastoreardes a igreja de Deus, a qual ele comprou com o seu próprio sangue". Ambos os termos capturam a responsabilidade dos presbíteros na igreja.

Como aqueles que pastoreiam, os presbíteros exercem supervisão pastoral. Um pastor conhece suas ovelhas, presta atenção aos perigos, garante que elas sejam bem alimentadas e estejam supridas de água, aplica bálsamo curativo em suas feridas e, ocasionalmente, as disciplina para devolvê-las ao aprisco. Em outras palavras, os pastores cuidam das almas daqueles que estão sob seu comando (Hb 13.17). Eles passam tempo com seu rebanho, entendem as necessidades dele e aplicam a Palavra de Deus a ele de maneira precisa. Eles regularmente o alimentam com a verdade das Escrituras, revelando as doutrinas da Palavra e ajudando-o a permanecer firme na fé. João Calvino explicou: "Tenhamos em mente ainda que a definição dada da palavra [pastor]; pois o rebanho de Cristo não pode ser apascentado senão com a sã doutrina, a qual é nosso único alimento espiritual".[10]

Assim como os pastores guiam as ovelhas pelo caminho, os presbíteros mostram o caminho tanto no crescimento espiritual quanto no serviço cristão. Eles dão o exemplo para a vida cristã, especialmente como Pedro explica em 1 Pedro 2.11–3.16. O pastor inglês J. H. Jowett escreveu: "Se um homem se interpõe entre seu irmão e

---

9 Compare o verbo *poimainō*, traduzido como "apascentai", conforme usado aqui, derivado do substantivo *poimen*, que é traduzido como "pastor" em Efésios 4.11; também *episkopountes*, "tendo cuidado", usado como um verbo cujo substantivo é *episkopos*, traduzido como "supervisor". Veja *BDAG*, 379–380, 842–843.

10 João Calvino, *Epístolas Gerais*, Série Comentários Bíblicos (São José dos Campos, SP: Fiel, 2015), 270.

a necessidade espiritual, ou entre seu irmão e o perigo espiritual, ele está desempenhando o ofício de um árbitro, um mediador, um pastor subordinado fiel, trabalhando lealmente sob a liderança do 'Pastor e Bispo da vossa alma'".[11]

Um presbítero também está envolvido no "tendo cuidado", um termo que enfatiza os *detalhes* do cuidado pastoral. Os primeiros presbíteros foram admoestados a proteger o rebanho dos falsos mestres. Trapaceiros espirituais transitórios haviam se infiltrado nas comunidades e deixado as congregações em desordem. Os presbíteros deviam garantir que a igreja mantivesse uma base doutrinária sólida e que os membros estivessem equipados para resistir à influência de falsos mestres.

Os presbíteros de hoje devem fazer o mesmo. Quando um membro da congregação é vítima de um ensino falso, os presbíteros devem buscar esse membro como um pastor vai atrás de uma ovelha perdida. Os presbíteros também devem organizar a assistência congregacional e o ministério de ensino, o que garante a estabilidade contínua da igreja. Ovelhas bem alimentadas e bem cuidadas têm menos motivos para sair do aprisco e correr para o perigo.[12]

A disposição dos presbíteros

Junto com a responsabilidade da liderança espiritual vem muita autoridade. Os presbíteros não podem liderar ou disciplinar a menos que tenham alguma autoridade. Temos a tendência de evitar qualquer uso da palavra *autoridade* em nossos dias, talvez temendo maníacos ditatoriais. Ninguém nega que tais déspotas egoístas existem nas fileiras da igreja, mas nunca devemos abandonar a direção bíblica por causa de exemplos ruins. Contanto que uma igreja insista no padrão bíblico para seus presbíteros, buscando homens que possuam a disposição que Pedro descreve, ela não precisa temer seus presbíteros.

Motivação para servir. Algumas pessoas servem às igrejas porque outras as convenceram ou porque foram manipuladas pela culpa até aceitarem o cargo.

---

11 J. H. Jowett, *The Epistles of Peter* (1905; repr., Grand Rapids: Kregel, 1993), 96.

12 Para reflexão adicional sobre o trabalho dos presbíteros como pastores, veja Richard L. Mayhue, "A Vigilância e o Alerta", em: John MacArthur Jr., org., *Rediscovering pastoral ministry: shaping contemporary ministry with biblical mandates* (Dallas: Word, 1995), 336–50 [edição em português: *Ministério pastoral: alcançando a excelência no ministério cristão* (Rio de Janeiro: CPAD, 1997)], 347–61; John MacArthur Jr., "Shepherding the flock of God", em: *The master's plan for the church* (Chicago: Moody, 1991), 169–76; Philip Graham Ryken, "Shepherding God's flock: pastoral care", em: *City on a hill: reclaiming the biblical pattern for the church in the twenty-first century* (Chicago: Moody, 2003), 93–110.

Mas considere as palavras de Pedro: "exercendo supervisão, não por compulsão, mas voluntariamente, de acordo com a vontade de Deus" (1Pe 5.2, NASB). Estar sob *compulsão* é ser forçado ou constrangido a fazer algo.[13] Por exemplo, é possível que uma congregação peça a um homem para servir como presbítero, mas ele se recuse porque não acredita que tem o caráter para fazer o trabalho ou porque não tem o desejo de servir. Em vez de aceitar a recusa do homem, os membros continuam se aproximando dele, dizendo-lhe que a igreja não pode sobreviver sem ele. Talvez até ameacem deixar a igreja caso ele não assuma o cargo. Se esse homem aceitar o trabalho, ele estará servindo de acordo com a vontade do homem, não de Deus. Todos os que servem à igreja devem resistir à compulsão carnal. Em vez disso, eles devem servir com um coração disposto sob um senso de direção divina, portanto, "de acordo com a vontade de Deus".

Quando um homem trabalha voluntariamente, e não por constrangimento, ele trabalha com mais empenho, pois encontra alegria no que está fazendo. Ele possui uma "capacidade de permanecer" que o impede de desistir quando os tempos se tornam difíceis, e é capaz de lidar com o desencorajamento de uma maneira melhor.

A grande motivação para servir como presbítero surge quando os homens buscam o Senhor e se convencem de que essa é a vontade de Deus para suas vidas. "Os presbíteros tinham de ter coragem e estarem dispostos a aceitar essa difícil tarefa", escreve o comentarista Peter Jeffreys a respeito dos presbíteros do primeiro século. "Eles tinham de querer se colocar na linha de frente da batalha contra Satanás. Tinham de estar preparados para todas as críticas que, por vezes, surgem no caminho dos líderes da igreja". Além disso, "havia problemas extremamente graves aguardando qualquer pessoa que assumisse o cargo de presbítero naqueles dias".[14] Saber que estão alinhados com a vontade de Deus dá aos presbíteros uma perspectiva correta sobre o cargo, juntamente com suas demandas e pressões.

Dito isso, um presbítero será encorajado no trabalho quando a congregação confirmar a vontade de Deus ao selecioná-lo para servir como *seu* presbítero. Além disso, o conselho de presbíteros ou presbitério confirma a vontade de Deus por meio de sua investigação meticulosa dos candidatos a presbíteros. Quando tudo isso estiver

---

13 *LKGNT*, 765.

14 Peter Jeffreys, *Living for Christ in a pagan world: 1 and 2 Peter simply explained* (Durham, UK: Evangelical Press, 1990), 161-62.

no lugar, a paz do Senhor encherá o coração do presbítero em relação às responsabilidades e tarefas diante dele. Agora ele pode servir e enfrentar as exigências do cargo com alegria e gratidão, sabendo que serve de acordo com a vontade de Deus.

Afeição pelo serviço. Um presbítero deve ser motivado pelo zelo em servir a Cristo. Seu serviço deve ser "[não] por sórdida ganância, mas de boa vontade" (v. 2). Na época em que a passagem foi escrita, parece que alguns presbíteros eram compensados por seu serviço. Paulo se refere à compensação em 1 Timóteo 5.17,18: "Devem ser considerados merecedores de dobrados honorários os presbíteros que presidem bem, com especialidade os que se afadigam na palavra e no ensino. Pois a Escritura declara: Não amordaces o boi, quando pisa o trigo. E ainda: O trabalhador é digno do seu salário". Alguns presbíteros provaram ser especialmente talentosos em áreas de ministério que demandavam mais tempo do que outros ministérios. Pregar e ensinar, por exemplo, são ofícios especialmente exigentes. Assim, parecia adequado que os presbíteros que pregavam e ensinavam fossem remunerados de forma justa, para que um homem pudesse se dedicar a isso de maneira mais completa. Nem todos os presbíteros são remunerados, mas aqueles que o são não devem ser motivados primariamente pela remuneração.

Os presbíteros devem amar o que fazem para que seu serviço seja "de boa vontade" e cheio de zelo. O termo *boa vontade* sugere um forte entusiasmo em relação aos deveres do cargo,[15] e pode ser traduzido como "zelo devotado". Em vez de "sórdida ganância" por dinheiro, fama, poder ou atenção, os presbíteros servem com devoção fervorosa por amor a Cristo e sua igreja. Os presbíteros encontram sua maior satisfação em atos de serviço, mais naquilo que dão do que naquilo que recebem.

Atitude em serviço. Um dos graves perigos associados a qualquer senso de autoridade — seja no governo ou nos negócios, seja na igreja ou mesmo no lar — é um espírito arrogante e ditatorial. Pedro exorta: "nem como dominadores dos que vos foram confiados, antes, tornando-vos modelos do rebanho" (v. 3). Ninguém negaria que déspotas tirânicos ocasionalmente invadem as igrejas, desejando exercer um controle de ferro sobre tudo. Eles querem tomar todas as decisões — nas finanças, no conteúdo do sermão ou nas atividades da igreja. Eu ouvi histórias chocantes de pastores e membros da igreja que enfrentaram esses "pequenos ditadores". Por intimidação,

---

15 "A palavra é extremamente forte e expressa entusiasmo e zelo devotado". *LKGNT*, 765.

essas pessoas às vezes conseguem manter uma congregação inteira sob sua influência. Isso não é liderança cristã.

Para desencorajar essa liderança despótica, Pedro lembra aos presbíteros que eles servem conforme a vontade do Supremo Pastor. Eles estão lidando com "o rebanho de Deus [...] posto a seu cargo" (1Pe 5.2,3, NASB). A terminologia retrata a imagem de um mestre repartindo porções de seu rebanho para esse pastor ou aquele pastor, com o entendimento de que *eles se reportarão a ele acerca do cumprimento de seus deveres*. Consequentemente, eles nunca devem dominar o rebanho; o rebanho já tem um Senhor, Jesus Cristo.[16] Em vez disso, eles devem se tornar "modelos do rebanho" (1Pe 5.3). A palavra *modelo* significa "um padrão". Se uma garotinha faz bonecas de papel, ela primeiro encontra um padrão, e, em seguida, o contorna em seu papel para fazer as bonecas. Ou quando um fabricante produz um automóvel, ele utiliza uma série de padrões, ou moldes, para produzir as peças exatas necessárias. Pedro descreve os presbíteros como "cristãos na vida real" que demonstra como viver a vida cristã em todas as circunstâncias. Essa é uma responsabilidade pesada, mas extremamente necessária na igreja.

A resposta da congregação

Como a congregação deve responder aos presbíteros? "Vocês que são mais jovens, da mesma forma, estejam sujeitos aos seus presbíteros" (1Pe 5.5, NASB). Esse texto é bastante debatido entre os estudantes da Bíblia, com alguns sugerindo que ele se refere a homens jovens em termos de idade. Outros argumentam que o termo "jovens" não se refere a "membros comuns da igreja, e sim [ao] baixo clero, por exemplo, [aos] diáconos, que devem servir como os presbíteros (portanto, 'da mesma forma'), mas também estar sujeitos a eles".[17]

Entretanto, o contexto insiste em ir em uma direção diferente. Tipicamente, os presbíteros da congregação seriam homens cristãos com mais experiência. Pedro identifica determinados membros da congregação como "jovens", que devem se sujeitar

---

16 Leighton (Obedient and Patient Faith, 469) se refere ao comentário do pregador medieval Bernardo: "Tivesse eu um pouco daquele sangue derramado na cruz, com que cuidado o carregaria! E não deveria eu ser tão cuidadoso com essas almas pelas quais ele foi derramado?".

17 Davids, *The First Epistle of Peter*, 183, identifica alguns que consideram os "jovens" como "uma classe ou grupo particular na igreja que precisava estar sujeito à liderança oficial", seguindo o erudito francês Spicq. Outro erudito, K. H. Schelkle, citando Policarpo, "simplesmente destaca que os jovens muitas vezes têm dificuldade com a liderança".

à liderança dos presbíteros. Peter Davids comenta: "Parece melhor, portanto, ver os 'jovens' aqui como a juventude da igreja (se o cálculo judaico estiver envolvido, qualquer pessoa com menos de trinta anos e talvez até mesmo alguns mais velhos seriam incluídos nessa categoria)".[18] Esses "jovens" estavam vivendo sob o fogo da perseguição, mas possivelmente ardiam de paixão para espalhar o evangelho para o mundo. Eles podem ter tido a tendência de se lançar em ações arriscadas, que poderiam ser prejudiciais para toda a igreja e danosas para a obra do evangelho. "Sua própria prontidão para o serviço e o compromisso", acrescenta Davids, "poderia torná-los impacientes com os líderes, que, em virtude da sabedoria pastoral ou do conservadorismo que muitas vezes vem com a idade (os dois não devem ser igualados), não estariam prontos para se mover tão rápida ou radicalmente quanto eles".[19] Esses homens mais jovens precisavam do sábio conselho de Pedro para se submeterem aos presbíteros e continuarem a andar com o coração submisso debaixo da autoridade que Deus lhes havia concedido. No entanto, isso não significa que os presbíteros deveriam agir como desmancha-prazeres.

A humildade deve ser uma característica tanto dos presbíteros como da congregação: "outrossim, no trato de uns com os outros, cingi-vos todos de humildade, porque Deus resiste aos soberbos, contudo, aos humildes concede a sua graça" (1Pe 5.5). O termo *cingi-vos* utiliza uma palavra grega que se refere a um escravo amarrando um avental sobre sua vestimenta sem costura enquanto lidava com seu trabalho. O avental era um sinal da posição humilde do escravo.[20] Portanto, Pedro lembra a todos os irmãos que a humildade é a marca da verdadeira igreja.

Ser presbítero não significa ser melhor do que os outros, visto que, "no trato de uns com os outros, cingi-vos todos de humildade". Tampouco o presbiterado isenta um homem de ter uma vida cristã diligente, pois os presbíteros devem tornar-se "modelos do rebanho" (1Pe 5.3). Os presbíteros não servem por constrangimento ou pelo desejo de recompensa e reconhecimento terrenos, mas com entusiasmo e com o senso do chamado de Deus para esse cargo.

---

18 Ibid., 184.
19 Ibid.
20 *LKGNT*, 765.

A QUEM OS PRESBÍTEROS DEVEM PRESTAR CONTAS? (1PE 5.2-5)

Todas essas exortações devem, sem dúvida, ser levadas a sério, pois tanto os presbíteros quanto a congregação estarão diante do Senhor um dia. Os presbíteros servem "como quem deve prestar contas" (Hb 13.17). E as congregações devem reconhecer que, não se submeter, "não aproveita a vós outros" (v.17). Tanto a congregação quanto os presbíteros prestam contas ao Pastor Supremo.

O rebanho do Senhor

A igreja não pertence aos presbíteros, ao pastor ou mesmo aos membros. A igreja pertence a Cristo. Essa verdade deve arder em nossos corações se quisermos aceitar o ensino bíblico para a ordem e a vida da igreja. Pedro chama a igreja de "o rebanho de Deus", como se fosse um grupo de ovelhas confiadas pelo Pastor Supremo a um grupo de pastores. "Ao usar a imagem de cuidar do rebanho de Deus", explica o erudito bíblico Paul Achtemeier, "o autor está se baseando em uma longa tradição do Antigo Testamento, na qual Deus é o pastor de seu povo Israel, uma tradição que pode muito bem ter tido sua origem na tradição de que Deus libertou seu povo da escravidão como um pastor conduz suas ovelhas".[21] A igreja à qual os presbíteros servem tem sido "post[a] a seu cargo" (v. 3).

Jesus Cristo deu sua vida pelas ovelhas e as chamou das trevas para a luz de um relacionamento consigo mesmo. As ovelhas ouvem a voz de Jesus Cristo, não a voz de um estranho; as ovelhas seguem Jesus Cristo, não meros homens. Jesus Cristo dá vida eterna às ovelhas para que nenhuma delas pereça. Elas não estão nas mãos de meros presbíteros, mas seguras pelo Pai e pelo Filho (Jo 10.1-30). Os presbíteros são meros mordomos diante do Pastor Supremo em benefício de suas ovelhas.

Servindo como um pastor subordinado

Todos os que servem como presbíteros devem lembrar que são pastores subordinados, ao passo que Jesus Cristo é o Supremo Pastor. O Supremo Pastor aparecerá um dia, e aqueles que lhe pertencem serão reunidos para a eternidade. Os que ele designou para servir como pastores subordinados prestarão contas de como cuidaram do rebanho.

---

[21] Achtemeier, *1 Peter*, 324–25. Ele também identifica uma série de passagens do Antigo Testamento que contém o tema do pastor: Sl 23.1-4; 28.9; 74.1; 77.20; 78.52; 79.13; 80.1; 95.7; 100.3; Is 40.11; 63.11; Jr 13.17; 23.1-3; 50.6; Ez 34.6,8,31; Mq 7.14. Achtemeier usa o termo "tradição" no sentido de crenças transmitidas oralmente até a escrita.

A recompensa pelo serviço está além desta vida. "A imarcescível coroa de glória" é o presente do Senhor para o serviço fiel. "Para que, então, o servo fiel de Cristo não seja derrotado", encoraja Calvino, "há para ele um e apenas um remédio — voltar seus olhos para a vinda de Cristo. Assim, virá a ser que ele, o qual parece não receber encorajamento dos homens, continuará assiduamente em seus labores, sabendo que uma grande recompensa está preparada para ele pelo Senhor".[22]

As Escrituras ensinam que *cada* membro da congregação deve servir de maneira humilde, voluntária e zelosa, procurando ser um exemplo para os outros no corpo. Mas as qualidades de serviço, humildade e zelo devem ser a marca particular daqueles homens a quem Deus levanta para servir como presbíteros. A moeda da responsabilidade tem dois lados: a congregação deve reconhecer os homens que servem como presbíteros, e os presbíteros devem ser fiéis, de acordo com as instruções da Palavra de Deus.

QUESTÕES PARA REFLEXÃO

- Como o Novo Testamento identifica líderes espirituais na igreja?
- De quais maneiras os presbíteros e a congregação funcionam juntos no ministério?
- Qual deve ser a motivação dos presbíteros para servir a igreja?

---

22 Calvin, *Commentaries*, 22:146.

CAPÍTULO 14

Que tipo de modelo?

Alguns pastores entendem a admoestação do Novo Testamento para serem "modelos" de maneira literal. Um conhecido pastor de uma megaigreja começou a criticar as roupas de pastores em seu site. Calça justa? "Eu gosto de calças justas, mas não se a pessoa é super magra". Gravatas? Aparentemente, é necessário usar uma covinha no nó. "Esse é o visual!" Esse mesmo pastor vende, na livraria de sua igreja, um vídeo de exercícios dele e de sua esposa intitulado "Corpo de Deus". Não acho que isso seja o que Paulo tinha em mente em 2 Tessalonicenses 3.9 quando usou a palavra "modelo" ou Pedro em 1 Pedro 5.3 quando chamou os presbíteros para serem exemplos para o rebanho.

Em contraste, logo após minha conversão, Deus gentilmente colocou em minha vida homens que serviram como bons modelos, como exemplos que eu poderia imitar. Lembro-me de Denis, por exemplo, que foi modelo de disciplina, graça e restauração em cerca de trinta minutos em um dia quente de verão. Como? Denis era um presbítero ocupado com esposa e seis filhos. Eu estava no último ano de faculdade e me ofereci para ajudá-lo a fazer o trabalho do jardim. Enquanto cavávamos um buraco juntos, Denis desapareceu do quintal. Com o passar do tempo fui ficando frustrado com sua ausência. Finalmente, Denis voltou com todas as seis crianças a bordo. Ele se inclinou e disse baixinho: "Desculpe, Matt, tive que disciplinar um dos meus filhos". Tendo crescido em um lar onde a disciplina era frequentemente aplicada com raiva e seguida por ataques de biquinho e distanciamento, fiquei perplexo ao observar o rosto de cada criança. Eu estava tentando descobrir qual deles havia aprontado, mas não consegui. Tentei rapidamente me lembrar se eu vira Denis ficar bravo. Não, ele não tinha ficado bravo. E eu não conseguia acreditar que uma criança, tendo acabado de ser disciplinada, se sentiria tão "restaurada" que imediata e felizmente se juntou ao resto da família em vez de ficar isolada e amuada por conta própria. A raiva estava ausente. A disciplina foi administrada. A graça foi concedida. A restauração foi efetuada. Que exemplo. Que modelo de paternidade piedosa.

Também me lembro de outros presbíteros daqueles mesmos primeiros anos após minha conversão. Tom mostrou coragem ao levar o evangelho aos descrentes. Terry exemplificou o amor pela Palavra de Deus. Rob foi modelo louvando a Deus com uma palavra a postos em seus lábios e uma música em seu coração.

Você pode chamar isso de *supervisão passiva* em contraste com *supervisão ativa*. A liderança ocorre por meio do exemplo. O presbítero nem sempre precisa estar com a boca ou a Bíblia abertas, instruindo formalmente um grupo de pessoas. Seu exemplo ao viver de acordo com o verdadeiro estilo bíblico é a instrução. Por meio de sua vida, ele está manifestando o que significa ser um seguidor de Cristo.

Mas um presbítero não é chamado apenas para ser um exemplo. Ele também é chamado para uma *supervisão ativa* na qual está sempre alerta aos lobos que querem machucar as ovelhas que ele foi chamado a proteger. Ele abre a boca para proclamar a verdade da Palavra de Deus e, assim, molda as mentes e os corações dessas mesmas ovelhas. Ele abre seu coração para o rebanho, expressando suas afeições e carregando seus fardos (2Co 6.11), e abre sua porta para praticar a hospitalidade (1Tm 3.2), permitindo que todos que entram sintam o aroma de Cristo que permeia sua casa.

Este não é o pastor-gerente orientado por programas que muitas vezes são considerados como o melhor modelo em nossos seminários e nos livros de crescimento da igreja. Este é um homem que se vê mais como um pai do que como um "líder eficaz", como comumente descrito nos jornais de negócios de hoje. Este é um homem que conhece seu povo, que o ama e ora por ele. Ele sabe, também, que prestará contas de cada um deles (Hb 13.17) e, portanto, é diligente em seu cuidado e supervisão.

Essa descrição de um presbítero não se parece com a posição de autoridade e poder que costumamos pensar, não é? Digo frequentemente que o presbítero é um cargo com fardos por natureza. Um presbítero carrega o peso de ensinar fielmente a Palavra de Deus ao seu povo e refletir pessoalmente o caráter de Deus, bem como o peso de conhecer os pecados de muitos na congregação. Graças a Deus, o presbítero não carrega esse fardo sozinho — intencionalmente. Deus dotou sua igreja de presbíteros (plural) para essa tarefa. E, juntos, eles vigiam. Juntos, eles instruem. Juntos, eles carregam esses fardos.

Que tipo de modelo?

Na igreja Capitol Hill Baptist Church, os presbíteros se reúnem oito vezes por ano (pulando julho e dezembro) para o que chamamos de reunião de presbíteros "centrada em questões". Em reuniões centradas em questões, damos mais tempo para discutir assuntos que afetam nossa congregação como um todo, como divórcio e novo casamento, pequenos grupos, educação de adultos e crianças e aconselhamento leigo. Além disso, nos reunimos doze vezes por ano (uma vez por mês) para o que chamamos de reuniões de presbíteros "centradas no membro". Elas normalmente duram de três a quatro horas e seguem uma versão da seguinte programação:

- Ore por cada presbítero
- Cante um hino
- Leitura das Escrituras e mais oração
- Revisão das atas da reunião anterior
- Membresia:
  » Discussão e oração pelos membros cujo sobrenome começa com uma ou duas letras do alfabeto (trabalhamos com todos os membros ao longo do tempo)
  » Adições e resignações de membros
  » Lista de cuidados: essa é uma lista interna de membros — geralmente cerca de doze a vinte — que estão lutando intensamente com questões como saúde, casamento, vício ou pecado sexual. Mais oração.
- Memorandos: normalmente temos de dois a quatro memorandos sobre assuntos que variam de apoio missionário a uma posição de diácono em aberto.
- Sessão executiva: pedimos aos estagiários, funcionários e convidados que têm observado nossa reunião de presbíteros que saiam para permitir uma conversa apenas entre os presbíteros. A maior parte desse tempo é usada para avaliar e considerar os presbíteros em potencial.

Até o momento, apesar do crescimento e da rotatividade de nossa igreja, temos resistido a dividir a igreja em "paróquias" onde um único presbítero poderia receber cinquenta membros para supervisionar. Em vez disso, seguimos um modelo mais orgânico, onde os presbíteros cultivam relacionamentos de forma proativa e trabalham duro conjuntamente para garantir que nenhum membro fique de fora.

Esse desejo e capacidade de supervisionar ativamente as pessoas e a congregação como um todo, juntamente com uma vida exemplar, tornam o candidato ideal para o presbiterado. Acreditamos que Deus presenteia sua igreja com presbíteros, e é trabalho dos presbíteros reconhecer esses dons e colocar nomes de homens qualificados diante da congregação para serem confirmados. Como mencionado acima, os presbíteros da Igreja Batista Capitol Hill passam a maior parte da seção executiva de nossas reuniões considerando presbíteros em potencial. Como?

Um oficial aposentado da Marinha em nosso presbitério nos ensinou um pouco do jargão militar: começamos a chamar nossa lista interna de homens a serem considerados de *rack and stack* [prateleira e pilha]. Para a *rack and stack*, listamos todos os homens que achamos que têm o potencial de servir como presbítero em algum momento nos próximos anos, como se os colocássemos em uma prateleira (*rack*), e, em seguida, os elencamos dos "mais preparados" no topo para os "menos preparados" na parte inferior da pilha (*stack*). E os nomes que estão no topo da lista, com mais pontos, serão o assunto da conversa daquela noite.

Essa ferramenta reconhecidamente grosseira nos ajudou a concentrar nossa atenção em preparar e testar os homens que acreditamos estarem mais próximos de servir como presbíteros. Às vezes, isso significa dar a um homem mais oportunidades de ensino para testar seus dons. Às vezes, significa que alguns presbíteros precisam conhecer melhor um determinado candidato a fim de que possam apoiar com confiança sua indicação. Às vezes, significa investigar as posições teológicas de um homem ou o estado de sua família com mais cuidado.

Se nos sentirmos muito confiantes sobre a posição de um candidato, o convidamos a participar plenamente de uma reunião de presbíteros, com exceção da votação. Posteriormente, na sessão executiva, o presbitério o examinará com perguntas adicionais. Em alguns casos, o processo de entrar na lista até se tornar um presbítero leva vários anos. Como presbíteros, movemo-nos cuidadosa e deliberadamente. A reputação do presbitério, da igreja e de Cristo estão em jogo.

O que vemos frequentemente que desqualifica um homem para o serviço?

- Ele não tem interesse em assuntos espirituais e está preocupado com assuntos mundanos.
- Ele não tem paz e ordem em casa.

- Ele carece de um amplo ministério na igreja; ele parece estar estreitamente ligado a seus amigos.
- Ele falha em priorizar os horários em que a igreja se reúne, exceto no culto principal. (Ele não pode pastorear aqueles que não conhece.)
- Ele carece de espírito de unidade e submissão. Ele entende equivocadamente que ser um contrariador é prestar um serviço à igreja.
- Ele evidencia a rigidez de um jovem em seu aconselhamento "preto no branco".
- Ele prioriza erroneamente decisões importantes da vida, como escolher a carreira em vez dos filhos.

Quais são alguns exemplos de homens que têm demonstrado serem aptos para o cargo?

- Paulo procura aqueles que estão caminhando para o pecado, em vez de esperar pela próxima implosão.
- Alex regularmente coloca seu benefício próprio de lado a fim de ajudar outras pessoas e possui grupos inteiros de pessoas não alcançadas em seu coração.
- André percebe as necessidades específicas da congregação e as aborda sistematicamente nas oportunidades que tem de ensinar a igreja.
- Diogo absorve os golpes daqueles que mais sofrem e traz cura e paz para relacionamentos quebrados.
- Davi está sempre atento à instrução das Escrituras em cada discussão e parece fugir da sabedoria mundana.
- Sebastião procura padrões e princípios bíblicos em jogo em nossas discussões e traz ordem para conversas potencialmente caóticas.
- Sérgio se empenha nos estudos para entender a mente de Deus antes de falar à congregação.
- Marcos ora pela congregação diariamente.
- Michel baseia-se nas Escrituras como um todo para moldar o pensamento dos presbíteros.
- Tiago usa seu treinamento em negócios juntamente com seu conhecimento do rebanho a fim de antecipar necessidades futuras.

- Arão fica triste — até mesmo chocado — com o pecado, carecendo, ele mesmo, de malícia.
- Jonathan se esforça para acreditar no melhor (como o amor o faz) e dá aos outros o benefício da dúvida.

Moda? Vamos deixar isso para os especialistas da Madison Avenue. O presbítero fiel exemplificará o caráter de Cristo em seu cuidado e sua supervisão da igreja, ao lado de seus companheiros presbíteros.

… Parte 3

DA TEORIA À PRÁTICA

CAPÍTULO 15

Refletindo sobre a transição para liderança presbiteral

O que está envolvido na transição para a pluralidade de presbíteros? Nenhuma igreja ou pastor deve se apressar em mudar sua estrutura de liderança. Reflexão, estudo e planejamento cuidadosos devem preceder quaisquer mudanças, porque implementar mudanças drásticas muito rapidamente pode fazer mais mal do que bem à igreja.

Em primeiro lugar, é importante considerar honestamente a forma de governo de sua igreja. Isso envolve revisar a constituição, o estatuto e outros documentos governamentais da igreja, bem como avaliar como a igreja *realmente* funciona. Muitas constituições eclesiásticas, por exemplo, exigem um governo congregacional, mas a equipe de diáconos ou o grupo de administradores ou funcionários da igreja acabam sendo a autoridade governante real.

Portanto, se você está considerando uma transição, comece avaliando como sua igreja opera e analisando-a à luz da Palavra de Deus.

Em uma extremidade do espectro da forma de governo da igreja está o congregacionalismo extremo. Nesse tipo de igreja, a congregação vota em *tudo*, resultando em intermináveis discussões, pechinchas e debates — e pouca realização. De fato, é exatamente por essas razões relacionadas à eficiência que poucas igrejas operam de modo congregacional absoluto. Mas ainda pior do que as dificuldades pragmáticas são os perigos espirituais. Uma igreja que vota em tudo é uma igreja que nunca é ensinada a confiar na autoridade, o que significa que você quase certamente encontrará um espírito de dissensão e suspeita sempre que decisões precisarem ser tomadas. Os relacionamentos humanos requerem a liderança e se beneficiam dela.

Em um cenário congregacional, o poder geralmente reside em um grupo de diáconos. Eles geralmente são nomeados livremente, são aprovados pela congregação e podem servir por períodos limitados ou ilimitados. Em muitas igrejas, os diáconos são nomeados com base na popularidade ou visibilidade dentro da igreja, ao invés das qualificações declaradas em 1 Timóteo 3. Além disso, os diáconos — cujo papel bíblico deve ser o de serviço à congregação — são colocados no papel de governar a igreja. Em tais circunstâncias, muitas vezes surgem lutas pelo poder entre o pastor e os diáconos. Em vez de trabalhar com o pastor, eles recorrem à manipulação política para conseguir o que querem. Certamente, nem todos os diáconos ou pastores se envolvem em tal comportamento manipulador, mas em mais de três décadas no ministério, tenho visto muitos que o fazem.

Na outra extremidade do espectro da forma de governo estão as igrejas nas quais o pastor titular tem o controle de tudo. Ele é o que W. A. Criswell chamou de "um ditador benevolente". Esse pastor acredita que sua liderança é mais eficiente do que um presbiterado plural, o qual deve trabalhar em direção ao consenso. Ele simplesmente faz uma declaração e todos são obrigados a segui-la. Claro, ele pode não ser benevolente, afinal, mas um tirano implacável, um pastor controlador como Diótrefes, que cobiçava a preeminência na igreja e excluía qualquer um que ameaçasse sua posição (3Jo 9,10). O espírito não ensinável de tal homem o torna inacessível e insensível às necessidades pastorais. A igreja parece existir para promover sua agenda e alimentar seu ego.

Outro tipo de forma de governo muito menos tirânico pode ser encontrado em algumas igrejas lideradas pelo pastor e sua equipe. Nessas igrejas, o pastor e a equipe determinam o curso do ministério, cutucam a liderança leiga para executar seus planos e reúnem as energias da igreja em uma máquina bem lubrificada. Alguns até identificam a equipe de funcionários como sua pluralidade de presbíteros. Certamente, muitas dessas igrejas conquistam muitas coisas — desde que não haja mudanças no mecanismo. No entanto, o maquinário pode parar de funcionar caso ocorra alguma mudança, como a saída de um funcionário. Além disso, quando surgem conflitos entre o pastor e a equipe, eles costumam ser ocultados para preservar a aparência de harmonia. Como resultado, atividades altamente organizadas podem mascarar vidas profanas. As megaigrejas enfrentam o maior perigo neste ponto por causa da enorme pressão sobre elas para exceder o desempenho anterior, conforme medido pelas estatísticas do ano anterior.

Existem variações desses modelos, mas a competição por poder e autoridade que ocorre dentro da liderança é comum a cada um deles. No entanto, existe uma maneira melhor: liderança presbiteral. Fazer a transição para a liderança presbiteral dentro de uma estrutura congregacional requer trabalho deliberado, oração fiel e compromisso com o ensino das Escrituras.

Em 1987, quando John Piper liderou a igreja Bethlehem Baptist Church, em Minneapolis, para mudar sua forma de governo eclesiástica para uma pluralidade de presbíteros, ele apresentou uma série de razões. Ele falou sobre "se conformar ao padrão normal do Novo Testamento", bem como esclarecer o papel de seus diáconos. Os diáconos eram "uma espécie híbrida" que existia como um conselho governante, embora mantivesse o nome "diáconos". Piper também falou sobre a "necessidade de fornecer cuidados mais completos para os membros feridos e disciplina mais consistente para os membros delinquentes", e sugeriu que as confusões nas funções de liderança haviam causado negligência. Piper terminou desafiando sua igreja a ir além da liderança da equipe de funcionários e criar fortes raízes de liderança leiga.

> Precisamos desenvolver uma equipe de liderança contínua (presbíteros) onde as características teológicas, a filosofia do ministério e a visão do futuro possam ser enraizadas de forma mais duradoura do que na "equipe" remunerada. A igreja não deve ser dependente de alguns funcionários pagos como guardiões da visão.[1]

Quando uma igreja com múltiplas equipes faz a transição para a liderança presbiteral plural, os líderes se encontrão diante de um novo nível de responsabilidade. Os indicadores estatísticos serão substituídos pelos indicadores do caráter cristão, da obediência fiel, do compromisso com a genuína unidade da igreja, da diligência na vida familiar e do zelo em equipar a igreja para o ministério. Alguns membros da equipe orientados por programas podem não ser qualificados para servir como presbíteros. Portanto, os membros da equipe não devem presumir que se tornarão automaticamente presbíteros.

---

[1] John Piper, "Elders, bishops, and Bethlehem", um sermão na igreja Bethlehem Baptist Church, Minneapolis, Minnesota, em 1 de março de 1987; acesso em: 21 de novembro de 2002; disponível em: https://www.desiringgod.org/messages/elders-pastors-bishops-and-bethlehem.

Tenho conversado com muitos pastores que desejam compartilhar sua autoridade com outros presbíteros, em vez de mantê-la sozinhos. Assistir a outros pastores caindo em fracasso moral ou financeiro só fortalece esse desejo de compartilhar a responsabilidade. Alguns pastores, no entanto, seguram firmemente as rédeas da autoridade em suas igrejas, evitando compartilhá-la por terem uma visão exagerada acerca de suas próprias forças e habilidades. Recusando-se a compartilhar autoridade, eles acabam dando um tiro no próprio pé.

O pastor Jeff Noblit primeiramente considerou a liderança presbiteral porque temia as tentações do poder. Noblit tornou-se pastor titular da igreja Grace Life Church of the Shoals em Muscle Shoals, Alabama — a maior congregação Batista do Sul no canto noroeste do estado — depois de servir por quase uma década como ministro estudantil e pastor associado na mesma igreja. Muscle Shoals é uma cidade com menos de quinze mil habitantes, embora a população da região exceda cem mil. O predecessor de Noblit, o primeiro pastor da igreja, trabalhava como o único presbítero. O ex-pastor era querido tanto na igreja quanto na comunidade e tinha tido muito sucesso em seu ministério. Além disso, ele era *a* autoridade na igreja, com os diáconos da igreja atuando habilmente em um papel de serviço. Embora a igreja votasse ocasionalmente em questões importantes, as afirmações dela eram apenas uma formalidade que servia para ratificar os desejos do pastor.

Pouco depois de Noblit assumir o papel de pastor titular, ele enfrentou uma grande crise disciplinar na igreja, que envolveu a remoção de integrantes proeminentes da membresia. Embora a disciplina eclesiástica não tivesse sido praticada no passado, o pastor Noblit guiou a igreja durante o processo inicial e ganhou o respeito e a admiração da congregação. A desvantagem veio, ironicamente, quando ele percebeu que tinha autoridade demais. Ele me disse que temia esse poder irrestrito e que desejava ter alguém a quem pudesse prestar contas. Isso o fez se inclinar em direção à liderança presbiteral. A experiência de Noblit é descrita em maiores detalhes posteriormente neste capítulo.

Um dos maiores obstáculos no caminho para o presbiterado plural são os "diáconos regentes", isto é, diáconos que administram os negócios da igreja. Quando esses homens carecem de qualificações bíblicas para o cargo, eles acham difícil abandonar suas estimadas posições em nome de um presbiterado plural recém-formado, e pode levar anos para cultivar mudanças por meio de paciente exposição bíblica. Em outras ocasiões, os diáconos precisam apenas de instrução acerca do ensinamento das Escrituras e se conformarão alegremente com o modelo bíblico.

A fim de fazer uma transição eficaz da liderança de diáconos para a liderança de presbíteros, é necessário haver tanto ensino bíblico quanto compromisso congregacional. Além dessas coisas, um anúncio grosseiro acerca da mudança, embora bem-intencionado, provavelmente encontrará resistência dos diáconos.

Em contrapartida, os diáconos podem ajudar a facilitar a mudança para a liderança presbiteral, como um pastor descobriu. Depois de servir por muitos anos na junta missionária International Mission Board na América do Sul, Chip Faulkner recebeu um chamado para ser pastor da igreja First Baptist Church de Bethalto, Illinois. A igreja ainda sentia as dores da traição e do abuso de um ex-pastor que havia rigorosamente segurado as rédeas do poder. Após sua partida e a chegada de Faulkner, alguns diáconos começaram a sondar a ideia de uma liderança compartilhada. Eles haviam experimentado o lado ruim de um homem manter poder absoluto na congregação. Então, sugeriram aos outros diáconos a possibilidade de mudar para a pluralidade de presbíteros.

O pastor Faulkner deu as boas-vindas a esse processo depois que começou a servir a igreja. Ele me convidou a viajar a Bethalto para falar sobre o assunto a sua congregação numa noite de quarta-feira. Eu questionei a prudência de fazer isso tão cedo em seu mandato, imaginando se uma abordagem mais gradual não seria mais sábia. Ele me garantiu que a experiência anterior da igreja os tornou muito abertos à pluralidade de presbíteros. Fui calorosamente recebido pelos membros da igreja, muitos dos quais fizeram perguntas cuidadosas. Nos meses seguintes, Faulkner continuou a ensinar sobre forma de governo bíblico com os líderes atuais e a congregação. Alguns anos depois, a igreja votou pela adoção da pluralidade de presbíteros em seu governo congregacional. Consequentemente, eles definiram sua primeira lista de presbíteros. Depois do ocorrido, o pastor Faulkner me disse: "Eu esperava que nossos presbíteros fossem uma bênção, mas está indo muito melhor do que jamais imaginei".

Eu vejo a experiência de Chip Faulkner como uma exceção. Como regra geral, *um pastor que deseja a pluralidade de presbíteros* não deve introduzir essa mudança até que tenha *estabelecido a confiança com a congregação*. Isso pode levar vários anos de ministério fiel, e chegará o tempo em que ele não será mais visto como um estranho. À medida que a congregação o observa tomar decisões sábias e baseadas na Bíblia em outras áreas, uma transição para o presbiterado bíblico se tornará mais viável.

A confiança vem por meio da longevidade, fidelidade nas responsabilidades pastorais, humildade genuína e aplicação do evangelho a tudo na vida. Portanto, tendo a desencorajar pastores a liderar suas igrejas em direção à pluralidade de presbíteros caso eles não pretendam permanecer com seus rebanhos. Pastores do tipo "alpinista de escada" não terão a profundidade e a resistência necessárias para ajudar uma congregação durante a transição.

"Nunca fizemos isso dessa forma antes"
- O presbiterado plural une funcionários e membros não remunerados em igualdade de liderança.
- O presbiterado plural reorienta os holofotes na vida da igreja.
- O presbiterado plural fornece um novo nível de eficiência.

"Nunca fizemos isso dessa forma antes!" são as chamadas seis últimas palavras que um pastor talvez escute de uma igreja. Essa é uma reação inicial da igreja que é compreensível, uma vez que a pluralidade de presbíteros é diferente de outros métodos de liderança da igreja, sejam ditaduras benevolentes, governo de diácono ou governo de equipe remunerada. Mas eu sugeriria que a pluralidade de presbíteros difere positivamente. Portanto, apesar do "nunca fizemos isso dessa forma antes", os pastores precisam ajudar as congregações a se perguntarem por que não o fizeram, bem como a examinar que fundamento bíblico, se houver, eles têm para a estrutura da igreja atual. Essas questões desafiadoras preparam o cenário ou para a transição para a pluralidade de presbíteros, ou para expor uma relutância em se submeter ao ensino das Escrituras.

Em primeiro lugar, *a pluralidade de presbíteros une funcionários remunerados com membros não remunerados para liderar a congregação*. Isso garante à congregação que vários olhos, ouvidos e corações estarão voltados para as necessidades dos membros e comprometidos em liderá-los espiritualmente. Quando o ministério pastoral aumenta, a igreja geralmente cresce na semelhança de Cristo.

Em segundo lugar, *o presbiterado plural recoloca o foco na vida da igreja*. Frequentemente, a equipe contratada da igreja, o pastor ou o presidente dos diáconos recebem atenção indevida da congregação, e isso prejudica as igrejas. Mas a pluralidade de presbíteros desmonta estruturas de poder incapacitantes, redirecionando a atenção para a glória de Cristo. A pluralidade ataca a tentação incrente dos líderes ao orgulho e os lembra constantemente de que a igreja existe para a reputação de Cristo, não para o engrandecimento dos homens.

No processo de compartilhar autoridade, os indivíduos na liderança nem sempre conseguirão o que querem em algum aspecto da vida ou do ministério da igreja. Mesmo com pluralidade de presbíteros, os homens falíveis podem tomar decisões ruins, lutar pelo poder e buscar desejos egocêntricos. Os presbíteros nunca devem negligenciar suas próprias vidas espirituais, mas devem buscar disciplinar-se com o propósito de santidade (1Tm 4.6-10). Por meio da oração, da discussão, do estudo das Escrituras e do efeito esclarecedor de trabalhar junto com outros homens piedosos, os presbíteros serão capazes de traçar uma direção mais clara. Como resultado, a saúde e a eficácia da igreja têm precedência sobre os planos de uma única pessoa.

Em terceiro lugar, *a pluralidade de presbíteros proporciona um novo nível de eficiência na vida da igreja*. Embora um único pastor ou uma equipe de funcionários da igreja possam tomar decisões mais rapidamente, eles podem tender a fazê-lo sem serem sensíveis à congregação em geral. Os presbíteros não remunerados veem coisas que nós no ministério de tempo integral não podemos, mesmo que nós, no ministério profissional, achemos isso difícil de admitir. Viver a maior parte da semana dentro das paredes do ministério pode distorcer o pensamento do pastor sobre as necessidades da congregação. Aprendi a confiar muito na sabedoria de nossos presbíteros não remunerados, reconhecendo que eles têm percepções únicas.

Durante um período particularmente difícil para nossa igreja no que tange às finanças, nossos presbíteros não remunerados recomendaram um curso para informar e desafiar a congregação a subir para um novo nível de doação. Francamente, eu estava perdido a respeito de como proceder da melhor maneira. Mas esses homens sabiamente detalharam um plano, sem qualquer tipo de manipulação ou astúcia, que ajudou a igreja a entender a necessidade crítica e como Deus poderia se agradar em atender a essa necessidade. Graças à sensibilidade dos presbíteros, tanto no que diz respeito à necessidade financeira quanto em relação à capacidade da congregação de atendê-la, o plano deu certo.

Essas percepções frequentemente ocorrem durante os tempos difíceis do ministério. Certa vez, eu estava aconselhando um casal com problemas conjugais, mas parecia incapaz de preencher a lacuna gritante entre o marido e a mulher. Um de nossos presbíteros não remunerados se juntou a mim para visitar o casal. Ambos falamos clara e apaixonadamente sobre o casamento e a necessidade de reconciliação.

Depois que saímos, ainda me sentia confuso sobre como lidar com eles. A situação deles pesava muito sobre mim, sentindo-me como se eu fosse singularmente responsável por recompor seu casamento. Perguntei ao presbítero o que ele pensava. Ele discerniu sabiamente: "Há algo que eles não estão nos dizendo que está por trás dos problemas. Até que eles sejam francos, seu aconselhamento se provará inútil. Você fez o que podia. Agora não temos escolha a não ser seguir um curso de disciplina". Percebi que os problemas conjugais desse casal não eram um fardo que apenas eu deveria carregar, mas que era compartilhado por meus companheiros presbíteros e que eu era auxiliado por seu discernimento sobre casamento e integridade. No final das contas, tanto o marido quanto a esposa tinham problemas sérios e impenitentes que acabaram exigindo que os removêssemos da membresia. Vários anos depois, após um divórcio e muita mágoa, a igreja restaurou a comunhão da esposa agora arrependida.

Estabelecer a pluralidade de presbíteros também requer que mudemos documentos governamentais existentes para refletirem a nova forma de governo. Uma igreja nunca deve adotar um presbiterado plural enquanto ignora sua constituição, estatuto e políticas. Se uma igreja não atualizar esses documentos, alguém pode apelar para eles mais tarde e perturbar toda a estrutura. Mentes perspicazes mergulhadas nas Escrituras e na teologia bíblica devem liderar o processo de reordenação dos documentos de governo.

Obviamente, a aprovação congregacional das mudanças também é necessária. A pluralidade de presbíteros nunca deve ser imposta a uma igreja. Em vez disso, um pastor pode facilitar uma transição suave no governo instruindo a congregação e dando a devida atenção aos comentários e perguntas da congregação.

PERFIS DE IGREJA

- Isso realmente funciona?
- Como uma igreja pode fazer a transição para a pluralidade de presbitérios?

Duas perguntas podem surgir durante a avaliação deste estudo sobre o presbiterado plural. Primeira: Isso realmente funciona? Por causa da influência indevida do pragmatismo em nossos dias, muitos deixam de depender da Palavra de Deus porque temem que "não funcione". Embora preocupações pragmáticas nunca devam orientar nossa prática, o presbiterado plural realmente funciona bem na vida congregacional.[2] E a segunda questão tem implicações práticas: Como podemos fazer a transição para a pluralidade de presbíteros? Essa questão será tratada nos próximos capítulos. As histórias de algumas igrejas que passaram pela transição para o presbiterado plural ajudarão a enfrentar essas questões. Essas igrejas não apenas viveram para contar a história, mas descobriram que a liderança presbiteral é melhor do que o esperado.

Do conselho de pastores aos presbíteros

Jeff Noblit, um expositor comprometido que mencionei anteriormente neste capítulo, começou a transição para o presbiterado bíblico pregando por oito semanas em 1 Timóteo 3 e Tito 1 sobre as qualificações e funções dos presbíteros. Ele enfatizou as qualificações sem se preocupar imediatamente com o título específico. Posteriormente, pensando que o título "presbítero" poderia sobrecarregar essa congregação Batista, ele levou a igreja a votar para nomear homens para servir como um "Conselho Pastoral". No entanto, as qualificações e funções do Conselho Pastoral eram claramente as do presbítero do Novo Testamento. Entre outras responsabilidades, os deveres do Conselho Pastoral incluíam o planejamento de funcionários, finanças e metas de longo prazo. Depois que uma lista de homens foi indicada, Noblit selecionou os indicados e apresentou uma lista reduzida ao corpo da igreja para confirmação.

Durante a transição, a congregação ofereceu forte apoio e apreciou particularmente a nova responsabilidade para o pastor e outros líderes na igreja. O Conselho Pastoral esperava que o pastor Noblit liderasse e contou-o como "o primeiro entre iguais". Depois de um certo tempo, o nome Conselho Pastoral foi retirado e o título de "presbíteros" foi adotado. Refletindo sobre tudo isso, Noblit me disse que a liderança dos presbíteros em sua igreja tem sido "maravilhosamente eficaz". Ele disse que eles continuam a "realmente se esforçar para ter certeza de que os presbíteros são biblicamente qualificados", e, caso um presbítero falhe em manter o tipo de caráter e prática necessários entre presbíteros, ele é convidado a deixar o serviço.

---

2 Para uma consideração adicional sobre os problemas do pragmatismo, veja meu ensaio, "The pastor and church growth: how to deal with the modern problem of pragmatism", em: John Armstrong, org., *Reforming pastoral ministry: challenges for ministry in postmodern times* (Wheaton, IL: Crossway, 2001), 263-80.

Pregue, ore e dependa do Senhor

Quando Andy Davis aceitou o pastorado da igreja First Baptist Church em Durham, Carolina do Norte, ele sabia que seria difícil liderar a igreja em direção à reforma bíblica. Mas ele não tinha ideia de quão difícil as coisas realmente seriam. Quando chegou em 1998, Davis encontrou cinco "pontos de poder". Primeiro, o pastor e a equipe remunerada eram responsáveis por ministérios específicos. Segundo, os diáconos deveriam ajudar o pastor na missão da igreja, o que alguns faziam, embora outros detivessem o poder e o dinheiro na igreja com um punho cerrado. Terceiro, os mesmos diáconos exercendo poder também controlavam vários comitês da igreja que mantinham o controle sobre os ministérios da igreja. Quarto, um conselho da igreja, composto por um amplo espectro de presidentes de comitês, reunia-se mensalmente e exercia controle sobre as políticas que governam a vida da igreja. Quinto, o corpo da igreja supostamente detinha a voz final de autoridade, mas normalmente seguiam a liderança de alguns atores-chave que controlavam as finanças e outras políticas.

Observando que vários diáconos careciam das qualidades descritas em 1 Timóteo 3, e que esses eram os diáconos que mantinham um forte controle do poder, o pastor Davis começou a ensinar sobre o significado da autoridade bíblica na igreja. Uma questão significativa a ser abordada foi o tópico gênero e autoridade na igreja. Os diáconos estavam servindo com autoridade sobre a congregação, e não em um papel de serviço como ensinado no Novo Testamento, e surgiu uma campanha para colocar uma determinada mulher na junta de diáconos. Dado o papel atual dos diáconos na igreja, Davis reconheceu que isso equivalia a uma rejeição do ensino das Escrituras a respeito da autoridade espiritual, visto que Paulo diz que a autoridade semelhante a do presbítero na igreja deve pertencer aos homens (1Tm 2.12). Várias pessoas na igreja reagiram visceralmente ao ensino de Davis. A certa altura, uma mulher orou em uma especialmente convocada reunião de oração: "Deus, ajude-nos a aprender que somos um povo moderno e não precisamos fazer tudo o que está escrito na Bíblia!". A oração daquela mulher realmente expôs a raiz do problema na igreja: alguns dos principais líderes não se importavam com o que a Bíblia ensinava. Eles tinham o objetivo de moldar a igreja de acordo com seus desejos, e não os desejos de Cristo.

Após três anos no pastorado, o pastor Davis propôs mudar o estatuto da igreja em relação aos diáconos para tornar a posição mais bíblica. A oposição montou uma resposta, e Davis pôde sentir o peso do ódio contra ele à medida que pregava no domingo anterior à votação de quarta-feira. Na verdade, naquela manhã de domingo em particular, a polêmica o deixou se sentindo fisicamente fraco, mal conseguindo andar. Antes de voltar para casa para tentar se recuperar antes do culto noturno, um piedoso membro da igreja recomendou que ele lesse o Salmo 37. Davis aceitou o conselho e descobriu que o salmo era um bálsamo do céu. Ele explica o que aconteceu ao meditar sobre ele:

> Aquele tempo de meditação e oração sobre o Salmo 37 mudou minha perspectiva em menos de uma hora. Eu soube imediatamente o que aconteceria naquela votação culminante de quarta-feira à noite: as tramas e esquemas dos homens poderosos que se opunham às minhas mudanças no estatuto teriam sucesso no curto prazo, mas a igreja seria saudável no longo prazo. Perderíamos a batalha, mas ganharíamos a guerra.[3]

Como esperado, a igreja estava lotada para a assembleia. Davis nunca tinha visto um quarto das pessoas que compareceram. A oposição ganhou a votação com 172 votos contra 125, e eles acreditavam que seria um golpe mortal para o ministério de Davis. Mas aconteceu exatamente o oposto. Ele voltou ao púlpito no domingo seguinte e continuou sua série em Romanos com a resolução alegre de que Deus o havia chamado para servir a essa igreja e de que os melhores dias estavam por vir.

A igreja começou a ver uma incrível resposta à pregação da Palavra de Deus, e novos membros eram adicionados regularmente. Um ano após a fracassada mudança do estatuto, Davis apresentou a mesma proposta novamente, mas dessa vez o resultado foi revertido: 170 contra 120, a maioria votou a favor de seguir a autoridade bíblica. Aqueles que haviam perdido o controle sobre a igreja saíram, enquanto novas pessoas se uniram com o objetivo de abraçar a autoridade bíblica e seguir a Jesus como Senhor. Uma nova era começou.

As reflexões do Pastor Davis sobre o que aconteceu após a mudança na forma de governo da igreja dão uma perspectiva única sobre por que ele passou a abraçar a pluralidade de presbíteros:

---

3 Essa citação e toda a história discuta nessa sessão vem de Andrew Davis, "The reform of First Baptist Church of Durham", *9Marks Journal*, nov./dez. 2011, vol. 8, n. 6; acesso em: 18 de novembro de 2011; disponível em: http://www.9marks.org/journal/reform-first-baptist-church-durham.

Isso foi em 2002. Nos anos seguintes, minha influência pessoal na igreja FBC aumentou a um nível potencialmente prejudicial. Muitas das pessoas que permaneceram e eram fortemente ativas na igreja apoiavam a mim, minha pregação e minha liderança. Eles queriam fazer tudo o que pudessem para abençoar a mim e minha família. No início, isso foi muito encorajador e, em muitos aspectos, ainda é. Mas comecei a perceber que a igreja FBC nunca poderia atingir o ápice da fecundidade bíblica com meus próprios dons e limitações dominando a liderança e direção da igreja. Os próximos anos foram caracterizados por um tempo de recuperação, desfrutar de bons cultos de adoração e crescer continuamente. Mas eu sabia que uma mudança significativa era necessária em nossa forma de governo. A certa altura, um líder leigo da igreja me disse: "Andy, você tem uma influência incomparável na igreja [...] Cuidado com o que você faz com isso!".

Então, troquei essa "influência incomparável" por uma nova forma de governo bíblica: uma pluralidade de presbíteros. Por mais de um ano, um grupo seleto de diáconos, outros líderes leigos e eu nos encontramos para redigir uma nova constituição e um novo estatuto com uma pluralidade de presbíteros no centro da estrutura de liderança da igreja. Então, ensinamos muito sobre o assunto e tivemos três sessões diferentes de perguntas e respostas do tipo "reunião municipal" com toda a igreja. Nós nos movemos lenta e deliberadamente, e, quando a terceira sessão ocorreu, parecia que as pessoas estavam dizendo: "Já chega! Nós concordamos! Estamos prontos para votar".

Quando a votação veio para mudar toda a estrutura de governo da igreja FBC, foi aprovada com mais de 90%. Em seguida, vieram os votos aprovando cinco presbíteros leigos individuais, e todos foram aprovados com 95% ou mais. Em uma prateleira em meu escritório, tenho as cédulas da eleição dos presbíteros lado a lado com as cédulas azuis da tentativa fracassada de alteração do estatuto em 2001. Elas são lembretes tangíveis para mim da incrível jornada de reforma da igreja que Cristo operou na First Baptist Church.[4]

A história do pastor Davis aponta para uma questão crucial para aqueles que consideram fazer a transição para a pluralidade de presbíteros: A igreja aceita e segue a

---

4 Ibid.

autoridade bíblica? A exposição fiel das Escrituras, a oração constante e a dependência de Deus possibilitam que uma igreja se mova em direção à pluralidade de presbíteros, e não será assim sem essas disciplinas essenciais.

Minha própria história

Desenvolver a forma de governo da igreja do zero faz parte da plantação de igrejas. Em 1987, comecei a trabalhar como pastor fundador da igreja South Woods Baptist Church no subúrbio de Memphis, Tennessee. A igreja foi formalmente constituída em janeiro de 1988. Uma vez que a igreja South Woods não tinha história congregacional ou tradições para proteger, o estabelecimento de uma forma de governo funcionou de maneira diferente do que nas outras igrejas que acabamos de descrever. A liderança definitivamente recaiu sobre meus ombros desde o início, mas logo formei um "comitê gestor" para ajudar a guiar esse novo rebanho pelas águas às vezes turvas do desenvolvimento de uma igreja viável. O comitê gestor ajudou na tomada de decisões e forneceu planejamento de curto e longo prazos. Logo percebemos que nossa forma de governo fracamente estruturada poderia levar a problemas no futuro, então formamos um "Conselho Pastoral", que serviu como um passo provisório em direção a uma estrutura permanente para a igreja. O Conselho Pastoral consistia de sete homens que pareciam entender o estado espiritual da congregação. O conselho e eu começamos um longo estudo dos textos bíblicos que tratam de liderança, estrutura, tomada de decisões da igreja e quaisquer passagens que pudessem moldar a forma de governo da igreja. Tentamos abordar a estrutura da igreja com o mínimo de preconceito possível para que pudéssemos lidar melhor com a direção bíblica para a igreja. Todos nós éramos Batistas do Sul de longa data, então todos estávamos familiarizados com questões de autoridade pastoral, liderança de diáconos, congregacionalismo e as diversas maneiras pelas quais isso funcionava em congregações autônomas. Cada homem entendia alguns dos problemas comuns à estrutura das igrejas batistas, problemas que desejávamos evitar, se possível. Nossa jornada através das Escrituras continuou por cerca de um ano e meio, e fizemos anotações abundantes sobre nossos estudos e tiramos conclusões juntos. Isso lançou as bases para a liderança presbiteral.

Também sabíamos que devíamos fazer mais do que simplesmente informar a congregação sobre a estrutura proposta — as pessoas precisavam de uma chance de aprender assim como nós. Então, comecei uma série de exposições de três meses nas noites de domingo que abordavam cada um dos textos bíblicos que nosso Conselho

Pastoral havia estudado. Procurei não apenas explicar os textos, mas também aplicá-los à nossa própria situação. Os estudos eram frequentemente intercalados com sessões de perguntas e respostas. Essas sessões ajudaram nossos membros a superar as dificuldades de confrontar a tradição com a verdade bíblica. Depois de concluir esse estudo, a congregação votou unanimemente para adotar a liderança presbiteral. Embora a votação tenha sido unânime, durante o processo algumas famílias saíram da igreja por causa de divergências sobre a liderança presbiteral. Por fim, a mudança foi codificada em um novo *"Policy and procedure manual"* [Manual de políticas e procedimentos], que serviu como nosso estatuto.

Descobri que estabelecer um presbiterado plural é o passo mais importante para fortalecer meu ministério e garantir estabilidade em nossa igreja. Nem todas as etapas correram bem. O grupo inicial de presbíteros, em sua maioria, carecia da maturidade necessária para desempenhar algumas das exigências da liderança pastoral. Ainda assim, a congregação respeitava os presbíteros, e isso foi fundamental para que eles pudessem aprimorar o ministério da igreja. À medida que a congregação amadurecia, o Senhor levantou outros homens, em substituição aos primeiros presbíteros, para que hoje pudéssemos ter um notável corpo de presbíteros liderando nossa igreja. Tenho o privilégio de trabalhar lado a lado com esses homens dirigindo o ministério de nossa igreja e treinando o corpo para o ministério. Oramos juntos, ensinamos juntos, compartilhamos nossas alegrias e fardos e prestamos contas uns aos outros. A combinação de diferentes personalidades, dons, pontos fortes e até mesmo fraquezas continua a nos aprimorar como líderes espirituais. A confiança que se desenvolveu entre nosso presbitério e a congregação tornou-se um tesouro precioso a ser guardado. Costumo lembrar aos presbíteros que nada pode causar maior dano à nossa igreja do que a quebra dessa confiança por descuido em nossos deveres ou nossa vida espiritual.

QUESTÕES PARA REFLEXÃO

- Descreva sua forma de governo eclesiástica?
- De que forma sua igreja está em conformidade *ou* está em conflito com a pluralidade de presbíteros?
- Como a pluralidade de presbíteros pode mudar as dinâmicas de uma igreja local?
- Quais são algumas considerações-chave ao fazer a transição para a pluralidade de presbíteros?

CAPÍTULO 16

Evolução, não revolução

O membro do comitê de púlpito da igreja me disse:
— Queremos apenas que alguém pregue a Palavra de Deus e nos ame.
— Não, você não quer —, respondi.
— O que você disse? — alguém perguntou, pensando ter me ouvido mal.
— Eu disse: "Não, não, você não quer". Eu sei que vocês acham que isso é tudo o que querem. Mas, na verdade, vocês querem muito mais. Querem que todas as coisas de que gostam permaneçam iguais e que todas as coisas de que não gostam sejam mudadas pelo novo pastor. E aquela parte de "pregar a Palavra de Deus e nos amar"? Vocês desejam que a Palavra de Deus seja pregada de uma certa forma e desejam ser amados de uma certa forma.

Essa troca aconteceu durante o café. Seis membros do comitê de púlpito estavam me entrevistando sobre um amigo que era candidato a ser o próximo pastor de sua igreja. Eu não estava deliberadamente *tentando* ser implicante (isso ocorre naturalmente). Eu estava tentando ajudá-los a examinar como seria uma transição para o próximo pastor.

Comitês eclesiásticos, não muito diferentes de pessoas preparando-se para casar, inexplicavelmente evitam olhar para as verrugas e veem apenas uma auréola imaginária atrás da cabeça do pretendente. Eu queria que esse grupo de homens e mulheres piedosos e bem-intencionados iniciasse o processo de olhos abertos. Todas as transições são difíceis, especialmente se o novo cara está substituindo um pastor popular e de longa data ("Será que ele algum dia estará à altura?") ou outro pastor fracassado em uma longa série de maus pastorados ("Será que a congregação realmente confiará nele?").

O conselho a seguir destina-se a ajudar aqueles de vocês que começaram a remodelar a estrutura de liderança de sua igreja, seja você um novo pastor, seja um veterano experiente. Especificamente, encorajo você a considerar vários grupos ao iniciar sua transição.

A CONGREGAÇÃO

Em primeiro lugar, considere a congregação. Se você estiver movendo a liderança ou a forma de governo da igreja em uma nova direção, como estabelecer uma pluralidade de presbíteros, prepare-se para a probabilidade de as pessoas deixarem sua igreja. As pessoas sempre sairão por motivos diferentes, mas algumas certamente sairão por conta de mudanças significativas na estrutura de liderança. Se tiver como pré-requisito não fazer nenhuma mudança que cause a saída de alguém, você nunca fará as mudanças necessárias.

Quando vir pessoas saindo, será útil observar por que estão saindo. Raramente as pessoas saem pelo mesmo motivo. Imediatamente após as mudanças na forma de governo de minha igreja, vimos menos de meia dúzia de pessoas saírem, mas todas saíram por motivos muito diferentes. Em outras palavras, aqueles que partiram não seriam capazes de se unir para plantar outra igreja.

Prepare-se também para as palavras nada lisonjeiras que ouvirá quando as pessoas partirem. Mas não presuma que essas pessoas representam a maioria. Aprendi quando jovem que, na igreja, pessoas infelizes falam e pessoas felizes não. Assisti a muitas reuniões de comitês e reuniões congregacionais antes de descobrir que a maioria das pessoas seria educada e complacente ao ouvir os discursos furiosos, mas então votariam contra os poucos que sugaram todo o tempo do microfone.

Lembre-se, também, de que as estruturas de forma de governo bíblica que você implementar ajudarão a construir a igreja saudável que você imagina. Você está construindo para pessoas que ainda não conhece. Os futuros membros não saberão o que você fez para ajudá-los, mas certamente serão os beneficiários de sua sabedoria, obediência e perseverança.

OS FUNCIONÁRIOS

Em segundo lugar, considere os funcionários. A equipe da igreja pode fazer ou interromper uma transição para a forma de governo bíblica. Por quê? Muitos funcionários da igreja se consideram os líderes de fato da igreja. Eles fazem todo o trabalho.

Eles têm todas as informações. Eles conhecem todas as pessoas. Eles administram os recursos da igreja. Mas a maioria dos funcionários da igreja satisfazem a poucas, se a alguma, das qualificações bíblicas para líderes da igreja explicitadas em 1 Timóteo e Tito. Já vi secretárias fofoqueiras espalharem boatos mais rápido do que o Facebook e os gerentes de negócios estrangularem as finanças.

Portanto, uma transição bem-sucedida para uma estrutura de presbítero/diácono pode exigir a substituição de alguns membros da equipe de funcionários. No mínimo, isso exige uma compreensão adequada de quem são os verdadeiros líderes da igreja. Lembro-me de Mark Dever interrompendo ocasionalmente as reuniões de funcionários da igreja pouco depois de elegermos presbíteros, dizendo: "Esse assunto pertence aos presbíteros. Não vamos discutir isso aqui". É vital que todos os membros da equipe de funcionários compreendam que estão lá para cumprir a orientação dos presbíteros, e não para definir a direção da igreja.

OS DIÁCONOS

Em terceiro lugar, considere os diáconos. Se sua igreja está fazendo a transição de um modelo pastor/conselho de diáconos para um modelo presbíteros/diáconos, a transição para o antigo conselho de diáconos pode ser muito difícil. Anteriormente, esses homens tinham pelo menos parte da autoridade que agora foi concedida aos presbíteros. Além disso, os diáconos provavelmente estão em transição de um corpo deliberativo que se reunia uma vez por mês para indivíduos que trabalham durante a semana para supervisionar as necessidades físicas do corpo. Descrições de funções escritas podem ser úteis para garantir que todos saibam o que é esperado e para reduzir as guerras territoriais.

Em nossa experiência, diáconos mais velhos perderam parte dessa autoridade para homens mais jovens e biblicamente mais robustos que agora serviam como presbíteros. Em tais situações, é muito importante homenagear os diáconos mais velhos — mesmo que eles não tenham feito tudo certo — por seus anos de serviço.

OS PRESBÍTEROS

Em quarto lugar, considere os próprios presbíteros. Quando a igreja Capitol Hill Baptist Church designou nossa primeira lista de presbíteros, surgiu inesperadamente um atrito entre os presbíteros remunerados da igreja e os presbíteros não remunerados. No cerne do problema estava o acesso à informação. Os presbíteros remunerados passavam boa parte da semana juntos e, naturalmente, examinavam as questões, enquanto os presbíteros não remunerados estavam ocupados com seus trabalhos. Nas primeiras reuniões de presbíteros, quando os dois grupos se reuniam, os presbíteros não remunerados se viam pressionados a tomar decisões em ocasiões que não sabiam de antemão sequer o que estava na agenda, que dirá terem tido tempo para orar e refletir sobre as decisões.

Retificamos isso requerendo que memorandos para cada item da agenda fossem escritos com antecedência. O presidente do presbitério garantiria que esses memorandos fossem reunidos e distribuídos a todos os presbíteros aproximadamente uma semana antes de cada reunião. Essa etapa administrativa extra foi de grande ajuda para os presbíteros não remunerados e ajudou a unir os presbíteros. Também teve o benefício adicional de forçar irmãos prolixos a escreverem sucintamente seus pensamentos em forma de memorando.

Aos olhos da congregação, uma junta de presbíteros recém-formada provavelmente se mostrará imediatamente produtiva se os presbíteros se dedicarem aos cuidados dos membros. Os presbíteros podem facilmente supervisionar uma classe de membresia, entrevistas de membros, reuniões de membros e o ensino da igreja. Se um grupo de presbíteros recém-formado se provar fiel nessas áreas, cada presbítero naturalmente acumulará autoridade.

O PASTOR TITULAR

Por fim, a transição pode ser mais difícil para o pastor titular. Ele deixa de ser o topo de uma pirâmide e se torna um entre muitos. Ele troca a posição de "ter a última palavra" para ser "o primeiro entre iguais". Portanto, pastor titular, ao fazer a transição, considere o seguinte:

Compartilhe autoridade

Como pastor titular, você é chamado por Deus para confiar em outros presbíteros que são dádivas dadas à igreja por Jesus para edificar e fortalecer o corpo (Ef 4.11,12). Mas você pode dizer: "Esses homens não são tão teologicamente educados ou experientes quanto eu". É verdade, mas, se eles atendem às qualificações e foram designados para essa função pela igreja, então são suficientemente educados e experientes. Pode-se dizer que, se são bons o suficiente para Jesus, eles devem ser bons o suficiente para você. Portanto, confie neles. Submeta-se a eles. Confie que o Espírito Santo se moverá por meio deles para o bem da igreja. Compartilhe sua autoridade e seja exemplo do que é estar sob autoridade.

Compartilhe o púlpito

Além disso, compartilhe seu púlpito e outras oportunidades de ensino e ore para que o Senhor desenvolva ainda mais os dons de ensino dos outros presbíteros. Você tem que estar disposto a dar aos homens a oportunidade de tentar, falhar, ser criticado e tentar novamente. Para servir como presbítero, um homem deve ser capaz de ensinar (1Tm 3.2), mas isso não significa que ele não tenha espaço para crescer. Considere quão mais rica sua igreja será caso haja vários homens capazes de pregar fielmente a Palavra de Deus em vez de apenas um.

Primeiro ano

Se você é o pastor titular, deve considerar presidir as primeiras reuniões de presbíteros para que possa garantir que o trabalho dos presbíteros, e não dos diáconos, consuma o seu tempo de reunião. Assuntos administrativos costumam aparecer inesperadamente na agenda de todas as reuniões do presbitério.

Discipline-se desde o início para separar tempo para oração, leitura das Escrituras, cuidados com os membros e discussão teológica. Priorize essas áreas acima de questões relativas a orçamento e edifício. Se você incorporar boas práticas em suas reuniões, com o tempo poderá ceder a posição de presidente para se liberar e abrir espaço para a liderança de outros presbíteros.

A primeira palavra

Se você é o pastor titular, deixe todos os presbíteros falarem sobre um assunto antes de você. Se o pastor titular falar primeiro, isso trava a conversa. É melhor para o pastor titular ouvir os outros presbíteros resolverem uma situação, ser educado no processo e intervir apenas se eles chegarem a uma conclusão que é teologicamente errada ou pastoralmente insensível.

EVOLUÇÃO, NÃO REVOLUÇÃO

Dick Lucas é um anglicano evangélico mais conhecido por seus trinta e sete anos como reitor da igreja St. Helen's Bishopsgate Church em Londres. Quando seu ministério como reitor chegou ao fim em 1998, ele disse a seu sucessor William Taylor: "William, pense em evolução, não em revolução". Observe como o rev. Lucas presumiu que a mudança estava chegando. Apesar de quase quatro décadas de trabalho, que por qualquer padrão foi um grande sucesso, Lucas não tentou congelar o ministério em vigor. Ele presumiu que a mudança viria e apenas abordou a *velocidade* da mudança.

Portanto, considere sua transição para uma forma de governo bíblica. Considere o que sua congregação pode suportar. Então pense em evolução.

CAPÍTULO 17

Pode ser feito? Fazendo a transição para a liderança presbiteral

Um pastor de uma grande igreja Batista do Sul entrou em contato comigo. Ele queria discutir a transição de uma liderança do tipo pastor e equipe de funcionários para uma forma de governo do tipo igreja liderada por presbíteros. Ele disse: "Preciso decidir se essa é uma causa pela qual vale a pena lutar". Ele compreendia que no cenário tradicional Batista do Sul poderia haver uma reação conjunta contra a transição para uma igreja liderada por presbíteros.

Ele não está sozinho. Muitos pastores e líderes de igreja compartilham da mesma preocupação ao começarem a entender o ensino bíblico da liderança da igreja. Alguns se apressam no processo sem estabelecer as bases adequadas e acabam em um grande conflito na igreja, que geralmente culmina com o pastor sendo demitido da liderança. Como, então, deve-se iniciar a transição?

Comece devagar. Esse não é um processo a ser concluído da noite para o dia. As formas de liderança, os padrões de tomada de decisão e os hábitos arraigados da vida da igreja raramente mudam rapidamente. Portanto, se você começar esse processo, mova-se lentamente e faça o que puder para levá-lo até o fim.

Pastorados breves falham em construir a confiança necessária para mudar uma igreja em direção a uma forma de governo bíblica. Leva tempo para uma congregação abraçar o ensinamento fiel de um pastor sobre a natureza da igreja, o relacionamento do crente com a igreja, a autoridade e as responsabilidades dos líderes, a unidade do corpo e outras doutrinas relacionadas à igreja do Novo Testamento. Os fundamentos para ensinar sobre eclesiologia são a inspiração das Escrituras, a doutrina de Deus, a pessoa e obra de Cristo, a soteriologia e a pessoa e obra do Espírito Santo. A exposição fiel da Palavra de Deus dará ao pastor a oportunidade de lidar com cada uma dessas doutrinas à medida que ele segue seu caminho, ano a ano, através dos livros da Bíblia. *É somente quando uma igreja começa a pensar biblicamente que a liderança dos presbíteros parece plausível.*

O processo a seguir é recomendado para estabelecer a liderança dos presbíteros em congregações. Essa abordagem pode ser adaptada a ambientes individuais, mas observe que a conclusão do processo provavelmente levará pelo menos de dezoito meses a três anos — talvez mais. Eu divido o processo em três fases.

Fase de avaliação	Fase de apresentação	Fase de implementação
• Avalie	• Exposição	• Ore
• Estude	• Discussão	• Selecione
• Sonde	• Qualificações	• Instale os presbíteros
• Resuma		• Envolva
		• Revise

FASE DE AVALIAÇÃO

Primeiro vem a fase de avaliação. Nela, você deseja avaliar sua forma de governo atual, estudar o ensino da Bíblia sobre liderança na igreja, sondar o quão corretamente a compreensão de seus outros líderes sobre essas questões está se desenvolvendo e resumir sua nova posição em um documento breve e acessível.

Avalie

Primeiro, avalie sua forma de governo atual. Quem são os líderes da sua congregação? Que títulos eles têm? Que papéis eles desempenham? Por exemplo, sua igreja pode ter qualquer combinação de diáconos, administradores, curadores, membros do conselho, conselho da igreja, professores, líderes de pequenos grupos, presidentes de comitês e membros da equipe de funcionários. Reserve um tempo para avaliar o papel, o caráter e os dons de cada líder atual. Que tipo de padrões já existem para essas funções de liderança? Quantos realmente demonstram liderança piedosa? Quem parece gostar do título e do reconhecimento, mas não exibe uma liderança confiável de servo? Quem é ensinável? Quem demonstra ter coração para pagar o preço da liderança de servo?

Quem é influente entre a congregação? Faça perguntas difíceis e investigativas, reflita cuidadosamente e avalie as respostas que surgirem.

O pastor precisará buscar constantemente ao Senhor durante o processo de transição, mas especialmente durante os estágios iniciais, quando estabelecerá as bases para os presbíteros. Ele precisará medir a compreensão dos líderes atuais sobre a doutrina básica, o domínio da autoridade espiritual, o compromisso com a liderança de servo e a determinação de obedecer ao Senhor da igreja a todo custo. O pastor precisará direcionar seu ensino, sua pregação e seu treinamento para preencher as lacunas nessas áreas. Para conseguir isso, será necessário ensinar alguns líderes individualmente ou em pequenos grupos. Outros líderes responderão bem às exposições do pastor no púlpito. Deve-se reconhecer que alguns líderes, é claro, hesitarão acerca de qualquer mudança na estrutura de liderança. O pastor deve trabalhar para ser gentil com aqueles em oposição e, ao mesmo tempo, permanecer fiel à verdade da Palavra de Deus.

Recomendo que um pastor restrinja o núcleo de liderança da igreja a um grupo gerenciável e o convide a se juntar a ele para um estudo completo de cada passagem bíblica que trate de liderança, tomada de decisões, estrutura da igreja e tudo o que está sob o domínio da forma de governo da igreja. Nesse momento, o pastor precisará liderar o grupo na interpretação adequada de cada texto em seu contexto histórico, gramatical e teológico. O pastor pode precisar começar com os princípios básicos da hermenêutica. Não recomendo usar guias de estudo ou livros sobre presbiterado no início. Isso deve vir mais tarde. Em vez disso, abra a Palavra de Deus e permita que o núcleo da liderança veja o que a Escritura estabelece para a igreja. Ferramentas exegéticas básicas, dicionários bíblicos, concordâncias e comentários podem ser úteis durante esse diálogo de mesa redonda. Faça perguntas sobre os textos. Mantenha notas abundantes para uso posterior. Com transparência no que tange a obedecer à Palavra de Deus, enfrente as passagens que se opõem claramente à forma de governo atual da igreja. Dê tarefas aos envolvidos para que sejam forçados a mergulhar na Palavra por conta própria para relatarem suas descobertas na próxima reunião. Sejam abertos uns com os outros, e evitem posturas defensivas. Tenha o objetivo em mente: levar a igreja à conformidade com a Bíblia.

O pastor pode se tornar bastante vulnerável durante esse estudo, uma vez que está levando a igreja a considerar grandes mudanças na estrutura. Se os líderes da igreja estão mais preocupados em manter suas posições do que em obedecer à revelação das Escrituras, o pastor pode passar por tempos difíceis. Mesmo assim, ele deve seguir o caminho certo, enfatizando seu desejo de obedecer ao Senhor e levar a igreja à obediência. O pastor deve ser paciente, mas firme, percebendo que uma insistência autoritária em sua própria interpretação pode ser contraproducente. Durante esse tempo, o pastor e os demais que lideram o estudo devem manifestar o tipo de liderança piedosa descrita em todo o Novo Testamento. Espere que o Senhor converta corações e dê-lhe tempo para fazer isso.

Estude

A segunda etapa da fase de avaliação é um estudo mais aprofundado. Primeiro, olhe para algumas das passagens do Antigo Testamento que tratam da liderança em geral. Existem muitos exemplos de boa e má liderança, mas tenha em mente que as estruturas nacionais de Israel não são idênticas às estruturas da igreja. Comparar e contrastar a liderança do rei Saul e do rei Davi pode ser útil. Examinar os princípios de liderança em Josué, Esdras e Neemias também pode ajudar o grupo de estudo a lidar com as qualidades necessárias para liderar uma congregação. Nenhum desses exemplos, entretanto, explicará adequadamente a forma de governo da igreja do Novo Testamento.

Modelo para o estudo de textos selecionados do livro de Atos
- Problema
- Solução
- Processo

Em seguida, vá para o Novo Testamento, estudando cada passagem relacionada a líderes, práticas de liderança, requisitos de liderança, estrutura da igreja, tomada de decisões, crises que exigiram decisão na vida da igreja e conflitos na igreja. Muitos estudiosos desencorajam o uso do livro de Atos como base para a doutrina, mas os melhores exemplos de tomada de decisão e liderança da igreja serão encontrados lá. O livro de Atos, na verdade, oferece ilustrações do que as epístolas declaram em princípio. No mínimo, o grupo de estudo precisará considerar Atos 1.12-26; 6.1-7; 11.1-18; 11.19-26; 13.1-3; 14.21-23; 15.1-41; 20.17-38 e 21.17-26. Para que haja consistência de interpretação, várias passagens devem ser analisadas de uma maneira tripla: *problema, solução, processo*. A aplicação dessa análise ajuda, de modo especial, a entender como os primeiros cristãos chegaram a decisões que afetaram a vida da igreja e como os líderes atuavam em relação à congregação. O grupo de estudo também deve considerar outros textos, como Mateus 18.15-20; 1 Coríntios 5.1-13; Efésios 4.11-16; 1 Timóteo 3.1-16; Tito 1.5-9; Hebreus 13.7,17-19 e 1 Pedro 5.1-5.

Preste muita atenção aos antecedentes históricos e culturais de cada texto. Algumas das passagens talvez lidem com problemas específicos que exigiam um processo que não se pode repetir para resolvê-los. Faça a distinção em seu estudo, mas aprenda com os princípios revelados. Observe as tendências estabelecidas que fornecem padrões duradouros para todas as igrejas. Faça um trabalho completo no estudo das palavras, compreendendo o uso de palavras comuns no primeiro século que podem ter diferentes implicações hoje. Faça anotações detalhadas das discussões durante cada reunião, colocando-as à disposição dos membros do grupo de estudo. Dada a natureza desse tipo de estudo, pode ser útil limitar a discussão aos membros do grupo para que conclusões prematuras não se espalhem por toda a igreja. Até que os líderes possam compartilhar suas conclusões com a congregação, pode ser suficiente notificar periodicamente a congregação que os líderes da igreja estão fazendo um estudo completo das Escrituras a respeito do governo da igreja.

Sonde

Terceiro, sonde o desenvolvimento da compreensão e a atitude de seus líderes atuais em relação ao ensino bíblico sobre a forma de governo da igreja. Quanto mais o seu grupo de liderança puder se envolver no estudo intensivo, maior será a chance de eles aceitarem o padrão bíblico da forma de governo da igreja. Os líderes precisam saber que são parte de algo vital para o futuro de sua igreja. Por esse motivo, é importante que o pastor não faça todo o estudo e apenas jogue as informações no colo dos membros do grupo. Em vez disso, dê tarefas e estabeleça expectativas para o estudo do grupo. Ajude-os a entender como usar ferramentas exegéticas em seu estudo: indique-lhes comentários, obras teológicas e estudos de palavras que podem ajudá-los a lidar com o texto designado. No processo, você os estará discipulando.

Trabalhei com esse mesmo processo com um grupo de liderança. Embora no início alguns se opusessem aos presbíteros na vida batista, conforme trabalhavam nas Escrituras por conta própria, eles chegaram a uma conclusão nova e melhor. Ver por si mesmos o que as Escrituras ensinam deu-lhes um senso de propriedade e determinação para enxergar o processo até o fim.

Dito isso, o pastor deve sempre fazer o dever de casa primeiro. Não há garantia de que alguém selecionado para conduzir o estudo saberá de que modo analisar e interpretar o texto bíblico. Portanto, o pastor deve estar preparado para fazer perguntas, fazer observações e guiar gentilmente o grupo para o sentido claro dos textos bíblicos. Uma boa maneira de fazer isso é preparar perguntas de sondagem para cada texto, como as seguintes:

- Por que houve conflito na igreja primitiva de Jerusalém, conforme registrado em Atos 6.1-7?
- Que tipo de orientação os apóstolos deram à igreja?
- Qual foi a atribuição da igreja ao lidar com o conflito?
- Que prioridades o texto dá a cada tipo de líder de igreja?
- Quais foram os problemas que fizeram emergir a estrutura da igreja primitiva?
- Os mesmos tipos de necessidades estão presentes em nosso próprio ambiente de igreja?
- Até que ponto nossa igreja está em conformidade com esse modelo da igreja primitiva?

Ao longo do estudo, o pastor precisará reforçar a importância de entender e obedecer a Palavra de Deus. Com frequência, enfatizamos a inerrância da Bíblia, mas será que nos emprenhamos para crer e para obedecer a Palavra inerrante? Estamos dispostos a seguir a Palavra de Deus independentemente do que a tradição ou tendências populares possam demandar? A questão crítica em todo o processo é se iremos ou não nos submeter àquilo que Deus diz.

Resuma
Por fim, resuma as conclusões do seu grupo de estudo, tanto ao longo do processo quanto no final. Meu próprio processo de conduzir um grupo de liderança por meio de um estudo como esse levou um ano e meio. Não nos encontrávamos necessariamente todas as semanas. Mas persistimos. O tempo todo registramos nossas descobertas e, por fim, desenvolvemos um breve resumo para a congregação.

Eu não aconselharia você a entregar à congregação um longo documento a respeito do seu estudo, já que a maioria das pessoas não separará tempo para lê-lo. Tente estreitar suas ideias em um resumo de uma ou duas páginas e talvez prepare um documento mais extenso para aqueles que desejam estudar as descobertas em detalhes. Posicionem-se juntos, como grupo de liderança, a respeito daquilo que fizeram. Dê citações bíblicas amplas para que aqueles que estão interessados possam investigar a Palavra de Deus por conta própria. Acima de tudo, traga a força de seu argumento sobre a forma de governo da igreja de volta ao único lugar de autoridade final: a Palavra de Deus.

Seu breve resumo servirá como uma cartilha para estimular perguntas e desenvolver orientações para um estudo mais detalhado. Também se tornará um "campo de testes" no que diz respeito ao compromisso da igreja com as Escrituras. Você também pode considerar a leitura do excelente livro de Benjamin Merkle, *40 Questions about elders and deacons* [40 Questões sobre presbíteros e diáconos] (Kregel, 2008), como uma ferramenta útil para pensar sobre assuntos pertinentes.

A próxima etapa será crítica para ajudar a congregação a lidar com o ensino da Palavra de Deus.

FASE DE APRESENTAÇÃO

Depois da avaliação, vem a apresentação, na qual você prega as passagens relevantes para a igreja, leva os membros a discutir como se aplicam à sua congregação e estabelece publicamente as qualificações para o ofício de presbítero.

Exposição

Primeiro, pregue as Escrituras para a igreja. A exposição bíblica é sempre a melhor maneira de liderar a mudança. Em vez de encadear um grupo de versículos para provar seu ponto de vista, o expositor fiel abrirá um texto da Escritura e o desdobrará para que a congregação possa entender a mensagem da passagem em seu contexto. Será útil pregar nos textos que o grupo de liderança debateu. Fiz isso durante um período de três meses nas noites de domingo e, em seguida, muitas vezes separava um tempo para conversações. Anunciei com antecedência que nossa liderança havia trabalhado nesses textos e que agora queria expor nossa compreensão a respeito deles para toda a igreja. A equipe de liderança também ficou à disposição para esclarecer dúvidas.

Uma ou duas semanas não estabelecerão as bases para a transição. Portanto, dedique o tempo que for necessário para lidar detalhadamente com cada texto. Perceba que, em muitos ambientes, os membros da igreja nunca ouviram o termo "forma de governo" e pensam que a palavra "presbíteros" pertence apenas aos presbiterianos.

Um vez que a Escritura interpreta a Escritura, o pastor precisará mostrar as conexões entre a série de textos que está apresentando à igreja.

Alguns pastores podem descobrir que percorrer uma curta série em Atos, interromper por um tempo, e, então, continuar com outra série nas epístolas permitirá que a congregação tenha tempo para absorver mais plenamente o ensino bíblico. Estudos de 1 Timóteo 3 e Tito 1, abordando as qualificações, apresentam os presbíteros como representações do evangelho na comunidade. A exposição fornece os melhores meios para revelar os contextos que cercam as passagens e para ajudar a congregação a entender como a estrutura da igreja primitiva se desenvolveu no cadinho da vida congregacional.

Discussão

Em seguida, promova uma discussão aberta entre a congregação como um todo. O documento de resumo do grupo de liderança pode ajudar a facilitar a discussão após a série de sermões, embora cada pastor tenha que determinar o que é melhor em seu ambiente. Eu não o aconselharia a prosseguir para a fase de discussão se a série de sermões não foi regularmente frequentada e bem recebida. Nesse caso, a igreja pode não estar pronta e forçar uma discussão pode resultar em conflito desnecessário. Portanto, presumindo que tudo tenha corrido bem, peça à congregação para ler o documento resumido e os textos bíblicos que ele discute. Convide os membros a apresentarem suas dúvidas em um fórum congregacional.

Reúna o corpo da igreja por um tempo para discutir as conclusões do grupo de liderança, bem como o conteúdo dos sermões. A abertura e a honestidade sobre as diferenças entre o que a Palavra ensina e o que a igreja pratica atualmente ajudarão a preencher a lacuna de compreensão. Sempre volte às Escrituras como autoridade para mudanças, tomando cuidado para não fazer ataques pessoais a ex-líderes. Responda ao máximo de perguntas possível, mantendo várias sessões de diálogo, se necessário.

Depois que o pastor e os membros do grupo de estudo responderem às perguntas da congregação, peça à igreja para adotar a estrutura bíblica para o governo da própria igreja. Tomar essa decisão pode envolver emendar ou remover a constituição atual da igreja, ou o estatuto, ou o manual de políticas ou outros documentos governamentais. Algumas pessoas, especialmente os membros mais velhos, consideram as constituições da igreja uma propriedade sagrada, por isso, alterá-las pode causar ira. Você será abençoado se tiver membros mais velhos na liderança que possam falar com apreço sobre o passado, ao mesmo tempo que apoiam a obediência para o futuro. O pastor e outros líderes precisam mostrar humildade e paciência ao criar mudanças, percebendo que alguns talvez ainda não sejam capazes de seguir nessa direção.

O pastor e o grupo de liderança que tem estudado sobre o assunto precisarão desenvolver o novo documento de governo da igreja com base no entendimento que o grupo teve das Escrituras. Esse novo documento precisará da aprovação da congregação. Em nenhum momento a congregação deve ter a impressão de que esse documento está sendo enfiado goela abaixo. Dê aos membros tempo para digerir o que o novo documento significa e como ele mudará a vida da igreja. É verdade que alguns detalhes de governança podem ser vagos ou desconhecidos. Mas a franqueza sobre as incertezas dará à congregação a confiança de que o desejo maior da liderança é seguir a Palavra de Deus e confiar que o Senhor da igreja recompensará a obediência.

Qualificações

Nada é mais crucial na transição para a liderança presbiteral do que estabelecer as qualificações bíblicas para os líderes da igreja. Se a congregação entender os requisitos para ser um presbítero, os membros terão mais respeito pelo corpo presbiteral. É irônico que, em sua pressa para fazer a transição para a liderança bíblica de presbíteros, algumas igrejas subestimem ou negligenciem as qualificações bíblicas para presbíteros individuais. Se a igreja fizer a transição para a liderança de presbíteros, mas depois instalar homens que carecem de qualificações bíblicas, poderão ocorrer problemas maiores. Portanto, seja diligente em instruir a igreja apropriadamente neste ponto.

O estabelecimento das qualificações bíblicas (1Tm 3; Tt 1; 1Pe 5) pode ser feito, primeiro, por meio de exposições do púlpito. O culto no domingo pela manhã é preferível a essa altura porque a maior parte dos membros estará presente. A escola dominical é outro bom momento para ensinar sobre o assunto. Material impresso também pode ser útil. O objetivo é que toda a igreja saiba o que se espera dos presbíteros e também dos diáconos. O conhecimento sobre as qualificações bíblicas para o presbiterado não apenas ajuda a congregação a responsabilizar os presbíteros, mas também pode impedir que homens com motivação errada ou desqualificados busquem o cargo.

Quando você começar esse ensino, observe que alguns homens que atualmente servem como líderes podem não atender às qualificações bíblicas. A menos que o orgulho tenha sido controlado em suas vidas, esses homens podem se revoltar contra os intensos padrões bíblicos. Leve suas reclamações de volta à Palavra de Deus como o árbitro final das disputas da igreja. A coragem da igreja será testada exatamente neste ponto.

Quantos presbíteros você deve procurar nomear? Definir um número arbitrário de presbíteros para qualquer igreja é desaconselhável porque depende muito da maturidade espiritual da congregação. Algumas igrejas começam estabelecendo um sistema de proporção — um presbítero para cada certo número de membros. Qualquer que seja o número ou proporção estabelecido, a qualidade deve ser enfatizada acima da quantidade. É muito melhor começar com um grupo menor de presbíteros bem qualificados do que preencher uma cota com homens não qualificados. Depois que a igreja amadurecer, os presbíteros podem recomendar definir um certo número de presbíteros, limitar seu tempo de serviço e estabelecer um sistema de rodízio para mantê-los engajados na obra. Acima de tudo, estabeleça os padrões bíblicos para os líderes da igreja.

FASE DE IMPLEMENTAÇÃO

Após a fase de apresentação, você pode passar para a implementação. Nesse estágio, você deseja orar como igreja, selecionar seus presbíteros em potencial, instalar seus novos presbíteros, envolvê-los em toda a extensão da vida da igreja e revisar o ensino bíblico sobre o presbítero.

Ore

Antes de selecionar os presbíteros, chame a igreja para orar. Selecionar um grupo de homens para servir à igreja como líderes espirituais é um passo importante que impactará toda a vida da igreja. Os membros da igreja devem compreender a seriedade de tal decisão e sua própria parte nela, e buscar coletivamente a orientação do Senhor reforçará isso. A igreja também deve estar ciente de que o adversário tentará arruinar os planos de seguir o ensino das Escrituras. Esteja vigilante, então, ao invocar o Senhor da igreja para dirigir cada passo e decisão.

Selecionar homens qualificados para servir como presbíteros é tão importante que o processo nunca deve ser apressado. Se o pastor e o grupo de liderança determinarem que a igreja atualmente não tem homens qualificados para o presbitério, o ensino, o desenvolvimento, o treinamento e a oração devem continuar até que a igreja possa indicar presbíteros qualificados.

Selecione

Ao estreitar o campo de candidatos a presbíteros, cada igreja deve estabelecer um plano que funcione melhor para ela. Em alguns casos, o pastor titular pode escolher o grupo inicial de candidatos a presbíteros e depois conduzi-lo ao processo de exame, da mesma forma que Paulo e Barnabé podem ter nomeado presbíteros durante sua primeira viagem missionária (At 14.23). Uma vez que o corpo de presbíteros seja estabelecido, esses presbíteros podem assumir a liderança na indicação de presbíteros subsequentes.[1]

Mark Dever utiliza um quadrante para ajudar a avaliar presbíteros candidatos.

(1) Preocupações cristãs centrais	(2) Preocupações teológicas características
(4) Amor pela congregação	(3) Preocupações culturais características

(1) A caixa superior esquerda significa *preocupações cristãs centrais*, que incluem coisas como um testemunho cristão fiel, a habilidade de articular o evangelho, uma caminhada estável com Cristo, caráter cristão consistente e uma vida familiar sólida. As características notáveis listadas em 1 Timóteo 3 e Tito 1 se aplicam aqui.

(2) Se o homem demonstra fidelidade nessa primeira área, então *preocupações teológicas características* devem ser consideradas (At 20.28-31). Esse quadrante superior à direita visa a posição do candidato em relação à declaração doutrinária da igreja, bem como sua compreensão da fé. Ele pode articular biblicamente a posição da igreja sobre batismo ou adoração ou evangelismo ou governo da igreja?

(3) Tendo mostrado compreensão e habilidade para dialogar teologicamente, o quadrante inferior à esquerda avalia *preocupações culturais características* que estão atualmente afetando a igreja: o papel das mulheres na igreja, por exemplo, ou os efeitos do movimento de crescimento de igreja na igreja (Tt 1.9).

---

1 Esse é o método mais plausível para iniciar a liderança presbiteral em qualquer tipo de cenário missionário. Assumindo que a congregação é jovem e não é bem versada nas Escrituras, o missionário precisará avaliar cuidadosamente os potenciais candidatos ao presbiterado, e então investir tanto tempo quanto possível para treiná-los antes de entregar as rédeas da liderança aos presbíteros em nome da igreja. Manter contato com os presbíteros para "orientá-los" durante os primeiros anos de liderança poderia ser inestimável para o futuro da igreja. Veja o capítulo 21 para uma abordagem mais detalhada.

(4) O quadrante final diz respeito à compreensão do evangelho e da teologia do candidato, se esta se traduz em amor pela congregação (1Pe 5.2,3). Há evidência de que ele genuinamente ama o corpo de Cristo e deseja servir e ministrar à igreja?[2]

Em outras igrejas, os membros da congregação indicam o grupo inicial de presbíteros para consideração e triagem. O pastor titular, sendo um presbítero, deve assumir a liderança neste ponto. Ele pode pedir a dois ou três outros homens piedosos para ajudá-lo nesse processo, ou até mesmo utilizar presbíteros de outra igreja para prestar contas durante o processo de seleção.

Visto que nossa igreja estava acostumada ao congregacionalismo, depois de pregar sobre as qualificações bíblicas para presbíteros, pedi à congregação que indicasse homens que acreditavam serem qualificados para servir como presbíteros. Apresentei um formulário simples que perguntava se a pessoa que estava indicando alguém havia lido e concordado com os padrões bíblicos para presbíteros conforme 1 Timóteo 3 e Tito 1, bem como se ela acreditava que o candidato indicado se qualificava com base nisso. Em seguida, foi solicitado à pessoa que estava indicando uma breve explicação por escrito de por que ele ou ela indicou um determinado homem para o cargo de presbítero (fazemos o mesmo com os diáconos). Essa explicação esclarece se a indicação é baseada na popularidade do indicado ou em seu coração de servo.

Depois de permitir duas semanas para as indicações, o pastor — e qualquer pessoa escolhida de antemão para ajudar — reduzirá a lista de indicações. Assim que um conselho de presbíteros for estabelecido, eles assumirão essa responsabilidade. Alguns indicados serão excluídos por casa de circunstâncias na vida do indicado conhecidas pelo pastor. Preocupações familiares, hábitos pessoais ou problemas em outras áreas podem desqualificar o indicado. O pastor então removerá os indicados desqualificados da consideração sem tornar suas indicações públicas.

A congregação precisa entender a sensibilidade envolvida na seleção de candidatos e a necessidade de completo sigilo. Assim que a lista inicial for reduzida, o pastor entrará em contato com cada indicado pessoalmente para verificar sua disposição de se submeter ao processo de seleção de presbíteros e servir, se aprovado.

---

[2] Mark Dever, pastor titular da igreja Capitol Hill Baptist Church, Washington, DC, conversa telefônica em 3 de fevereiro de 2004.

Manter os padrões bíblicos parece estreitar significativamente o leque de indicações. Mesmo alguns dos que inicialmente aceitam a indicação podem posteriormente retirar-se após considerar a seriedade do ofício. A prática de minha própria igreja é manter os nomes dos indicados em segredo para que não haja constrangimento público se um indicado for desqualificado.

Aqueles que concordam com a indicação são então convidados a preencher um questionário doutrinário completo.[3] O candidato escreverá sobre sua conversão e caminhada pessoal com Cristo, explicando também seus pontos de vista sobre o evangelho, a igreja e o papel dos presbíteros. Ele precisará estudar a declaração doutrinária da igreja e confirmá-la completamente ou identificar quaisquer áreas de desacordo. O indicado também precisará avaliar a si mesmo à luz das qualificações bíblicas para os presbíteros, abordando sua vida familiar e seu relacionamento com sua esposa e filhos. Ele também explicará por que, se for selecionado, deve servir como presbítero e como pretende liderar a congregação.

O questionário deve ser levado a sério, pois pede ao candidato uma declaração por escrito do que ele acredita. Também revelará se ele, como líder da igreja, pode articular a fé cristã e a eclesiologia básica. Esse questionário pode levantar preocupações sobre o indicado que precisam ser investigadas. Ou pode ser o meio de desqualificá-lo para o serviço por causa de admissões francas sobre sua caminhada com Cristo ou da falta de compreensão da doutrina cristã.

Como uma palavra de cautela e incentivo, sugiro que você faça o mais excelente uso do processo de triagem. Embora alguns candidatos possam não estar atualmente qualificados para servir como presbíteros, mais disciplina ou treinamento pode ajudá-los a se qualificarem no futuro. Portanto, alimente o desenvolvimento espiritual de homens promissores para servir como presbíteros no futuro.

Depois de atender aos requisitos de triagem inicial e questionário, o candidato deve se reunir com o conselho de presbíteros. Inicialmente, um pastor pode precisar pedir o auxílio de pastores de igrejas com ideias semelhantes para ajudar a questionar os candidatos. Mas, uma vez que os presbíteros são estabelecidos, o conselho examinador consistirá dos próprios presbíteros da igreja. Um conselho examinador precisará ler as respostas de cada candidato ao questionário e fazer perguntas relacionadas à segurança da fé do candidato, suas disciplinas espirituais

---

3 Veja o Apêndice para um exemplo de questionário.

pessoais, sua compreensão da doutrina e seus pontos de vista sobre a igreja. O rigor do conselho examinador ajudará a preparar o indicado para servir como presbítero, ofício no qual ele será chamado a responder às perguntas da igreja sobre a doutrina e a vida da igreja. A fase de exame nunca deve ser uma mera formalidade. De fato, podem ser levantadas algumas questões que revelarão problemas acerca da vida familiar de um homem ou de sua caminhada com Cristo ou de seus pontos de vista sobre a igreja. Deve ser possível desqualificar um homem a qualquer momento durante o processo de seleção.

Uma vez que os indicados são aprovados na triagem inicial, no questionário e no conselho examinador, eles são identificados publicamente para a igreja. A linha final da seleção envolve a igreja. Em minha igreja, damos à congregação um período de duas semanas para contestar a indicação. Aos membros da igreja é solicitado colocarem por escrito quaisquer preocupações e entregá-las ao pastor, que acompanhará o membro da igreja ao discutir a preocupação com o indicado. Se a preocupação for irrelevante, a indicação permanece. Se a preocupação for justificada, então será solicitado ao indicado retirar seu nome de consideração posterior até que a preocupação seja resolvida. Após o período de espera de duas semanas, a igreja é solicitada a aprovar cada presbítero indicado por voto ou afirmação.

Os líderes devem manter a linha dos padrões bíblicos durante todo o processo. A igreja crescerá no respeito aos líderes à medida que eles aderirem fielmente às Escrituras. Mesmo depois que os presbíteros são estabelecidos, os padrões bíblicos devem ser revisados regularmente.

Instale os presbíteros

Uma vez que sua congregação reconheceu seus primeiros presbíteros, eles devem ser formalmente instalados. O processo de instalação dá aos presbíteros e à congregação a chance de confirmar a mão de Deus sobre os líderes e o povo. A instalação implica que um homem foi reconhecido como qualificado para esse ofício bíblico e designado para um serviço fiel.

O processo de instalação também deve ser usado para desafiar a igreja a orar pelos presbíteros, responsabilizá-los e seguir sua liderança. O próprio presbítero deve ser desafiado a ensinar fielmente a Palavra, dar orientação sábia à igreja, pastorear o rebanho de Deus e tornar-se um exemplo a ser seguido por todos. O serviço de instalação oferece uma oportunidade única para mostrar o fundamento bíblico para a forma de governo da igreja e como isso afeta a igreja. Considere a utilização de votos para os novos presbíteros semelhantes aos que Matt menciona no capítulo 12.

Envolva

Os novos presbíteros precisarão ser treinados em como devem funcionar na vida regular da igreja. O treinamento pode ocorrer durante um retiro especial de fim de semana ou até mesmo durante as reuniões contínuas do presbitério. Visto que o ofício de presbítero pode ser novo para muitos na congregação — incluindo os próprios novos presbíteros —, não devemos presumir que os novos presbíteros compreenderão plenamente a tarefa que têm pela frente. O treinamento é essencial.

Os presbíteros devem estar envolvidos em toda a extensão da vida da igreja. Aqueles que demonstrarem talentos para o púlpito serão chamados a pregar. Outros se destacarão no cuidado pastoral, na administração ou na condução do culto. Todos estarão envolvidos em diversas áreas de ensino. Alguns serão talentosos em aconselhamento e talvez precisem assumir a liderança nessa área da vida da igreja. Aqueles especialmente talentosos no evangelismo podem estar na vanguarda dessa parte do ministério da igreja. Uma vez que os presbíteros pastoreiam o rebanho de Deus, todos precisarão se engajar conscientemente no discipulado do corpo da igreja. Quando se trata de resolver problemas, não há melhor grupo na igreja do que o dos presbíteros.

À medida que os homens servem juntos como presbíteros, eles perceberão melhor os dons, os pontos fortes e os pontos fracos uns dos outros. Nem todos ensinarão igualmente bem ou serão igualmente talentosos em aconselhamento ou administração, de modo que aqueles cujos dons os tornam adequados para tarefas específicas precisam ser direcionados para as áreas onde podem contribuir com mais eficácia.

Revise

Pelo menos uma vez por ano, o pastor deve planejar ensinar de alguma forma sobre o ministério dos presbíteros. A congregação — tanto os novos membros quanto os antigos — precisa ser lembrada da base bíblica da liderança presbiteral. Da mesma forma, os próprios presbíteros precisam ser publicamente desafiados e cobrados em relação aos padrões de Deus para eles.

EQUIPE PASTORAL

QUESTÕES PARA REFLEXÃO

- Que passos você pode dar para avaliar a liderança atual de sua igreja?
- Você reconhece algum homem que atualmente serve a igreja e que parece ter as qualificações necessárias para servir como presbítero?
- Como você pode comunicar a necessidade de um presbiterado plural em sua igreja?
- Identifique um processo viável em seu próprio ambiente para selecionar e examinar candidatos ao presbitério.

CAPÍTULO 18

Tentado a evitar mudanças?

O título do capítulo que você acabou de ler é "Pode ser feito?". A resposta é sim! Todo este livro foi um exercício para responder a essa pergunta de maneira bíblica e prática.

Mas quero acrescentar sem demora que isso absolutamente não precisa ser feito. Os presbíteros não são essenciais para ter uma igreja autêntica que prega corretamente a Palavra e administra os sacramentos corretamente. Sua alma pode ser bem cuidada por apenas um pastor. Você pode pregar (ou ouvir) sermões sólidos por trinta anos sem presbíteros. Além disso, você pode visitar os doentes, fazer casamentos, enterrar e fazer tudo o mais que uma igreja faz e nunca ter presbíteros.

Você também pode sentar em uma praia sob um sol escaldante, sem protetor solar. E você pode nadar no oceano sem a proteção de um salva-vidas. Eu fiz as duas coisas e não fui queimado nem esmagado contra as rochas. Mas eu não recomendo. Faça um e outro vezes o bastante e as probabilidades são que em algum momento sua pele queimada será arremessada pelo mar no cais.

Meu ponto é o seguinte: Em tempos bons, quando todos estão felizes e saudáveis, a forma de governo particular de uma igreja não parece ter tanta relevância. Mas quando os tempos difíceis chegam, parece que a forma de governo é a única coisa que importa. Você já notou como os especialistas constitucionais aparecem inesperadamente quando os problemas irrompem? Você sabe que está em apuros quando vê seus fiéis carregando dois livros para a igreja: a Bíblia e as *Regras de ordem*.[1]

---

1 N.E.: Regras de ordem são procedimentos adotados em organizações, corpos legislativos ou outras assembleias deliberativas para estipular os processos a serem usados para se chegar a uma decisão. As *Regras de ordem de Robert atualizadas* são comumente utilizadas por algumas igrejas. O texto em português pode ser encontrado em <https://constitution.org/1-Constitution/rror/portugues/ror.html> (acesso: 28 ago 2023).

Eu fui um observador em uma reunião congregacional onde um homem publicamente desafiado sobre sua posição ser bíblica ou não deixou escapar: "Não somos um povo da Bíblia. Somos um povo da constituição".

Posso dirigir pela minha cidade e ver como a forma de governo antibíblica feriu ou até matou igreja após igreja. Uma igreja episcopal local teve sua propriedade confiscada pelo bispo — um líder que há muito abandonou qualquer noção de autoridade bíblica —, porque não podia mais conviver com as posições que ele assumiu ou submeter-se à sua autoridade. Outra igreja local ficou famosa na internet e acabou se dividindo pelo debate sobre qual autoridade eclesiástica existia fora da congregação local. Mas a maioria das igrejas pelas quais dirijo está praticamente vazia, abandonada, porque aqueles que ganharam autoridade eram, de fato, biblicamente desqualificados e nenhum mecanismo estava disponível para removê-los. Em outras palavras, sua forma de governo estava com defeito. Assim as congregações fizeram a única coisa que podiam fazer: votaram com os pés e foram embora.

TENTADO A EVITAR MUDANÇA?

Não muito tempo atrás, tive um técnico em minha casa que me disse para nunca me livrar da lavadora e secadora de vinte e cinco anos que eu tinha. Presumi que anos suficientes se passariam e eu sairia e compraria a mesma marca novamente, dado o quão bem ela funcionou. Mas ele me contou como a empresa construiu sua reputação com base na excelente qualidade, mas há muito tempo mudou para peças baratas. Em outras palavras, eles estavam trabalhando com uma reputação que não era mais merecida. Acho que muitos líderes da igreja trabalham com coisas que não foram projetadas para suportar o peso que a forma de governo bíblica foi projetada para suportar. Como resultado, eles evitam fazer as correções necessárias para a governança adequada da igreja. Há duas coisas em particular que tenho em mente.

Em primeiro lugar, muitas igrejas e líderes trabalham baseados na tradição. Especialmente os líderes têm presumido erroneamente que a tradição proverá suas congregações em tempos difíceis. Isso pode ter sido verdade em uma sociedade culturalmente homogênea e estática na qual as tradições foram transmitidas de geração em geração. (Uma vez luterano, sempre luterano?) No entanto, para a nova geração de hoje, a lealdade às tradições consagradas pelo tempo dura quase tanto quanto a visualização de uma página de um site. Não precisamos esperar para ver o resultado dessa estratégia. Os prédios vazios que antes fervilhavam de congregações animadas são monumentos vivos do fracasso da tradição como suporte suficiente para tempos difíceis.

Em segundo lugar, as igrejas e os líderes trabalham com a personalidade. As igrejas são frequentemente fundadas por personalidades carismáticas. À medida que a igreja cresce, a autoridade é atribuída ao líder cativante e grandioso. A cada ano que passa, a palavra do líder pode cada vez mais se transformar em lei. O homem pode ser um ditador, mas se ele é um ditador benevolente, gentil, alegre, piedoso e humilde, parece funcionar. Mas o que acontece se outra personalidade do mesmo tamanho o desafiar? Ou o que acontece quando ele envelhece, uma transição precisa ocorrer e o próximo cara não é tão charmoso? No final, acho que você descobrirá que uma personalidade carismática é um péssimo substituto para uma boa forma de governo eclesiástica.

Iain Murray uma vez me contou sobre a filosofia de exercícios do dr. Martyn Lloyd-Jones: "Por que correr quando você pode andar e por que andar quando você pode sentar?". Lloyd-Jones estava apenas sendo engraçado? Na versão da história que diz respeito à biografia, é difícil dizer. Lloyd-Jones foi um médico brilhante, mas todos nós temos nossos pontos cegos. Digamos que todos nós adotemos sua filosofia. Também teríamos que ter em mente que a pessoa comum perde de 5% a 8% de sua massa muscular a cada década no início da meia-idade. Podemos sentar? Sim. Existem consequências? Sim.

Não estou dizendo que a mudança será fácil. Não estou dizendo que não haverá consequências indesejadas. Estou lhe dizendo que não fazer alterações não é uma posição neutra e, portanto, segura. A desatenção, como a inatividade, provavelmente terá consequências negativas.

Portanto, considere a forma de governo de sua igreja. Considere as mudanças que deveriam ocorrer. Considere suas hesitações. Ore. Procure conselho. E siga em frente no tempo de Deus.

CAPÍTULO 19
Juntando as peças

"Eu presto contas apenas a Deus", declarou um pastor em resposta àqueles que o questionavam. Outro pastor afirmou que os presbíteros da igreja, que haviam perguntado sobre seus planos, tinham a responsabilidade de seguir *sua* visão para a igreja — sem perguntas.

Muitos pastores, se não a maioria deles, condenariam corretamente essas demonstrações descaradas de autoridade autocrática. No entanto, a questão da autoridade regularmente surge dentro das congregações. Quem detém autoridade dentro da igreja? Na liderança presbiteral plural em um ambiente congregacional, a autoridade final nos assuntos da igreja reside na congregação, embora os presbíteros também possuam autoridade. A fim de exercer supervisão da maneira que a Escritura ordena, os presbíteros devem exercer autoridade dentro da congregação.

CONGREGACIONALISMO, PRESBÍTEROS E AUTORIDADE
Que tipo de autoridade os presbíteros detêm dentro de um governo congregacional? Para responder corretamente a essa pergunta, é crucial entender o ensino bíblico ao invés de simplesmente seguir a tradição. Uma congregação pode resolver tomar cada decisão que afeta a igreja: do piso a uma reunião administrativa, do carpete no berçário a contratação de uma secretária, de encomendar uma caixa de lâmpadas fluorescentes a ajudar alguém em necessidade. Mas essas decisões congregacionais muitas vezes serão mal informadas. As igrejas podem funcionar assim? Certamente elas podem, embora no ritmo de um caracol. Mais frequentemente, esse tipo de congregacionalismo ofende vários grupos dentro da igreja e paralisa o ministério da igreja.

Dito isso, é preciso ignorar várias passagens do Novo Testamento para concluir que a congregação não tem autoridade em relação aos assuntos da igreja. Em casos de disciplina, o corpo da igreja é o árbitro final (Mt 18.15-20). Embora os presbíteros possam estar envolvidos em trabalhar em muitos dos detalhes, a igreja decide se removerá um membro que rejeitou os padrões bíblicos de vida ou doutrina cristã. Em 1 Coríntios 5, Paulo instrui a igreja de Corinto a parar de tolerar o comportamento imoral de um membro e a disciplinar o membro imoral. A igreja então parece ter tomado uma ação (embora talvez com muita severidade), pelo menos se essa for a ação a que Paulo se refere em 2 Coríntios (veja 2Co 2.5-11). Em outro caso de autoridade congregacional, a igreja selecionou homens qualificados para ajudar os apóstolos com a distribuição de alimentos (At 6.1-6). Parece, também, que Pedro relatou aos apóstolos e à igreja sobre levar o evangelho aos gentios, de modo que todo o grupo encontrou satisfação em seu relatório (At 11.1-18). A igreja em Jerusalém enviou Barnabé para investigar a propagação do evangelho em Antioquia, mostrando algo do envolvimento da igreja no trabalho missionário (At 11.22; cf. 13.1-3, que contém implicações semelhantes). Enquanto as questões no Concílio de Jerusalém foram primeiramente endereçadas aos "apóstolos e presbíteros" (At 15.6), toda a igreja se envolveu na decisão final que exigia que mensageiros enviassem uma carta de aceitação e instrução para os crentes gentios (At 15.22).

A partir desses exemplos, podemos concluir que a igreja do Novo Testamento não era uma entidade passiva, observando apóstolos e presbíteros das laterais do campo. Os membros exercem autoridade por meio do envolvimento na tomada de decisões que afetava o futuro da igreja.

Tendo observado essas coisas, não há dúvida de que um grupo de homens liderava a igreja. Por exemplo, os apóstolos convocaram uma ação congregacional (At 6.2); os apóstolos e presbíteros "se reuniram para examinar a questão" dos gentios incircuncisos sendo convertidos (At 15.6); Paulo instruiu os presbíteros de Éfeso a exercer supervisão espiritual sobre aquela igreja (At 20.17-35); e assim por diante. O congregacionalismo não funciona bem sem uma liderança eficaz. E para que a liderança seja eficaz, ela deve ter algum nível de autoridade.

Uma vez que Pedro chamou os presbíteros para pastorear o rebanho de Deus, e não para usar essa autoridade para dominar sobre eles, é óbvio que uma certa autoridade estava envolvida (1Pe 5.2,3). Os pastores normalmente não oferecem sugestões às ovelhas. Os membros da igreja são chamados a obedecer a seus líderes, até mesmo se submeter a eles, por causa de seu trabalho de cuidado espiritual (Hb 13.17). Paulo exorta a igreja de Tessalônica a "que acateis com apreço os que trabalham entre vós e os que vos presidem no Senhor e vos admoestam" (1Ts 5.12). "Vos presidem no Senhor" claramente implica autoridade para liderar a igreja. A igreja retribui com afeto e estima para que os líderes "não sejam considerados simplesmente como a voz fria da autoridade".[1] A igreja precisa de líderes com autoridade para lhe dar direção, exortar quando necessário, corrigir e restaurar aqueles que se desviaram, bem como para exemplificar a liderança servil de Cristo entre o rebanho.

Porque a autoridade é delegada aos líderes espirituais da igreja, o presbiterado plural demonstra a sabedoria do Senhor. "Uma pluralidade de presbíteros é necessária por causa da tendência daqueles que exercem autoridade de brincar de Deus".[2] O pastor que afirma prestar contas apenas a Deus está em "território perigoso"[3] e pode cometer erros decisivos de julgamento que podem afetar seu ministério e a igreja. Esse pastor resiste ao presbiterado plural porque não quer prestar contas a ninguém. Qualquer pastor que não presta contas de modo regular e pessoal por seu tempo, suas ações e seu estilo de vida pode facilmente ser enganado por seu próprio coração pecaminoso. Certamente, ele é responsável por suas ações perante a igreja, embora essa responsabilização seja frequentemente muito vaga para fazer qualquer bem. Como o professor de teologia John Hammett sabiamente me ensinou: "Ser responsável perante a igreja é não prestar contas a ninguém". Em outras palavras, a prestação de contas "à igreja" pode ser muito vaga. Pode faltar a interação sistemática necessária para manter as autoridades no caminho certo. Portanto, a pluralidade de presbíteros considera cada homem — incluindo o pastor titular — responsável um pelo outro. A discussão sobre o desenvolvimento espiritual de cada homem durante as reuniões ou retiros de presbíteros fornece uma atmosfera em que aqueles em posição de autoridade examinam as maneiras como são tentados a usar indevidamente a autoridade. Esse tipo de prestação de contas ajuda a promover o uso sábio da autoridade.

---

1 Leon Morris, *The First and Second Epistles to the Thessalonians*, ed. rev., NICNT (Grand Rapids: Eerdmans, 1991), 167.

2 Citação de Jim Henry. Frase de Ray Steadman, "Pastoral reflections on Baptist polity in the local church", palestra dada na conferência "Issues in Baptist polity conference", no seminário New Orleans Baptist Theological Seminary, em 5 de fevereiro de 2004.

3 Citação de Paige Patterson, no painel de discussão da palestra, em resposta a questão do autor sobre como a autoridade pastoral singular carece de prestação de contas, "Panel discussion: Issues in Baptist polity", seminário New Orleans Baptist Theological Seminary, em 6 de fevereiro de 2004.

EQUIPE PASTORAL

O PASTOR TITULAR, OS PRESBÍTEROS E A AUTORIDADE

Sou grato por ter homens ao meu redor que não hesitarão em me exortar, perguntar sobre minhas prioridades e minha agenda, ou recomendar que eu tire um tempo para descansar. Se acho que estou falhando no uso da autoridade delegada a mim como pastor titular ou se tenho dificuldade sobre a forma como lidei com uma situação na igreja, busco o conselho de meus companheiros presbíteros, que me ajudam a ver os vários lados de um questão.[4] Portanto, embora eu tenha ampla autoridade em nossa igreja como um presbítero que ocupa a posição de pastor titular, compartilho essa autoridade com prazer, para que minhas próprias fraquezas não me levem a abusar dessa autoridade ou negligenciá-la.

Às vezes, os pastores me perguntam como é possível atuar como pastor titular com presbíteros que compartilham autoridade e responsabilidade pastoral. Tendo experiência em diferentes configurações, estou convencido de que a autoridade e a responsabilidade compartilhadas no presbiterado plural funcionam muito melhor tanto para a igreja quanto para mim. Uma vez que cada questão da vida da igreja não está mais apenas sobre meus ombros, posso me concentrar nas áreas em que tenho mais a oferecer à igreja, enquanto meus companheiros presbíteros fazem o mesmo. Quando tenho que tomar decisões difíceis que afetam outras pessoas dentro da igreja, não enfrento essas decisões sozinho, antes, tenho homens piedosos para orar por mim e me aconselhar durante as decisões. Os tempos de decisão são tempos de perigo para os homens que ocupam uma posição de autoridade pastoral individual. Algumas questões não podem ser colocadas em discussão congregacional aberta: questões disciplinares iniciais, por exemplo, ou problemas com professores da escola dominical, ou reestruturação de ministérios. Mas quando os presbíteros se reúnem em particular, eles podem discutir abertamente cada questão, investigar as Escrituras em busca de respostas e suplicar a Deus juntos em oração. Um pastor titular pode então dar uma liderança mais confiante para sua igreja, sabendo que as decisões foram tomadas por meio do conselho de homens sábios.

---

4 Merkle, *40 Questions*, 57, discorda do uso de "pastor titular" como título, já que não é encontrado nas Escrituras e pode dar a ideia de um terceiro ofício da igreja. Embora eu concorde com seu sentimento e mantenha a visão de dois ofícios da igreja, o uso da designação "pastor titular" continua sendo útil em muitos contextos culturais. O fato de esses títulos serem intercambiáveis demonstra que os escritores bíblicos não estavam focados em uma designação para o papel de presbítero.

Fui chamado para pregar e adoro fazer isso. Por causa do meu chamado, tenho mais oportunidades de falar à congregação e, portanto, tenho uma plataforma única para exercer autoridade na igreja. Como pastor titular da igreja, estou em posição de falar, liderar e trazer mudanças dentro da igreja. Embora minha autoridade às vezes seja mais perceptível em virtude de minha posição, ela não está acima da dos outros presbíteros. Nem todos os presbíteros têm esse chamado para pregar em tempo integral, mas todos nós compartilhamos a autoridade de liderar e supervisionar a igreja. Alguns fazem isso mais nos bastidores, enquanto outros — como o pastor titular — apresentam de forma mais visível a autoridade conferida aos vários presbíteros. Mark Dever expressou isso muito bem em um ensaio apresentado na conferência Issues in Baptist Polity [Questões relativas à Forma de Governo Batista] de 2004 em Nova Orleans.[5]

> O presbítero a quem geralmente nos referimos como "o" pastor — uma pessoa como eu — é, atualmente, aquele que, na maioria das vezes, é designado para ocupar o púlpito no domingo. Ele é aquele que faz casamentos e enterros. Ele frequentemente será pago — quer em tempo parcial, quer integralmente. Se a igreja for maior, ele pode ser aquele que contrata e despede, e quem define a direção para a igreja como um todo. Em nossa congregação em Washington, sou reconhecido como um presbítero em virtude de meu chamado como pastor titular da igreja. Qualquer pessoa que contratarmos para trabalhar no ministério será chamada de assistente ou pastor. O título de pastor é reservado para aqueles que a congregação reconhece como presbítero.
>
> Entre esses presbíteros, tenho apenas um voto. Por causa da responsabilidade de liderança que tenho como principal professor público, há, sem dúvida, um grau especial de autoridade atribuída à minha voz nas reuniões do presbitério, mas os outros irmãos provavelmente já têm uma avaliação muito boa de onde estou mais envolvido e posso ser mais útil e onde tenho menos a contribuir. Em um presbitério, embora a autoridade formal entre os membros seja igual, sempre haverá aqueles que conquistam consideração especial em uma área ou outra.[6]

---

5 Para mais informações sobre os ensaios da conferência, veja *Journal for Baptist Theology and Ministry*, Spring 2005, Issues in Baptist Polity, parte 2, disponível em: https://www.nobts.edu/baptist-center-theology/journals/spring-2005.html.

6 Mark Dever, "By Whose Authority? Elders in Baptist Life". *9Marks*. Disponível em: https://www.9marks.org/wp-content/uploads/2015/07/By-Whose-Authority-Book-PDF.pdf

Então, qual é o papel do pastor titular em um presbitério plural? Em primeiro lugar, ele frequentemente se dedica em tempo integral à obra do ministério. Nesse caso, ele passa muito tempo em estudo, oração, preparação, proclamação e ensino. Ele frequentemente terá buscado treinamento teológico formal, que o equipou para as responsabilidades como pastor titular.

Em segundo lugar, ele é necessário como líder entre os presbíteros, pois dedica todo o seu trabalho e energia ao ministério. Do ponto de vista prático, ele está na melhor posição para liderar, iniciar políticas, criar mudanças, dirigir ministérios e dar atenção às necessidades do corpo da igreja. Ele vive todos os dias para esse propósito, enquanto os outros presbíteros podem ter outras vocações, como vendas, medicina ou projeto de construção, do mesmo modo que ocorre na minha igreja. Os demais presbíteros, companheiros do pastor titular, apoiam ele, pois reconhecem a prioridade da pregação para o ministério do Novo Testamento (1Co 1—3). Por meio da interação contínua, eles também buscam aprimorar e aperfeiçoar as habilidades e a compreensão da Palavra do pastor titular.

Em terceiro lugar, o chamado distinto para pregar não é equivalente ao ofício de presbítero. Uma igreja pode ter pregadores que não são presbíteros e presbíteros que não são pregadores, já que o chamado para pregar ou a capacidade de ocupar o púlpito não é exigido dos presbíteros. "Não há indícios de que todos os pregadores devam ser presbíteros ou que todos os presbíteros devam ser pregadores".[7] Em vez disso, a necessidade de alimentar o rebanho de Deus de maneira consistente e cuidadosa não deve ser prejudicada pela distribuição rotineira das responsabilidades do púlpito.

Finalmente, embora o pastor titular tenha a principal plataforma para se dirigir à igreja, ele o faz sabendo que seus companheiros presbíteros estão consigo na obra do ministério. Um pastor desonesto que procurasse falar *ex cathedra* como se só ele conhecesse a vontade de Deus para a igreja achará o presbiterado plural restritivo. Embora os presbíteros devam encorajar e elogiar apropriadamente o pastor titular em seus trabalhos, eles também devem gentilmente lembrá-lo de sua própria falibilidade, para que ele não pense mais de si mesmo do que deveria (Fp 2.2,3; Rm 12.3-5).

---

7 Donald MacLeod, "Presbyter and preachers", registro mensal da igreja Free Church da Escócia, junho 1983, 124.

DOIS OFÍCIOS OU TRÊS?

Uma das objeções mais fortes a essa visão do presbiterado plural vem daqueles que insistem que os *presbíteros não pregadores* constituem um terceiro ofício na igreja, em vez dos ofícios duplos de pastor/presbítero/supervisor e diácono. Obviamente, ao longo dos séculos, alguns criaram três cargos dividindo artificialmente o cargo de presbítero entre "presbíteros professores" e "presbíteros regentes". Mas Gerald Cowen declara: "Não existe no Novo Testamento um presbítero que apenas governa e não ensina".[8] Ainda assim, Cowen continua a caricaturar o presbitério plural como um terceiro ofício na igreja e, portanto, não escriturístico. Ele vai mais longe a ponto de identificar o "pastor-presbítero-bispo" apenas como o pastor pregador, escrevendo: "Não são feitas concessões para diferentes tipos de presbíteros com diferentes qualificações. Não há um tipo que seja chamado por Deus para pastorear e ensinar e outro que não o é".[9] Em outras palavras, se um homem não é chamado para servir como pastor pregador de uma igreja, ele não tem porque ser presbítero. Curiosamente, Cowen admite: "É verdade que, sempre que o termo *presbítero* ou *bispo* é usado no Novo Testamento, ele é usado no plural, o que significaria que a prática geral das igrejas na época do Novo Testamento era ter pelo menos dois presbíteros".[10] No entanto, uma vez que o Novo Testamento não estabelece um número preciso de "pastores-presbíteros que uma igreja deveria ter", Cowen contorna o presbiterado plural em favor de um líder chamado "o pastor",[11] aparentemente ignorando sua própria exegese dos textos bíblicos.

Muitos dos que fazem as mais fortes objeções à pluralidade de presbíteros reconhecerão que uma igreja pode ter vários pastores. Na verdade, eles podem alegremente admitir o pastor de ensino, o pastor de adoração, o pastor de estudantes, o pastor de crianças, o pastor de administração, o pastor de missões, o pastor de evangelismo e até o pastor de recreação. Certamente, nem todos esses pastores desejam estar no púlpito ou têm o dom de pregar. Ainda assim, eles são chamados pela igreja de pastores ou pastores associados. Eles não se encaixam no modelo de pastor pregador, mas ainda são chamados de "pastores" — plural. Eles estão envolvidos sempre que a igreja precisa de um conselho de exame para designar homens para o ministério ou diaconato.

---

8 Gerald Cowen, *Who rules the church? Examining congregational leadership and church government* (Nashville: Broadman & Holman, 2003), 39.
9 Ibid., 82.
10 Ibid., 14.
11 Ibid., 14–16.

Espera-se que eles cumpram as qualificações observadas em 1 Timóteo 3 e Tito 1 para o ofício de supervisores e presbíteros. Mas eles têm dons diferentes, ministérios diferentes e forças diferentes que contribuem para o ministério total da igreja.

Não pode essa mesma lógica ser aplicada ao presbiterado plural tanto aos membros remunerados entre os presbíteros quando aos não remunerados? Embora um presbítero possa não ser chamado ou dotado para pregar, ele pode ser especialmente dotado para liderar ou organizar ou administrar, além de ensinar. Ele contribui para a igreja de uma maneira diferente do pastor titular, oferecendo forças que o pastor titular pode não ter. Um vez que não há exigência do Novo Testamento de que um presbítero pregue, temos de concluir que, se um homem possui as outras qualidades de caráter observadas e é um professor capaz, então, ele pode ser um bom candidato para participar na liderança da igreja.

FUNCIONÁRIOS ECLESIÁSTICOS COMO PRESBÍTEROS

Algumas igrejas deliberadamente têm como presbíteros apenas funcionários de tempo integral, e todos os seus funcionários são presbíteros. A igreja pode funcionar com uma pluralidade de presbíteros dessa forma. Mas excluir os membros não remunerados da equipe do presbitério enfraquece o grupo de liderança e o priva de alguns dos servos cristãos mais capazes da igreja. Isso também coloca toda a liderança na equipe remunerada. No entanto, quando os presbíteros contratados saem para outros ministérios ou são removidos de seus cargos, suas saídas podem enfraquecer e desestabilizar o presbitério. Em contrapartida, uma mistura de presbíteros remunerados e não remunerados fornece mais continuidade na liderança da igreja. Essa combinação também ajuda os presbíteros a avaliar cada questão sob diversos ângulos.

Mas há uma segunda questão aqui: Cada membro da equipe deve servir automaticamente como presbítero? Não necessariamente. Por exemplo, funcionários administrativos muitas vezes funcionam como diáconos remunerados; eles precisam ser piedosos e talentosos em seu ministério, mas as qualificações para seu trabalho não necessariamente correspondem às qualificações para o cargo de presbítero. Além disso, alguns funcionários pastorais, como assistentes pastorais ou jovens estagiários, podem estar a caminho de se tornarem presbíteros, mas ainda não estão totalmente qualificados. Eles podem ser muito jovens para oferecer o conselho sábio necessário, ou ainda não comprovados no crisol de tempos difíceis, e, portanto, carecem das percepções da experiência de vida que são tão valiosas para um presbítero.

Durante meus dias de faculdade, servi como membro da equipe de funcionários em duas igrejas. Aos dezenove e aos vinte anos — e na equipe —, eu definitivamente não era maduro o suficiente para exercer a autoridade de presbítero. Entretanto, eu tinha a capacidade de servir como membro da equipe, contribuindo para o trabalho geral do ministério. Contudo, nas decisões relativas à doutrina e à disciplina, eram necessários homens que tinham um histórico mais longo de aplicação da Palavra de Deus a suas vidas para liderar as igrejas.

Parece melhor haver um equilíbrio entre os presbíteros remunerados e os não remunerados, se possível. Dessa forma, aqueles que são remunerados não podem ser acusados de "embaralhar as cartas em benefício próprio" em votos importantes, especialmente em questões financeiras que os afetem. Se aprovado pelo restante dos presbíteros, pode ser benéfico para os funcionários participarem das reuniões do presbitério, para contribuir, quando necessário, e aprender com a interação dos presbíteros. O título de *presbítero* não deve ser automaticamente dado a um funcionário, nem é necessário para todas as funções da equipe. Se o ser presbítero se tornar "tudo" para um membro da equipe, pode ser que ele não esteja pronto para lidar com as responsabilidades maduras do cargo de presbítero.

PRESBÍTEROS E DIÁCONOS

Os presbíteros não podem fazer tudo o que precisa ser realizado na igreja. Os diáconos servem em parceria com os presbíteros como o segundo dos dois ofícios da igreja, atendendo às necessidades físicas. Cada igreja deve elaborar seus próprios detalhes de como os presbíteros e diáconos funcionam, mas, no mínimo, esses dois ofícios devem procurar complementar um ao outro ao invés de competir. Seus deveres podem ocasionalmente se sobrepor e, nessas ocasiões, eles devem se comunicar bem uns com os outros, percebendo que seu serviço em conjunto atende às necessidades de liderança na igreja.

Um forte corpo de diáconos estabelece a base para presbíteros eficazes, permitindo que os presbíteros se concentrem em suas responsabilidades particulares ao mesmo tempo que se concentram em tarefas necessárias, mas muitas vezes mundanas. Descobrimos que dar a cada diácono uma tarefa ou área de tarefas ajuda, com grande eficiência, a facilitar o trabalho. Em vez de se concentrar em reuniões e decisões, os diáconos supervisionam uma área da vida da igreja, como segurança, finanças ou edifícios.

Se uma igreja escolhe ter comitês, então os presbíteros e diáconos podem tomar parte nos comitês da igreja, talvez até mesmo tendo um presbítero ou diácono designado para cada comitê. Nossos presbíteros nomeiam todos os membros do comitê e decidem quais comitês são necessários a cada ano para servir adequadamente a igreja. Com poucas exceções, cada comitê tem pelo menos um presbítero ou diácono. Uma vez que esses indivíduos estão mais cientes da direção da igreja, eles ajudam os comitês a permanecerem focados em como melhor utilizar os dons da igreja, mantendo assim a continuidade no trabalho geral da igreja.

REUNIÃO DO PRESBITÉRIO

Nossos presbíteros se reúnem mensalmente, mas também mantêm contato regular uns com os outros por e-mail e conversas telefônicas. Servimos juntos, mas também somos amigos que oram uns pelos outros e se responsabilizam uns pelos outros em nossas caminhadas cristãs. As reuniões são planejadas para melhor utilizar o nosso tempo juntos e considerar as áreas mais necessárias das necessidades da igreja. Uma agenda típica de uma de nossas reuniões do presbitério pode ser a seguinte.

- Leitura das Escrituras e oração.
- Avaliação dos contatos com os membros, identificando as necessidades ou contatos adicionais necessários.
- Estudar e apresentar pesquisas sobre uma questão doutrinária.
- Discuta um possível problema de disciplina da igreja.
- Trabalhar nas seleções do comitê.
- Discuta a substituição de professores para as próximas classes bíblicas.
- Planejar pequenos grupos e estudos da Escola Dominical.
- Discutir oportunidades potenciais de plantação de igrejas.
- Discuta as necessidades de futuras viagens missionárias e como melhor envolver a congregação.
- Discutir estágios pastorais em andamento. Avalie uma solicitação para o nosso estágio.
- Discuta ideias de evangelismo para o verão e para o outono.

Às vezes não completamos a pauta, caso em que podemos nos encontrar mais uma vez ou continuar a discussão via e-mail. Quando trazemos novos presbíteros, adicionamos treinamento à agenda para apresentá-los cada um ao seu ministério. Descobrimos que um período de duas a três horas nem sempre é suficiente para orar, discutir as necessidades da família da igreja, lidar com questões de disciplina e fazer planos para a igreja. Portanto, podemos planejar um retiro a fim de concentrar tempo em questões urgentes ou nas questões mais amplas de planejamento da igreja. Em nossos momentos juntos, aprendemos a valorizar a abertura, a franqueza, a gentileza e a humildade.

REUNIÕES CONGREGACIONAIS E PRESBITERAIS

Na vida da igreja batista, assembleias frequentemente trazem carnificina. Raramente encontro um pastor batista ou membro de igreja de longa data que não tenha histórias de guerra para contar sobre as reuniões dos membros. Mas esse nunca deveria ser o caso quando membros de uma igreja local *habitados pelo Espírito*, regularmente disciplinados e regenerados se reúnem para discutir questões de membresia.

Além disso, os presbíteros devem cuidar de muitos dos assuntos que, de outra forma, seriam discutidos pela congregação, que, na maioria das vezes, pode estar desinformada. Se uma igreja confia em seus presbíteros como homens de Deus que servem para o bem da igreja, a maioria das questões que dizem respeito à igreja local não precisa ser discutida nas reuniões de membros. Certamente os membros devem ser consultados sobre questões importantes, como chamar um pastor associado, comprar uma propriedade, construir uma nova instalação ou mudar a estrutura da igreja. Mas os presbíteros e os diáconos trabalham juntos para tratar dos assuntos regulares da vida da igreja — os presbíteros concentrando-se no espiritual e os diáconos concentrando-se no temporal — para que o corpo da igreja possa se concentrar na obra do ministério.

Cada igreja precisará desenvolver um cronograma adequado para as reuniões congregacionais. No entanto, muitas vezes uma igreja decide realizar reuniões, algum tipo de comunicação mensal dos presbíteros e diáconos, mantendo a congregação atualizada sobre as últimas mudanças, decisões e necessidades; isso pode solidificar a harmonia da igreja. Algumas igrejas descobriram que reuniões bimestrais, trimestrais ou semestrais funcionam bem. Outros optam por uma reunião congregacional anual que considera o orçamento da igreja e as recomendações para o ano seguinte. Se uma igreja está acostumada a assembleias que envolvem detalhes intermináveis, então seria sábio que o pastor diminuísse lentamente esse tipo de tradição em vez de encerrá-la abruptamente.

Às vezes, é claro, a congregação deve ser chamada à ação corporativa. Aceitar novos membros e dispensar aqueles que se mudaram ou solicitaram uma transferência de membresia exige reuniões congregacionais breves. Ao considerar questões disciplinares, minha igreja tem seguido a prática de abordá-las durante a reunião mensal da igreja na ceia do Senhor. Esse momento parece apropriado, considerando-se a santidade do serviço como uma ordenança da *igreja* que reconhece a pessoa e a obra de Cristo e o efeito de sua obra sobre todo o corpo da igreja. Um dos privilégios da membresia da igreja é a admissão à mesa do Senhor, por isso é adequado que a igreja exclua alguém da mesa em conjunto com a celebração da mesa.

TERMOS DE SERVIÇO E DEMISSÃO DE PRESBÍTEROS

A forma de governo esboçada no Novo Testamento não dá todos os detalhes; em vez disso, deixa algumas coisas para a sabedoria das igrejas locais. Por exemplo, embora o Novo Testamento afirme a pluralidade de presbíteros para a igreja, ele não prescreve um número definido de presbíteros para cada igreja ou quanto tempo cada presbítero deve servir. Não seria aconselhável, por exemplo, estabelecer um sistema rotativo de presbíteros, a menos que o tamanho e a maturidade da igreja garantam um número adequado de presbíteros para manter a pluralidade. A rotação tem suas vantagens, pois mais homens serão capazes de servir à igreja, o corpo de presbíteros manterá mais diversidade e "novas tropas" serão fornecidas para o exigente trabalho do presbitério. Mas a rotação pressupõe que, a cada ano, homens qualificados e maduros estarão prontos para ingressar no corpo de presbíteros.

Uma desvantagem do rodízio é que líderes sábios e maduros que entendem as necessidades da igreja, ao alternar, ficam fora do serviço ativo. Isso pode ser uma grande perda para a igreja. Além disso, a rotação estabelece uma cota a ser preenchida, mesmo se a igreja não tiver homens qualificados para servir. Preencher pontos com homens não qualificados certamente enfraquecerá a eficácia de todo o corpo de presbíteros.

Talvez a melhor maneira de lidar com a duração do mandato — particularmente em igrejas que já se acostumaram a um corpo de diácono rotativo — é começar com os presbíteros servindo por um período não especificado, com a ressalva de que uma revisão da rotação e do mandato ocorrerá três ou cinco anos depois de começar a liderança presbiteral plural. O mandato dos presbíteros pode ser revisado como parte do reexame dos documentos de governo da igreja (constituição, estatuto, manual de governo etc.).

A única passagem do Novo Testamento que trata da remoção de presbíteros se refere à disciplina: "Não recebais acusação contra presbítero, a não ser com base em duas ou três testemunhas" (1Tm 5.19). Uma vez que os presbíteros estão abertos ao escrutínio congregacional e, às vezes, a acusações infundadas, Paulo adota a prática do Antigo Testamento de exigir duas ou três testemunhas para fundamentar uma acusação de ofensa grave (Dt 19.15). João Calvino escreveu: "Ninguém está mais exposto a calúnias e insultos do que professores piedosos. Eles podem cumprir seus deveres correta e conscienciosamente, mas 'eles nunca evitam mil críticas'".[12] Paulo não especifica que tipo de pecado se enquadra nessa categoria, mas pode-se presumir que é sério o suficiente para questionar a capacidade do presbítero de continuar servindo a igreja. Paulo diz ainda: "Os que continuam no pecado, repreendam na presença de todos, para que também os demais tenham medo de pecar" (1Tm 5.20). Se um presbítero acusado continua em pecado, a igreja deve tomar medidas para restabelecer o testemunho dos presbíteros e da igreja. Visto que uma das quatro principais responsabilidades dos presbíteros é modelar a vida cristã, quebrar essa confiança pelo pecado contínuo requer uma repreensão pública do presbítero perante a congregação. O termo para "repreensão" implica que as acusações de pecado foram claramente comprovadas e que o presbítero foi considerado culpado. Embora o texto não forneça detalhes, há pouca dúvida de que o presbítero condenado é destituído do cargo da mesma forma que um membro da igreja seria censurado e destituído de sua membresia ativa. Não faria sentido para ele continuar servindo após tal repreensão pública por seu pecado. Como declarou Albert Mohler, o presidente de um seminário: "Claramente, a liderança carrega um fardo maior, e os pecados de um presbítero causam um prejuízo ainda maior à igreja. A repreensão pública é necessária, pois o presbítero peca contra toda a congregação".[13]

PRESBÍTEROS: AGORA, DEPOIS OU NUNCA

Agora que investigamos o ensino bíblico sobre o presbiterado plural e oferecemos recomendações para estabelecer a liderança dos presbíteros nas igrejas, o obstáculo final é determinar a resposta apropriada. Alguns que estudam o assunto dos

---

12 João Calvino, *The Epistles of Paul to Timothy and Titus* (1548–50 reprint, London: Oliver and Boyd, 1964), 263, citado e expandido em: John Stott, *Guard the truth: the message of 1 Timothy and Titus* (Downers Grove, IL: InterVarsity, 1966), 138.

13 R. Albert Mohler, "Church discipline: the missing mark", em: Mark Dever, org., *Polity: biblical arguments on how to conduct church life* (Washington, DC: Center for Church Reform, 2001), 53.

presbíteros declaram que *nunca* o considerarão para o governo de sua igreja. Algumas tradições estão profundamente arraigadas e algumas interpretações da forma de governo eclesiástico do Novo Testamento diferem do que foi apresentado aqui. Em tais casos, considere a seguinte exortação: Seja qual for o tipo de estrutura de liderança que você adote, decida por todos os meios determinar a elevação dos padrões para os líderes para atender aos requisitos bíblicos. O fracasso em atender a esses requisitos é a maior deficiência na liderança da igreja. A falta de homens piedosos — homens que estão saturados das Escrituras, sábios pela aplicação da Palavra de Deus à vida diária e fiéis nas disciplinas espirituais — deixa qualquer estrutura de liderança deficiente. Portanto, se a liderança plural de presbíteros não corresponder aos seus pontos de vista sobre a forma de governo eclesiástico, pelo menos dê muita atenção à elevação dos padrões da sua igreja para que ela espelhe as demandas bíblicas que estão sobre os líderes espirituais.

Talvez, ao ler este livro, você tenha decidido começar a se mover em direção à liderança plural de presbíteros em sua própria igreja e esteja pronto para fazer isso *agora*! Não tão rápido, por favor. Lembre-se de estabelecer as bases. Mudanças radicais na forma de governo da igreja podem não ter uma recepção acolhedora, então proceda com cautela. O Capítulo 17 oferece um modelo para promover a mudança no pensamento congregacional e implementar a transição para a liderança de presbítero. Estude-o com cuidado, adapte-o ao seu ambiente e, pela graça de Deus, siga em frente.

Alguns de vocês podem achar a liderança plural de presbíteros atraente, mas seu mandato em sua igreja foi breve e você não quer que o mandato termine, assim, rapidamente. Portanto, você está ponderando a ideia de fazer uma mudança na estrutura da sua igreja *mais tarde*. Caso seja você, comece *agora*. Concentre-se em ensinar fielmente as Escrituras para sua igreja, porque mais importante do que mudar a forma de governo eclesiástica é desenvolver uma congregação que estude e aplique a Palavra na vida diária. Defina seu foco, pela graça de Deus, no desenvolvimento de uma igreja assim. A mudança de governo ocorrerá no tempo devido, porque uma congregação que ama a Palavra de Deus e deseja seguir tudo o que o Senhor falou estará aberta ao presbitério plural. Continue desafiando sua igreja a estudar completamente as Escrituras, a fazer perguntas sobre os textos bíblicos e a pensar biblicamente.

Mudar a forma de governo da igreja para se alinhar com o ensino do Novo Testamento pode ser uma jornada fascinante. Às vezes, você será como Daniel Boone enquanto abre seu caminho através da vegetação rasteira que cobriu as trilhas claras da revelação de Deus. Em outras ocasiões, você pode se sentir como se estivesse em um balão de ar quente, subindo a grandes alturas em virtude da compreensão das Escrituras pela igreja, apenas para repentinamente afundar à medida que se esforça pelas mudanças exigidas na Palavra. Continue a viagem, sabendo que o Senhor da igreja um dia o chamará para relatar o quão fielmente você cumpriu seus deveres para com o rebanho. E, talvez, ao longo da jornada, você venha a conhecer a alegria de liderar sua igreja para abraçar a liderança plural de presbíteros. Então, uma nova fase da jornada se inicia.

QUESTÕES PARA REFLEXÃO

- Reflita acerca do tópico da autoridade na igreja. Como você caracterizaria a autoridade da congregação e a autoridade dos presbíteros? De que formas essas autoridades diferem entre si?
- Como o pastor titular pode funcionar com presbíteros que compartilham igual autoridade?
- Como os presbíteros e diáconos cooperam no serviço para o bem da igreja?
- Qual é sua resposta a esse estudo sobre a pluralidade de presbíteros? De que formas esse estudo desafia seus pensamentos anteriores sobre a forma de governo da igreja?

CAPÍTULO 20

O que você sentirá

No filme de 2011 *A Dama de Ferro*, Margaret Thatcher, interpretada por Meryl Streep, é questionada por seu médico a respeito de como ela está se sentindo. Thatcher responde: "O quê? O que estou 'fadada a estar sentindo'? As pessoas não pensam mais. Eles sentem... Um dos grandes problemas de nossa época é que somos governados por pessoas que se preocupam mais com sentimentos do que com aquilo que fazem de pensamentos e ideias. Pensamentos e ideias. Isso me interessa. Pergunte-me o que estou pensando".

Este livro trata do pensamento. Estamos pensando no que a Bíblia diz sobre o governo da igreja. Pensando a respeito de sua denominação ou da forma de governo da igreja. Pensando sobre a melhor forma de realizar a reforma. Pensar e saber são primordiais. A personagem de Thatcher está correta.

VOCÊ SENTIRÁ...

Mas eu seria negligente se não dissesse nada sobre sentimentos. Um presbítero não pensa apenas no percurso de seu chamado e suas tarefas; ele sente. E a gama de emoções pode ser surpreendente. Obtenha conforto e coragem com a lista a seguir.

Orgulho

Ser chamado para servir como presbítero em um grupo de presbíteros respeitado pode, a princípio, fazer você se sentir orgulhoso. "Eu finalmente consegui!" Suspeito que isso vai desmoronar logo depois que o trabalho começar. No entanto, os presbíteros enfrentarão uma tentação contínua de orgulho, não apenas da mesma forma que todos os cristãos, mas de uma forma que é intensificada por seu ofício. Paulo tinha isso em mente quando escreveu que um presbítero não deve ser "recém-convertido, para não acontecer que fique cheio de orgulho e incorra na condenação do diabo" (1Tm 3.6, NAA).

Estimulado

Sentar "no portão" com homens piedosos que conhecem sua teologia e têm sabedoria pastoral aparentemente interminável é revelador e revigorante. Mesmo que isso seja estimulante, provavelmente é bom, quando você se tornar um presbítero, fechar a boca e simplesmente ouvir durante os primeiros meses. Absorva tudo. Aprenda.

Chocado

Com um simples voto da congregação, você agora é um presbítero e então começa a assistir às reuniões do presbitério. Mas agora, pela primeira vez, você está ouvindo sobre membros de sua congregação acerca dos quais você não tinha ideia que lutavam contra esse ou aquele pecado hediondo. Como um membro comum, você pensava que sua igreja era uma comunidade sagrada. Como um presbítero, você descobre camadas de pecado que fariam sua avó corar. Quando você estiver chocado com o pecado, canalize essa preocupação em oração pelas ovelhas.

Perplexo

A complexidade do pecado das pessoas pode ser enervante. E, embora as Escrituras sejam suficientes para nos capacitar a viver de uma maneira que agrade a Deus, descobrir como aplicá-las a situações particularmente complicadas pode estar longe de ser fácil.

Um exemplo: um marido comete adultério. Ele se arrepende. Sua esposa decide não aceitá-lo de volta. Ambos devem ser disciplinados? Eles podem se divorciar e ambos permanecerem em boa situação como membros? Qual é o papel da igreja? Até que ponto os presbíteros devem pressionar pela reconciliação?

É aqui que uma pluralidade de presbíteros é crucial. Repetidamente, você descobrirá que a sabedoria vem à medida que vocês trabalham juntos para resolver os pontos difíceis.

Dividido

Estar irritado com os presbíteros ou com qualquer presbítero individualmente é muito parecido com estar irritado com o cônjuge. Acima de tudo, os presbíteros devem ser unidos, certo? Eles devem modelar a submissão e liderar com uma só voz, não é? No entanto, às vezes, haverá desacordo teológico ou mesmo problemas de compatibilidade pessoal entre os homens. Portanto, faça tudo o que puder para fazer as pazes.

Desvalorizado
Como seus filhos, que não têm ideia dos sacrifícios que faz por eles, as ovelhas que você foi encarregado de proteger, instruir, amar e disciplinar, sem dúvida, o deixarão sentindo-se desvalorizado. Leia e releia 1 Coríntios 13 e considere o que significa amar as ovelhas. Considere o fardo que o apóstolo Paulo carregou pelas igrejas e imite sua afeição pelo povo de Deus.

Incompreendido
Mesmo as palavras mais cuidadosamente elaboradas podem ser mal interpretadas. Um presbítero precisa saber que suas palavras bem-intencionadas, às vezes, serão mal recebidas. Paciência, tolerância e uma vontade pronta para explicar as coisas novamente irão promover a compreensão e preservar a unidade.

Julgado
O sentimento de ser julgado virá sobre você em ondas conforme pessoas iradas deixam sua igreja por causa de uma posição teológica que você mantém ou de uma decisão política que tomou. Trabalhe para acreditar no melhor sobre os outros. Se eles forem, deseje-lhes boa sorte, ore por eles e fale gentilmente sobre eles. E lembre-se de que só Deus é o Juiz.

Vontade de desistir
Em algum momento, seja por causa da discórdia entre seus companheiros presbíteros, seja em razão do cansaço de suportar mais do que talvez devesse, você terá vontade de desistir. Antes de parar, peça conselhos aos outros presbíteros. Não tome uma decisão precipitada. Hebreus 10.36 diz: "Com efeito, tendes necessidade de perseverança, para que, havendo feito a vontade de Deus, alcanceis a promessa". Saber que você precisa de perseverança ao assumir o manto presbiteral o ajudará a perseverar.

Desequilibrado
"Como você equilibra casa, trabalho e igreja?" Essa é provavelmente a pergunta que mais recebo de outros presbíteros em minha igreja e em outras igrejas. Mas pense em

qualquer número de personagens bíblicos e pergunte-se se suas vidas pareciam equilibradas. Abraão? Noé? Moisés? Jesus? Paulo?

Em suma, acho que podemos ser tentados a valorizar o equilíbrio do mesmo modo que valorizamos o conforto — um pouco demais. Pessoas "equilibradas" provavelmente não vão para missões no exterior, muito menos ficam acordadas a noite toda com um membro doente no hospital. Pessoas "equilibradas" não dão seu dinheiro, muito menos levantam cedo para orar e discipular um homem mais jovem.

Se assumir a responsabilidade de ser um presbítero, você e sua família precisam saber que a vida, às vezes, ficará fora de equilíbrio. Você, às vezes, terá um peso excessivo em relação às coisas na igreja. A chave é ter certeza de que essa não é a configuração padrão. Se você tem um dia, uma semana ou um mês agitados na igreja, certifique-se de que sua família esteja totalmente informada e, em seguida, mude as coisas no dia, na semana ou no mês seguinte.

Mas, em última análise, somos chamados à fidelidade — em casa, no trabalho e na igreja —, não ao equilíbrio.

Alegre

Quando você se entrega à obra do Senhor em união com os outros presbíteros, é uma alegria. Trabalhar com irmãos em oração e conselho e ver o Senhor trazer o fruto desejado no coração de um pecador arrependido é simplesmente uma alegria. Que trabalho melhor existe do que calibrar o currículo de sua igreja, garantir que a pregação seja sã, construir uma comunidade de amor e, então, ter incrédulos entrando nesse corpo, cheirando o aroma de Cristo e respondendo com fé?

Satisfeito

Carregar um fardo sozinho é insuportável. Descanso e contentamento podem ser encontrados em compartilhar esse fardo com irmãos piedosos enquanto eles esperam com você pela resolução de qualquer assunto com o qual os presbíteros estão lutando.

Unido

O Salmo 133.1 diz: "Oh! Como é bom e agradável viverem unidos os irmãos!" Da mesma forma que uma criança prospera quando sua mãe e seu pai estão de acordo, uma igreja prosperará quando os irmãos presbíteros estiverem unidos para o seu bem. É um sentimento doce estar unido a homens piedosos por uma causa piedosa.

Mais sábio

Se for honesto, todo presbítero dirá que pode ter sua mente mudada várias vezes durante uma discussão. Ouvir irmão após irmão destrinchar seus pensamentos e aplicar várias partes das Escrituras a um problema específico fará isso. Nesse processo, ganha-se sabedoria. Essa sabedoria adquirida irá fluir no ensino de um presbítero na igreja, bem como em seu exemplo em casa.

Amado e respeitado

Uma congregação bem pastoreada retribuirá com amor e respeito. Eles podem não concordar com todas as decisões, mas amorosamente cederão aos presbíteros porque têm se beneficiado com a supervisão fiel deles repetidas vezes.

Fazendo a diferença

Eu amo como Isaías descreve o esforço colaborativo entre o homem e Deus ao escrever: "Senhor, concede-nos a paz, porque todas as nossas obras tu as fazes por nós" (Is 26.12). Os presbíteros, acima de todas as pessoas, devem reconhecer a obra providencial e regeneradora de Deus em seu meio. Mas isso não significa ignorar o uso de instrumentos humanos por Deus. Ao ver alguns serem trazidos da morte para a vida, ao ouvir testemunhos batismais, ao ver casamentos restaurados ou jovens casais deixarem o lar para levar o evangelho a um grupo de pessoas não alcançadas, você saberá que seu trabalho fez a diferença.

ALEGRIA E RECOMPENSA VINDOURA

Margaret Thatcher faz outra citação memorável: "Se meus críticos me vissem caminhando sobre o Tamisa, diriam que era porque eu não sabia nadar". Em outras palavras, algumas pessoas sempre encontrarão algo para criticar. Mas considere que o Senhor Jesus Cristo, "em troca da alegria que lhe estava proposta, suportou a cruz" (Hb 12.2). Há alegria e recompensa pela frente para aqueles que servem fielmente, apesar do que os críticos detratores e, às vezes, até mesmo suas próprias emoções possam dizer.

CAPÍTULO 21

Desenvolvimento de liderança em lugares difíceis

MISSIONÁRIOS, NOVAS IGREJAS E PRESBÍTEROS

Perto do final do século 20, a nação de Ruanda, no leste africano, ostentava o título de país mais evangelizado e cristianizado do continente. Cerca de 90% do país foi batizado como cristão. Muito da influência cristã resultou do amplo avivamento da África Oriental que começou em Ruanda em 1927 e se espalhou para diferentes denominações e países vizinhos.[1]

Ainda assim, em 1994, surgiu um conflito entre a minoria tutsi e a maioria dos grupos hutus, o primeiro tendo sido exilado pelo segundo, no entanto, agora os tutsi estavam tentando recuperar o controle governamental. No final das contas, o conflito levou ao massacre de quase um milhão de pessoas em uma nação de menos de nove milhões. Em uma reunião missionária, James Engel expressou o que alguns cidadãos de Ruanda estavam sentindo: "Em todo o seu zelo pelo evangelismo, vocês nos trouxeram Cristo, mas nunca nos ensinaram como viver".[2] Um graduado do instituto Rwanda Institute of Evangelical Theology explicou a prática padrão entre as igrejas de Ruanda: "Usamos a Bíblia, mas não *pensamos realmente biblicamente* nem a *ensinamos*

---

[1] Patrick Johnstone, *Operation world: the day-by-day guide to praying for the world* (Grand Rapids: Zondervan, 1993), 472; Glenn Kendall, "Rwanda", em: A. Scott Moreau, org., *Evangelical dictionary of world missions* (Grand Rapids: Baker Books, 2000), 842–843.
[2] James Engel, "Beyond the numbers game", *Christianity Today*, 7 de agosto de 2000, 54, em: David Sills, *Reaching and teaching: a call to great commission obedience* (Chicago: Moody Press, 2010), 55.

sempre de maneira correta".³ John Robb e James Hill observaram que a maioria na igreja de Ruanda era composta de cristãos nominais por causa do fracasso da igreja "em discipular essas multidões".⁴ Uma missionária de terceira geração em Ruanda, Meg Guillebaud, testemunhou em primeira mão a impiedade dos líderes, bem como o ensino superficial; o resultado foi que "os cristãos não estavam sendo discipulados".⁵ Ela ainda apontou para um sincretismo generalizado que enfraqueceu a influência cristã nesse país altamente evangelizado.⁶ Embora Ruanda tivesse sido elogiada pelo evangelismo eficaz, o genocídio de 1994 arruinou a confiança dos nacionais na igreja, uma vez que vários cristãos professos perpetraram os assassinatos.⁷

Que diferença teria produzido caso a igreja de Ruanda tivesse aprendido a pensar biblicamente porque seus líderes tinham lhe ensinado fielmente a Palavra de Deus, discipulando-a na fé, assim como Jesus ordenou? O rápido crescimento da igreja de Ruanda deixou uma lacuna de liderança que poderia ter mudado se a última parte da Grande Comissão ("ensinando-os a guardar todas as coisas que vos tenho ordenado") tivesse recebido tanta atenção quanto a primeira ("Ide, portanto, fazei discípulos de todas as nações, batizando-os"; Mt 28.19,20). A Grande Comissão exige ensino e treinamento contínuos.⁸

Ruanda tinha liberdade religiosa oficial durante os dias de avivamento, mas que dizer a respeito de outros lugares no mundo onde a proclamação do evangelho é proibida e os crentes regularmente enfrentam perseguição? O que evitará que os novos crentes voltem à religião anterior ou misturem o culto cristão com as superstições pagãs? Os missionários enfrentam o desafio significativo de identificar e desenvolver líderes nos "lugares difíceis" do globo — áreas de rápido desenvolvimento de igrejas e áreas de perseguição. Embora os plantadores de igrejas enfrentem a mesma necessidade em áreas com muitas igrejas, as questões são muito diferentes onde existem

---

3 Alexis Nemeyimana, African Inland Mission on-field media. A frase foi dita por um pastor de Ruanda no vídeo: *So we do not lose heart*, da AIM International Online, MPEG, disponível em: https://www.facebook.com/watch/?v=72995816104, acesso em: 27 de março de 2021; veja também M. David Sills, *Reaching and teaching*, 162; itálicos de Sills.

4 John Robb; James Hill, *The peace-making power of prayer: equipping Christians to transform the world* (Nashville: Broadman & Holman, 2000), 178–179.

5 Meg Guillebaud, *Rwanda: the land God forgot? Revival, genocide, and hope* (Grand Rapids: Kregel, 2002), 285.

6 Ibid., 287.

7 Kendall, "Rwanda", 843.

8 Sills, *Reaching*, 55, citando Paul Washer, "Gospel 101", *HeartCry Magazine* 54 (set-nov 2007): 6.

poucos cristãos maduros.⁹ O desejo de fazer discípulos também deve incluir planos para ensiná-los e treiná-los. A tese deste capítulo é que novas igrejas em lugares difíceis devem identificar e desenvolver líderes pastores (presbíteros) que irão ensinar, ser exemplos e treinar a igreja para a maturidade espiritual. O desenvolvimento da liderança é particularmente desafiador onde os Church Planting Movements [Movimentos de Plantação de Igrejas] (CPMs) deixaram várias igrejas sem liderança e onde a perseguição faz com que o desenvolvimento da liderança pareça improvável. Neste capítulo, exploraremos por que e como os missionários devem priorizar o desenvolvimento de líderes e a indicação de presbíteros em novas igrejas em lugares difíceis. Além disso, vou recorrer às Epístolas Pastorais para investigar quão cedo um convertido pode servir como presbítero e, então, concluir com um plano para o desenvolvimento de liderança em lugares difíceis.

UM DILEMA MISSIOLÓGICO

Como o professor de missões Bruce Ashford destacou, os Batistas do Sul "há muito tempo oram e trabalham para o nascimento de CPMs entre os grupos de povos não alcançados do mundo e, de fato, até mesmo em nosso próprio país".¹⁰ Alguns dos CPMs relatados estão em regiões conhecidas pela perseguição de cristãos. No entanto, ele corretamente avisa que, uma vez que nosso objetivo é "o aumento da glória e do reino de Deus", nada deve suplantar a prioridade da glória de Deus, particularmente métodos reducionistas que carecem de fidelidade bíblica. "Por isso, estamos preocupados não apenas com a rapidez, mas também com a pureza do evangelho e a saúde da igreja." Portanto, nem uma "ênfase exagerada na rapidez" nem uma pureza doutrinária sem preocupação com a multiplicação é aceitável.¹¹

No entanto, se Deus se agrada em multiplicar rapidamente a igreja, essas notícias positivas podem ironicamente confundir os plantadores de igrejas e missionários. As igrejas que crescem rapidamente precisam de líderes que amadureçam rapidamente

---

9 Bruce Riley Ashford, "A theologically-driven missiology", em: *Chuck Lawless; Adam Greenway*, orgs., *Great commission resurgence: fulfilling God's mandate in our time* (Nashville: B&H, 2010), 202–203, identifica duas questões missiológicas relacionadas aos Church Planting Movements [Movimentos de Plantação de Igrejas] (CPMs). A primeira levanta questões sobre a teologia e a metodologia nos CPMs; a segunda, o foco deste capítulo, aborda "a questão de quão cedo um crente pode ser reconhecido como presbítero". Essa situação surge tanto nos CPMs quanto nos ambientes de perseguição, portanto, este capítulo considerará a necessidade geral de liderança em ambos.

10 Ibid., 202.

11 Ibid., 202–203.

para pastoreá-las. Portanto, os missionários enfrentam a questão de quão cedo um convertido com potencial de liderança pode ser reconhecido como um presbítero.[12] A idade e o tempo de experiência como crente são considerados na nomeação de liderança? Como as igrejas em regiões sujeitas à perseguição, com apenas jovens crentes, avançam em direção à maturidade?

O problema é mais agudo onde a perseguição é comum. Um missionário pode precisar limitar seu tempo com novas igrejas para que sua presença não as coloque em perigo. No entanto, deixar de estabelecer alguma representação de liderança para as igrejas recém-nascidas é uma negligência grosseira do dever. "O desafio dos países de acesso criativo", lembra-nos o missiologista David Sills, "não impede o cumprimento dos mandamentos bíblicos de ensiná-los a observar tudo o que Cristo nos ordenou".[13] O missionário deve estabelecer um plano apropriado para pastorear novas igrejas, mesmo que pareça inadequado. Especificamente, ele enfrenta três desafios: (1) treinar e nomear cuidadosamente líderes que demonstrem o tipo de caráter exigido em 1 Timóteo 3 e Tito 1; (2) implementar rapidamente uma estrutura de liderança que durará mais do que seu ministério pessoal entre eles; e (3) recomendar a igreja ao Senhor, que é capaz de protegê-los. Esse foi o padrão que Paulo e Barnabé seguiram durante sua primeira viagem missionária (At 14.23). O líder missionário Daniel Sinclair chama isso de "um ponto final consistente" usado pelos apóstolos e seus parceiros na plantação de igrejas.[14] Eles trabalharam para estabelecer uma equipe de liderança que pastorearia novas igrejas.

Cada igreja local precisa de liderança local e, na maioria das congregações, "esta deve consistir de uma pluralidade de presbíteros".[15] Esse é o ideal a que toda congregação deve aspirar. No entanto, as circunstâncias podem exigir criatividade dentro dos limites bíblicos para estabelecer uma estrutura inicial de liderança que será suficiente até que o ideal seja alcançado. Os missionários precisarão se proteger contra a imposição de um modelo de igreja ocidental tanto em CPMs quanto em ambientes de perseguição. Como Edward Dayton e David Fraser afirmam corretamente, ele "deve permitir que os verdadeiros fundamentos da igreja tenham poder de controle sobre as

---

12 Ibid., 203.
13 Sills, *Reaching and teaching*, 68.
14 Daniel Sinclair, *A vision of the possible: pioneer church planting in teams* (Colorado Springs: Authentic Publishing, 2005), 219.
15 Gary Corwin, "Church planting 101", *Evangelical Missions Quarterly* (abril de 2005, 41:2), 142

características acidentais de organização, instituição e tradição", distinguindo "entre o exemplar e o obrigatório nas Escrituras". Em meio ao estabelecimento de bases para o ensino contínuo e a liderança em novas igrejas, as Escrituras devem ser mantidas no centro. Isso é fundamental, mesmo quando os missionários consideram questões de contextualização.

UMA NECESSIDADE ECLESIOLÓGICA:
AS RAZÕES FUNDAMENTAIS PARA LÍDERES PASTORES

O Novo Testamento requer líderes qualificados para sustentar a saúde das congregações locais.[16] Esta é, de fato, uma marca essencial de uma igreja saudável.[17] Os líderes — sejam chamados de presbíteros, pastores ou supervisores — devem dar atenção ao ensino, ao ser modelo, ao treinamento, à exortação, à disciplina e à correção. O presbiteriano do século 19 David Dickson explicou: "O presbítero, *sob uma forma ou outra*, é absolutamente necessário para uma igreja saudável e útil".[18] Ele continua mostrando como os wesleyanos adotaram uma forma de presbiterado com líderes de classe, os batistas e congregacionalistas com diáconos e os episcopais com uma agência leiga formalmente sancionada.[19] Em outras palavras, o nome ou título não é tão importante quanto o caráter e a função do líder. O pastor e teólogo Philip Ryken considera a liderança dos presbíteros essencial para proteger o investimento de Deus na igreja. Ele afirma: "O plano de Deus era colocar a igreja sob os cuidados de pastores".[20] Daniel Sinclair concorda, destacando que, em suas extensas observações sobre o trabalho missionário pioneiro, as igrejas que falham em estabelecer a pluralidade de presbíteros inevitavelmente desmoronam, enquanto aquelas com a pluralidade de presbíteros prosperam.[21] Portanto, o objetivo de estabelecer líderes pastores nunca é opcional para missionários e plantadores de igrejas.

---

16 Veja alguns exemplos em Atos 1.15-26; 2.42-47; 4.32-35; 5.1-11; 6.1-7; 11.19-26; 14.21-23; 20.17-35; 1Ts 5.12,13; 1Tm 3.1,5; 5.17; 2Tm 1.6-8; 4.1-5; Tt 1.5-9; Hb 13.7,17; Tg 5.14,15; 1Pe 5.1-4.

17 Mark Dever, *Nove marcas de uma igreja saudável* (São José dos Campos, SP: Fiel, 2007), 241–268.

18 David Dickson, *The elder and his work* (Phillipsburg, NJ: P & R Publishing, 2004, da 19ª C. reimpr., n.d.), 26; itálico adicionado para enfatizar que a pluralidade presbiteral não é praticada monoliticamente.

19 Ibid.

20 Philip Graham Ryken, *City on a hill: reclaiming the biblical pattern for the church in the 21st century* (Chicago: Moody Press, 2003), 97–98.

21 Sinclair, *A vision of the possible*, 220.

Uma razão é bastante clara: os membros da igreja são ovelhas que precisam de pastores para direcioná-los à maturidade espiritual. Eles não deveriam ser como "ovelhas sem pastor" (Mt 9.36, NVI). Seguindo a orientação do Senhor (At 20.28; 1Pe 5.2; cf. Jo 21.16), tanto Paulo quanto Pedro usaram o verbo "pastorear" (*poimainein*) para descrever o trabalho de cuidar, proteger e nutrir a igreja.[22]

Em geral, os apóstolos e presbíteros do Novo Testamento fornecem um modelo claro para o desenvolvimento de igrejas saudáveis, como no exemplo de Paulo: "o qual [Cristo] nós anunciamos, advertindo a todo homem e ensinando a todo homem em toda a sabedoria, a fim de que apresentemos todo homem perfeito em Cristo; para isso é que eu também me afadigo, esforçando-me o mais possível, segundo a sua eficácia que opera eficientemente em mim" (Cl 1.28,29). O "nós" em "nós anunciamos" é plural, o que significa que evangelismo e discipulado pertencem à igreja mais ampla, não apenas ao apóstolo.[23] As gerações futuras de líderes pastores terão as mesmas responsabilidades. Essas responsabilidades, como vemos na passagem, incluem advertir a todo homem e ensinar a todo homem. Proclamar Cristo, ao que parece, envolve um pastor líder em intenso cuidado pastoral e instrução contínua.[24] Peter O'Brien observa: "Como um verdadeiro pastor, Paulo não ficará satisfeito com nada menos do que a plena maturidade cristã de cada crente".[25] O líder pastor deve adotar o mesmo objetivo.

A propensão dos cristãos de perambular por práticas pecaminosas, falsos ensinos, heresia, desunião e até mesmo sincretismo exige vigilância e correções apropriadas por líderes pastores.[26] Sills fala sobre o sincretismo que observou enquanto servia entre os pastores andinos indígenas, incluindo derramar a borra de suas bebidas para uma deusa da terra, bem como um funeral para uma criança incorporando catolicismo, animismo e tradições evangélicas.[27] As igrejas não podem ser deixadas para se defenderem sozinhas sem líderes treinados e piedosos.

---

22 *BDAG*, 842.

23 James D. G. Dunn, *The Epistles to the Colossians and to Philemon*, NIGTC (Grand Rapids: Eerdmans, 1996), 124.

24 Peter T. O'Brien, *Colossians, Philemon*, WBC (Waco, TX: Word Books, 1982), 87. Veja também Eduard Lohse, *Colossians and Philemon*, Hermeneia (Philadelphia: Fortress Press, 1971), 77.

25 O'Brien, *Colossians, Philemon*, 90.

26 Veja Mt 18.15-20, que exige disciplina corretiva na igreja; observe também os muitos exemplos de discípulos errantes e, portanto, com necessidade de pastores para corrigir, advertir e instruir: 1Co 3.1-8,16-20; 5.1-13; Gl 1.6-9; 3.1-5; 5.7-9; Fp 4.2,3; 1Ts 5.14; 2Ts 3.6-15; 1Tm 1.3-7,18-20; 4.11-16; 2Tm 2.22-26; 4.10; Tt 1.10-16; 2.6; Hb 5.11-14; 6.9-12; 2Pe 1.8-15; 1Jo 5.16,21; 2Jo 7-11; 3Jo 9-11; Ap 2—3.

27 Sills, *Reaching*, 161.

Liderança e a maturidade da igreja

Cada igreja precisa de treinamento regular nas Escrituras para crescer. E isso requer que uma igreja tenha líderes maduros que a ensine e treine consistentemente na Palavra.[28] J. I. Packer coloca o conhecimento das Escrituras no cerne do crescimento na piedade, identificando a piedade genuína como (1) "uma vida de *fé nas promessas* de Deus [...] (2) [que] envolve *obediência às leis de Deus* [...] (3) [e] é sempre marcada pelo *prazer na verdade de Deus*".[29] Fora da compreensão as Escrituras, um crente professante não tem capacidade de crescer em piedade.

Isso significa que evangelismo e ensino contínuo não são "esforços mutuamente exclusivos", como se um existisse apropriadamente sem o outro.[30] Em vez disso, treinar novos crentes para crescer em piedade protege a pureza do evangelho e produz um testemunho evangelístico atraente. Não é surpreendente, portanto, que o grande texto evangelístico, a Grande Comissão, antecipe a necessidade de líderes pastores ensinarem fielmente o rebanho de Deus a observar tudo o que Jesus ordenou (Mt 28.20; veja tb. 1Pe 5.1-5)

Manter a pureza do evangelho está paralelo ao crescimento da piedade. Paulo repreendeu os gálatas porque eles estavam "abandonando tão rapidamente aquele que os chamou pela graça de Cristo, para seguirem outro evangelho" (Gl 1.6, NVI). Embora a congregação deva estar envolvida corporativamente, como "coluna e baluarte da verdade" (1Tm 3.15), os presbíteros devem estar à frente na preservação do evangelho. Paulo compartilhou essa preocupação com os presbíteros de Éfeso, alertando-os sobre a "teologia do lobo" que se infiltraria e distorceria a fé cristã. Ele também instruiu Tito a tornar o estabelecimento de presbíteros entre as igrejas de Creta uma grande prioridade. Os presbíteros trabalhariam contra aqueles que precisam que "sejam silenciados, pois estão arruinando famílias inteiras, ensinando coisas que não devem, e tudo por ganância" (Tt 1.11, NVI). John Stott resume bem a estratégia de defesa do Novo Testamento: "Quando os falsos mestres aumentam, a estratégia mais apropriada a longo prazo é multiplicar o número de verdadeiros mestres,

---

[28] Por exemplo, Mt 28.19,20; 21.15-17; At 20.28; Ef 4.11-16; 5.19; 1Tm 4.11-16; 5.17; 2Tm 2.2,14,15; 3.14-17; 4.1-5; Tt 1.3,9; Hb 2.1-4; Tg 1.18-25; 1Pe 1.22—2.3; 2Pe 1.19-21; 3.14-18.

[29] J. I. Packer, *God has spoken* (Grand Rapids: Baker Books, 1979), 126–132, itálico de Packer [edição em português: *Havendo Deus falado* (São Paulo: Editora Cultura Cristã, 2009)].

[30] Sills, *Reaching*, 36.

que estão equipados para rebater e refutar o erro".[31] Jovens crentes em igrejas que se multiplicam rapidamente precisam da orientação e do treinamento doutrinário oferecidos por líderes pastores. Sem isso, é muito mais provável que caiam no ensino falso.[32]

Exemplos para o rebanho

Não apenas as igrejas jovens em lugares difíceis precisam de proteção doutrinária, mas também de bons modelos de vida cristã para mostrar como viver de acordo com as exigências do evangelho, como consideramos anteriormente neste livro. John Hammett inclui isso ao identificar quatro responsabilidades dos pastores da igreja: (1) o ministério da Palavra; (2) o trabalho do ministério pastoral; (3) exercer supervisão ou liderança; e (4) servir de exemplo para o rebanho.[33] É possível que os líderes façam um excelente trabalho de ensino e supervisão, mas falhem como pastores líderes por negligenciarem o modelo de vida cristã.

Paulo disse a Timóteo, seu delegado na igreja de Éfeso: "torna-te padrão dos fiéis... Tem cuidado de ti mesmo e da doutrina" (1Tm 4.12,16). Em uma carta posterior, ele explicou o que isso significava, mesmo quando Timóteo seguiu seu exemplo: "Tu, porém, tens seguido, de perto, o meu ensino, procedimento, propósito, fé, longanimidade, amor, perseverança, as minhas perseguições e os meus sofrimentos, quais me aconteceram em Antioquia, Icônio e Listra — que variadas perseguições tenho suportado! De todas, entretanto, me livrou o Senhor" (2Tm 3.10-11). Paulo exortou os filipenses: "Irmãos, sede imitadores meus e observai os que andam segundo o modelo que tendes em nós" (Fp 3.17).[34] Doutrina não é suficiente. Os líderes pastores devem mostrar como a vida cristã afeta todos os aspectos da vida, dos relacionamentos, da comunidade, da família e da vida profissional.

---

31 John Stott, *Guard the truth: the message of 1 Timothy & Titus* (Downers Grove, IL: InterVarsity Press, 1996), 179 [edição em português: *A mensagem de 1 Timóteo e Tito* (Viçosa: Ultimato, 2004)].

32 Veja Witmer, *Shepherd Leaders*, 45–73, onde ele traça historicamente o fluxo e refluxo da liderança dos presbíteros nas igrejas locais com os efeitos correspondentes nas congregações.

33 John S. Hammett, *Biblical foundations for Baptist churches: a contemporary ecclesiology* (Grand Rapids: Kregel Academic & Professional, 2005), 163–166.

34 O uso de *summimetai*, "companheiro-imitador", e *tupon*, "tipo, padrão, modelo, exemplo [moral]", demonstram a preocupação de Paulo de que exemplos concretos sejam dados para a igreja. *BDAG*, 958, 1019–1020.

Liderança: sempre uma prioridade

Em meio à rápida expansão das igrejas americanas, é importante lembrar que a necessidade de liderança espiritual é tão aguda quanto em outros lugares do mundo. No entanto, existe uma grande diferença. As igrejas norte-americanas possuem um conjunto maior de líderes espirituais disponíveis e recursos quase ilimitados que podem ajudar as novas igrejas até que os líderes sejam levantados de dentro.[35]

O mundo majoritário é outra história. A maioria dos líderes da igreja não tem educação teológica formal. "Na verdade, há aproximadamente dois milhões de líderes pastorais no mundo majoritário", de acordo com pesquisa do educador missionário John Balmer Jr., "e 1,8 milhão (90%) deles não tiveram nenhum treinamento ministerial formal".[36] A falta da educação teológica muitas vezes resulta em sincretismo, à medida que as práticas animistas continuam dentro de uma estrutura distorcida e sub-cristã.[37] A resposta não é necessariamente encontrada pela formação de seminários de estilo ocidental. Custos, regulamentos políticos e questões logísticas podem tornar isso impraticável. Ainda mais, a tendência ao etnocentrismo faz com que os pontos de vista ocidentais negligenciem a contextualização do treinamento teológico para se adaptar apropriadamente a um determinado grupo de pessoas.[38] O teólogo David Clark explica que preconceitos em relação a certas formas e abordagens hermenêuticas podem levar os missionários a naturalmente "exercer poderosa influência modeladora" sobre como o mundo majoritário pensa teologicamente, em vez de ajudá-los a se engajar na cosmovisão bíblica diretamente.[39] Portanto, a resposta para treinar líderes pastores não é mover as estruturas ocidentais para o mundo majoritário. Em vez disso,

---

35 Quase setenta mil estudantes foram inscritos nos seminários ATS no Canadá e nos EUA em 2009; "Annual Data Tables", disponível em: https://www.ats.edu/uploads/resources/institutional-data/annual-data-tables/2009-2010-annual-data-tables.pdf, acesso em 15 de setembro de 2010.

36 John Balmer Jr., "Nonformal pastoral ministry training in the majority world: four case studies" (D.Min. diss., Columbia Biblical Seminary and School of Missions, Columbia International University, 2008), 1, referindo-se a Ramesh Richard, "The challenge before us", palestra entregue na conferência Trainers of Pastors International Consultation (TOPIC), 1 a 3 de dezembro de 1997. Wheaton, IL [palestra dada em 1 de dezembro de 1997]; Ralph Winter, "Will we fail again?", *Mission Frontiers*, 1993, 15:7–8; Ralph Winter, "Editorial", 1994, 16:1–2; Ralph Winter, *The challenge of reaching the unreached* (Pasadena, CA: William Carey Library, 1996), s.p.

37 Sills, *Reaching*, 161–162.

38 David K. Clark, *To know and love God: method for theology* (Wheaton, IL: Crossway, 2003), 100.

39 Ibid., 112–113.

os missionários precisarão ampliar o conteúdo, ao mesmo tempo que são flexíveis na forma, dentro do contexto cultural das novas igrejas.[40]

Lideranças sem seminários

Há uma necessidade especial de líderes pastores onde há pouca obra do evangelho. Em tais ambientes, o entendimento bíblico é baixo e questões de sincretismo e falso ensino são agudas. Os cristãos nos Estados Unidos podem observar muitas pessoas treinadas em seminário em sua própria nação, sem cargos na igreja, e podem supor que há um excesso global de pessoal treinado. Mas esse não é o caso. Steve Clinton, da organização Cru,[41] fez uma observação surpreendente: embora o número de graduados em seminário no mundo estejam crescendo, eles são totalmente inadequados para as necessidades globais. Mesmo se os níveis de graduação se mantivessem firmes em quinze mil graduados por ano durante os próximos quarenta anos, haveria apenas seiscentos mil novos graduados. "No entanto, se a taxa de crescimento da igreja continuar, precisaremos de cinco milhões de novos pastores nos próximos quarenta anos. Assim, de 85% a 90% das novas igrejas do mundo terão liderança pastoral que não é treinada no seminário".[42] Claro, o treinamento no seminário não é o objetivo principal, mas ilustra a necessidade.

A igreja primitiva consolidou seus ganhos. Uma abordagem em camadas garantiu que as igrejas amadurecessem na fé. "Os apóstolos revisitaram seus convertidos", explica o erudito Michael Green, "eles estabeleceram presbíteros para cuidar deles, escreveram cartas para eles, enviaram mensageiros para eles e oraram por eles".[43] Este é o padrão para os missionários modernos plantadores de igrejas: visitas contínuas, treinamento de liderança, correspondência, mensageiros delegados e oração. Estabelecer um padrão semelhante permite ao missionário continuar ensinando por meio da abordagem em camadas até que ele tenha "treinadores treinados" que irão manter uma liderança pastoral eficaz.[44]

---

40 Sills, *Reaching*, 168.

41 Cru é o novo nome da Cruzada Estudantil e Profissional para Cristo.

42 Steven Clinton, "Twenty-first century population factors and leadership of spiritual movements", *EMQ*, abril de 2005, 41:2, 191.

43 Michael Green, "Methods and strategy in the evangelism of the early church", J. D. Douglas, org., *Let the Earth hear his voice: International Congress on World Evangelization, Lausanne, Switzerland* (Minneapolis: World Wide Publications, 1975), 167.

44 Sills, *Reaching*, 46.

Se missionários e plantadores de igrejas treinam os treinadores em igrejas locais estabelecidas em lugares difíceis, o treinamento no seminário, embora vantajoso, não é essencial. Os líderes podem aprender a sã doutrina, habilidades pastorais e eclesiologia contextualizada ao longo do tempo. O missiologista Jim Slack relatou que um grupo de CPMs pesquisados tinha poucos líderes treinados no seminário. Em vez disso, os líderes surgiram de dentro das igrejas ou comunidades. "Os líderes pastorais em cada CPM avaliado eram líderes leigos que vinham das localidades onde as igrejas foram iniciadas. Em apenas um CPM havia até mesmo alguns pastores teologicamente treinados em tempo integral [...] a maioria dos líderes pastorais emergiu de dentro da nova igreja que estava sendo iniciada".[45] Esse parece ser o mesmo padrão observado no Novo Testamento (At 6.1-7; 14.21-23; Tt 1.5).

As igrejas devem ser treinadas para ministrar ao corpo e ao mundo incrédulo (Ef 4.11-16). Green reforça a abordagem bíblica de equipar uma igreja para conduzir toda a gama do ministério cristão: "O método supremo de Deus é o homem, homem regenerado, santificado, comprometido, mobilizado, treinado e equipado. O principal instrumento de Deus é a igreja, a igreja como um corpo de pessoas dedicadas. Liderança espiritual e uma membresia mobilizada e treinada são as exigências de Deus para o avanço de sua causa".[46] Ver a igreja se reproduzir é o principal objetivo do treinamento. As igrejas evangelizarão efetivamente apenas à medida que treinarem e mobilizarem o corpo de Cristo, e isso acontecerá principalmente por meio de líderes pastores eficazes.[47]

Prioridades

Quer esteja envolvido em CPMs, quer em cenários de perseguição, o missionário plantador de igrejas precisará avaliar imediatamente líderes em potencial para novas igrejas. Para fazer isso, ele deve consultar pessoas de dentro da comunidade cultural que observaram um líder em potencial se levantar na comunidade.[48] Certamente, o treinamento de líderes o retardará de seguir em frente para plantar a próxima nova igreja, mas a última exigência de Cristo na Grande Comissão antecipa a necessidade

---

45 Jim Slack, "Church planting movements: rationale, research and realities of their existence", *Journal of Evangelism and Missions*, vol. 6, Spring 2007, 41–42.

46 Green, "Methods and strategy", 195.

47 Ibid.

48 Correspondência com Bruce R. Ashford, 30 de setembro de 2010.

de treinar líderes que equiparão regularmente a nova igreja. Essa era a prática do apóstolo Paulo, como o missiologista pioneiro Roland Allen destacou: pregar por cinco ou seis meses em um lugar e depois deixar uma igreja estabelecida com os presbíteros. Paulo se concentrou na indigenização ao invés de deixar uma igreja dependente dele.[49] Suas visitas de retorno às igrejas que ele plantou deram evidências de congregações estabelecidas que podiam existir sem o apóstolo olhando por cima de seus ombros. Ele treinou líderes nos fundamentos da fé cristã para que pudessem confiar essas coisas a outros (2Tm 2.2).[50]

O que é treinamento? Colin Marshall e Tony Payne explicam sabiamente: "No Novo Testamento, treinamento é muito mais a respeito do pensar e do viver cristão do que a respeito de habilidades e competências específicas".[51] Assim, o missionário pode não ter oportunidade ou mesmo precisar imitar seu treinamento acadêmico. Sua preocupação deve ser desenvolver líderes pastorais que saibam como pensar biblicamente e aplicar as Escrituras às demandas da vida. "O objetivo do treinamento não é transmitir uma habilidade, mas transmitir uma sã doutrina",[52] que é o oposto de algumas abordagens ocidentais. "Paulo usa a linguagem de 'treinamento' para se referir a um processo vitalício pelo qual Timóteo e sua congregação são ensinados pelas Escrituras a rejeitar a religião falsa, a conformar seus corações e vidas à sã doutrina. O bom treinamento bíblico resulta em uma vida piedosa baseada em ensino sólido e salutar".[53] O missionário não pode simplesmente oferecer aos líderes em potencial um livro de exercícios sobre os presbíteros e esperar pelo melhor. O treinamento é "profunda e inescapavelmente relacional".[54] Basta dar uma olhada no relacionamento que Paulo tinha com Timóteo e Tito para entender essa necessidade relacional. "Esse relacionamento íntimo era um veículo para um dos elementos-chave do treinamento

---

49 Roland Allen, *Missionary methods: St. Paul's or ours?* (Grand Rapids: Eerdmans, 1962), 83–84 [edição em português: Métodos missionários de Paulo e Um estudo da expansão da igreja (São Paulo: Vida Nova, 2020)].

50 Contra Allen, o missionário presbiteriano do século 19 na China, John Nevius, *The planting and development of missionary churches* (Phillipsburg, NJ: P & R, 1958), 27–28, aconselha uma abordagem mais lenta e deliberada em relação ao treinamento, levando anos, se necessário. Nevius também elaborou um modelo ocidental para as igrejas chinesas, 32–44.

51 Colin Marshall; Tony Payne, *A treliça e a videira: a mentalidade de discipulado que muda tudo* (São José dos Campos, SP: Fiel, 2015), 78. Veja 1Tm 1.11,12,18-20; 4.7; 6.11-14,20-21; 2Tm 2.2; 3.16,17.

52 Ibid., 71.

53 Ibid.

54 Ibid., 71–72.

de Paulo para Timóteo — a imitação".⁵⁵ Paulo estava essencialmente transmitindo um estilo de vida, e isso só poderia ser entendido ao observar sua vida como apóstolo.⁵⁶ Missionários modernos devem seguir o mesmo padrão.

Uma igreja tende a espelhar seus líderes. Se os líderes falharem em aplicar a sã doutrina à vida diária, a igreja provavelmente seguirá o mesmo passo prejudicial. Embora um líder possa ser um crente relativamente jovem, se aprendeu bem com o investimento relacional do missionário em sua vida, ele estará muito adiantado em ajudar outros na nova igreja a ver como o evangelho se aplica à vida. "A natureza relacional do treinamento significa que o melhor treinamento frequentemente ocorrerá por osmose, em vez de instrução formal. Será captado tanto quanto é ensinado. Os estagiários acabarão se parecendo com seus treinadores, assim como os filhos se parecem com seus pais".⁵⁷ Marshall e Payne restringem a natureza e o objetivo do treinamento a três focos: "*Convicção* — seu conhecimento de Deus e compreensão da Bíblia; *caráter* — o caráter piedoso e a vida que está de acordo com a sã doutrina; *competência* — a capacidade de, em constante oração, falar a palavra de Deus aos outros de várias maneiras".⁵⁸ Um missionário que treina líderes em potencial pode preferir ensinar história da igreja, teologia sistemática e apologética aos líderes pastores em potencial. Embora isso possa parecer ideal, ele pode ser impedido de oferecer esse treinamento expansivo por causa do tempo e às circunstâncias. Ele precisará priorizar convicção, caráter e competência. Ou, para se ajustar ao que o professor de teologia e pastor Timothy Witmer chama de "elementos essenciais de um ministério pastoral eficaz", um missionário em um lugar difícil deve enfatizar os fundamentos de ser *bíblico, relacional, responsável* e *devoto*.⁵⁹ Ele ensinará as Escrituras aos potenciais líderes. Ele vai modelar relacionamentos cristãos. Ele demonstrará a necessidade de responsabilidade contínua. E ele mostrará por preceito e prática o papel vital da oração no ministério de pastor.

---

55 Ibid., 72.
56 Ibid.
57 Ibid., 76.
58 Ibid., 78.
59 Witmer, *The shepherd leader*, 193–224. Ele também acrescenta que o ministério pastoral eficaz deve ser sistemático, abrangente e funcional, mas, à luz do treinamento de líderes em locais difíceis, os quatro [fundamentos] identificados acima devem ser prioritários no treinamento de liderança, e, se o tempo e as circunstâncias permitirem, [deve-se] expandir para incluir outros elementos.

Descobrindo líderes em potencial

Como o missionário deve descobrir líderes pastores em potencial? Ele deve procurar aqueles que assumem responsabilidades, amam o rebanho, mostram alguma habilidade para ensinar e demonstrar fidelidade. Para isso, é necessário investir tempo para a nova igreja, fazer perguntas a líderes em potencial e cultivar esses líderes em potencial. A demanda de lugares difíceis faz com que a pessoa se concentre no mínimo e nas qualidades, em vez de no ideal e em uma lista de verificação de qualificações.[60] Em vez de comparar líderes potenciais aos líderes mais maduros que o missionário conhece das igrejas estabelecidas, ele deve procurar qualidades que mostram o desenvolvimento deles na caminhada e prática cristãs.[61]

E se um líder em potencial for um convertido a Cristo muito jovem? Quanto tempo um missionário deve investir antes de colocar um novo crente em uma posição de liderança? A necessidade urgente de líderes em lugares difíceis exige uma abordagem diferente da comumente praticada no Ocidente, a qual irá acelerar o processo de estabelecimento de presbíteros. O Novo Testamento lidou com muitos lugares difíceis onde igrejas foram plantadas. Uma vez que Paulo ficava com a maioria das congregações por seis meses ou menos, e ainda separava presbíteros para servir nessas igrejas (p. ex., At 14.21-23), Allen conclui que esse período de tempo é adequado para estabelecer o presbiterado. Ele admite que, se alguém propusesse fazer o mesmo hoje, "seria considerado precipitado à beira da loucura. No entanto, ninguém nega que São Paulo fez isso".[62] Allen explica ainda que, na maior parte, os novos convertidos não tinham vantagens especiais em relação à compreensão do evangelho ou da fé cristã. Embora alguns pudessem estar familiarizados com a lei judaica ou a filosofia grega, "a vasta maioria estava mergulhada nas loucuras e iniquidades da idolatria e eram escravos das mais grosseiras superstições. Ninguém sabia nada da vida e do ensino do Salvador".[63] Se Paulo foi capaz de estabelecer estruturas de liderança eficazes em um breve período nas novas igrejas que ele plantou, certamente os missionários de

---

60 Sinclair, *A vision of the possible*, 228; Sills, *Reaching*, 64, identifica o mínimo aceitável como o ensino "das Escrituras, da sã doutrina e da vida piedosa para aqueles que seguem".

61 Sinclair, *A vision for the possible*, 228–231, acrescenta, "Ao longo dos séculos, Deus expandiu os limites da igreja por meio de plantadores de igrejas extraordinariamente deficientes e crentes locais imperfeitos. Todos nós somos bens danificados que Deus está em processo de curar e restaurar. Isso é encorajador para mim" (pp. 230-231).

62 Allen, *Missionary Methods*, 85.

63 Ibid.

hoje podem fazer o mesmo. Então, como os missionários modernos equilibram a necessidade urgente de líderes com as qualificações bíblicas para líderes pastores? As observações das Epístolas Pastorais irão orientar nosso pensamento.

ALGUMAS OBSERVAÇÕES A PARTIR DAS EPÍSTOLAS PASTORAIS

Paulo plantou a igreja em Éfeso no início de sua terceira viagem missionária, passando três anos pregando, ensinando e fazendo discípulos (At 18.22,23; 19.1-10; 20.31). A liderança presbiteral foi estabelecida, conforme evidenciado pelo encontro de Paulo com os presbíteros efésios em Mileto (At 20.17-38) antes de sua viagem fatídica para Jerusalém, onde foi preso e finalmente transferido para Roma para comparecer perante César (At 21.27-40; 25.10-12; 28.11-31). A viagem a Jerusalém levou ao seu primeiro encarceramento romano, que durou de 60 d.C. a 62 d.C., após a qual ele foi libertado por aproximadamente dois e não mais do que três anos para trabalhos ministeriais adicionais.[64] Durante esse tempo, ele parece ter visitado Creta junto com Tito, o qual, então, Paulo deixou para trás para colocar as coisas em ordem, possivelmente indo para a Espanha.[65] A visita de Paulo à ilha, embora longa o suficiente para estabelecer várias congregações nela ("constituísse presbíteros em cada cidade" — Tt 1.5, NVI), durou menos de um ano.[66] Mounce faz várias observações sobre a missão cretense de Paulo que são pertinentes à questão sobre "quão recente é recente demais para estabelecer presbíteros em congregações jovens".[67] Ele baseia suas observações em evidências internas de que as igrejas cretenses eram relativamente novas, o que

---

64 Thomas D. Lea; Hayne P. Griffin Jr., *1, 2 Timothy, Titus: an exegetical and theological exposition of holy Scripture*, NAC (Nashville: Broadman Press, 1992), vol. 34, 41.

65 William D. Mounce postula que o apóstolo visitou Creta antes da suposta viagem à Espanha, em: *Pastoral Epistles*, WBC (Nashville: Nelson, 2000), vol. 46, lix. A ideia de que Paulo foi à Espanha vem de Clemente, que escreveu que Paulo pregava "tanto no leste como no oeste, [...] tendo ensinado a retidão ao mundo inteiro, e chegou ao limite extremo do ocidente". 1 Clemente 5:7; ANF 1:6; A. D. 30–100. Eckhard Schnabel explica que a frase "até os limites do Ocidente" era uma designação comum para a Espanha. Eckhard J. Schnabel, *Paul, o Missionário: realities, strategies and methods* (Downers Grove, IL: InterVarsity Press, 2008), 116, citando 1 Clemente 5:6-7, juntamente com os *Atos de Pedro* e o Cânone Muratoriano como indicação adicional de uma missão espanhola, 117. Outros estudiosos, destacando a falta de provas bíblicas internas, estão menos confiantes do que Schnabel de que a missão espanhola realmente aconteceu; veja James D. G. Dunn, *Romans 9–16*, WBC (Dallas: Word, 1988), vol. 38B, 871–873; Ben Witherington, *Paul's Letter to the Romans*, A Socio-Rhetorical Commentary (Grand Rapids: Eerdmans, 2004), 362–363; Douglas J. Moo, *The Epistle to the Romans*, NICNT (Grand Rapids: Eerdmans, 1996), 899–902.

66 Ibid., lx. Schnabel, *Paul the Missionary*, usa datas ligeiramente diferentes, colocando o primeiro encarceramento romano de 60 d.C. a 62 d.C. e a consolidação das novas igrejas em Creta em torno de 63 d.C.

67 Ashford, "A theologically-driven missiology", 203.

significa que seus presbíteros em potencial eram crentes mais novos ainda. O que se segue é minha própria explicação dos pontos de Mounce:

1. Paulo instruiu Timóteo a nomear presbíteros, mas não mencionou os diáconos (Tt 1.5), o que sugere que os diáconos vieram mais tarde, depois que a igreja começou a crescer (At 6.1-6).
2. Tito não é instruído a remover os superintendentes ofensores, como Timóteo foi instruído em Éfeso (1Tm 5.19-21), mas meramente a designá-los (Tt 1.5). Isso parece indicar que os superintendentes não existiam até aquele ponto, então nenhuma correção foi necessária.
3. Paulo não repete a injunção de que um superintendente não pode ser um convertido recente (cf. 1Tm 3.6). Isso sugere que ou não houve convertidos recentes, o que é improvável, ou que todos eram novos convertidos, o que parece mais provável de acordo com a evidência interna.
4. A maior parte da epístola é uma catequese básica apropriada para jovens convertidos, extraindo as implicações cotidianas dos dois ditos salvíficos em torno dos quais a epístola é formada (Tt 2.11-14; 3.3-8). Isso parece indicar que as igrejas eram novas, e os crentes careciam de maturidade.
5. O ensino dos oponentes, embora bem-sucedido (Tt 1.11), não desempenha um papel tão significativo aqui como em 1 Timóteo, sugerindo que os problemas não eram tão avançados.[68]

Além disso, o estudioso do Novo Testamento Benjamin Merkle destaca a distinção significativa entre as duas listas de qualidades de caráter para presbíteros em 1 Timóteo e Tito: "Tito omite a qualificação de não ser um novo convertido".[69] Por que isso foi omitido? "Essa omissão pode ter sido uma modificação necessária em virtude do estágio inicial de desenvolvimento das igrejas de Creta. De modo relativo, novos convertidos seriam então necessários na liderança das igrejas mais jovens".[70] Essa modificação, junto com outras qualidades listadas em 1 Timóteo, pode indicar a flexibilidade de Paulo "em certos assuntos da organização da igreja

---

68 Mounce, *Pastoral Epistles*, lix-lx; auxiliado por comentários de Benjamin L. Merkle, "Ecclesiology in the Pastoral Epistles", em: Andreas Köstenberger; Terry Wilder, orgs., *Entrusted with the Gospel: Paul's theology in the Pastoral Epistles* (Nashville: B & H Academic, 2010), 183–186.
69 Benjamin L. Merkle, "Ecclesiology in the Pastoral Epistles", 185.
70 Ibid.

conforme ditado pela situação local",[71] conforme Thomas Lea e Hayne Griffin Jr. observam. No entanto, dentro do breve período de tempo de Paulo em Creta, seguido pelos poucos meses que antecederam a redação de sua Epístola a Tito, o delegado apostólico teve tempo suficiente para avaliar os candidatos a presbíteros qualificados e prepará-los para indicação para as igrejas em Creta.[72] Paulo pretendia se encontrar com Tito em Nicópolis antes do início do inverno, então ele antecipou que suas instruções seriam cumpridas rapidamente (Tt 3.12). Quão jovens eram os conversos que Tito designou como presbíteros? Pode-se especular que (1) eles eram de fato "presbíteros", isto é, homens mais velhos na comunidade cristã, (2) que foram educados nas Escrituras do AT, uma vez que pode ter havido extensas comunidades judaicas na ilha, ou (3) que eles estavam entre aqueles convertidos trinta anos antes no Pentecostes, tendo retornado para estabelecer pelo menos uma representação da comunidade cristã em Creta (At 2.11). Mas essas são especulações. Evidências internas, especialmente em Tito 2.1-8, sugerem que as igrejas de Creta foram recém-formadas e seus membros eram de diferentes idades.[73]

Timóteo e Tito provavelmente serviram, não como presbíteros em suas respectivas congregações cristãs, mas como delegados apostólicos ou missionários temporários.[74] O ministério de Timóteo já havia se tornado mais complicado do que o de Tito. Ele devia se empenhar em instruir "certas pessoas, a fim de que não ensinem outra doutrina, nem se ocupem com fábulas e genealogias sem fim" (1Tm 1.3,4). Ele também tinha a responsabilidade de passar adiante as instruções pastorais que Paulo havia dado para a congregação (1Tm 4.6,16). A autoridade dada a ele incluía repreensão pública aos presbíteros impenitentes que poderiam ter caído em pecado, bem como nomear homens para o cargo pastoral (1Tm 5.17-22).

Da mesma forma, Paulo confiou a Tito colocar em ordem o que restava de seu ministério entre as igrejas e nomear presbíteros em cada cidade, como Paulo o havia instruído anteriormente, presumivelmente enquanto trabalhavam juntos em Creta (Tt 1.5). O uso da autoridade de Tito e Timóteo isolou completamente a congregação do processo de tomada de decisão? Tanto Timóteo quanto Tito provavelmente envolveram a congregação

---

71 Lea; Griffin, *1, 2 Timothy, Titus*, 278, n. 11.
72 Mounce, *Pastoral Epistles*, lx.
73 Ibid., lix-lx.
74 Merkle, "Ecclesiology in the Pastoral Epistles", 196–198.

em suas decisões a respeito da nomeação de presbíteros, pois, como Stott observou: "Sua ênfase na necessidade de terem uma reputação irrepreensível indica que a congregação terá uma palavra a dizer no processo de seleção".[75] Isso segue o mesmo padrão observado anteriormente em nossa reflexão sobre passagens selecionadas em Atos.

Falando de forma mais ampla, as Epístolas Pastorais apresentam alguns padrões básicos a respeito do ensino do Novo Testamento sobre os líderes da igreja local.[76] Em primeiro lugar, os presbíteros são escolhidos dentro da igreja e são bem conhecidos por sua fidelidade, respeitabilidade e envolvimento. Em segundo lugar, os presbíteros devem ser escolhidos com cuidado. Características particulares identificadas em 1 Timóteo 3.1-7 e Tito 1.6-9 restringem a lista de candidatos a presbíteros. São qualidades comuns a ambas as epístolas: ser irrepreensível, inculpável, marido de uma só mulher, administrar bem a família, ter filhos crentes (ou fiéis), autocontrole, ser hospitaleiro, não dado à embriaguez, não violento, capaz de ensinar ou exortar na sã doutrina e não amante do dinheiro.[77] E, como já sugeri, o fato de que Paulo não instrui Tito a excluir noviços cristãos como candidatos a presbíteros sugere "flexibilidade na organização da igreja exigida para diferentes situações eclesiásticas".[78] Em terceiro lugar, os líderes pastores devem ser "plurais em composição (ou seja, não uma liderança dominada por uma personalidade)".[79] Obviamente, essas igrejas não tinham o conceito de um bispo monárquico governando-as, como surgiria nas gerações posteriores aos apóstolos.[80]

O padrão continua para novas igrejas em ambientes de rápido desenvolvimento e perseguição. Os missionários devem procurar presbíteros em potencial dentro da nova igreja, dando atenção cuidadosa às qualidades bíblicas delineadas nas pastorais (particularmente em Tito, uma vez que essas características parecem mais simplificadas para uma igreja mais jovem), e sempre buscando estabelecer uma liderança plural, a menos que apenas um homem seja qualificado.[81]

---

75 Stott, *Guard the truth*, 174.

76 Lea; Griffin, *1, 2 Timothy, Titus*, 276–277.

77 Gene Getz, *Elders and leaders: God's plan for leading the church: a biblical, historical and cultural perspective* (Chicago: Moody, 2003), 157.

78 Lea; Griffin, *1, 2 Timothy, Titus*, 278.

79 Ibid.

80 Merkle, "Ecclesiology in the Pastoral Epistles", 185.

81 Veja a discussão sobre a pluralidade de presbíteros e a razão de ser uma pluralidade em W. B. Johnson, "The Gospel developed through the government and order of the churches of Jesus Christ", em: Mark Dever, org., *Polity: biblical arguments on how to conduct church life* (Washington, DC: Center for Church Reform, 2001), 192–195.

ESTABELECENDO UM PLANO PARA A LIDERANÇA

Um plano consistente para os missionários seguirem em CPMs e em ambientes de perseguição ajudará a conservar o fruto do fazer discípulos. As igrejas devem ter líderes pastores. Em alguns ambientes, como não há nenhum disponível, os missionários enfrentarão a difícil decisão de recomendar alguém jovem na fé para servir como presbítero. Como ele pode fazer isso com a confiança de que está seguindo a liderança do Senhor? Para ajudar a estabelecer um plano viável, identificaremos dez pontos centrais no processo de estabelecimento da liderança da igreja local.

Primeiro, concentre-se no caráter dos líderes em potencial. Embora as qualidades comportamentais exigidas em 1 Timóteo 3 e Tito 1 não sejam identificadas na nomeação de presbíteros por Paulo e Barnabé na região da Galácia (At 14.23), os detalhes dados a Timóteo e Tito oferecem garantia de que o caráter nunca deve ser negligenciado. Uma vez que o missionário provavelmente não encontrará muitos homens que alcançaram um alto nível de maturidade cristã, ele deve considerar como o caráter dos líderes em potencial se desenvolveu no tempo em que os observou. Especificamente, ele deve buscar fidelidade, disponibilidade, integridade pessoal e capacidade de ser ensinado, com ênfase especial na última qualidade.[82]

Segundo, por causa do foco em novas congregações em Tito, um missionário deve atender especialmente às qualidades de caráter descritas em Tito 1.6-9 ao identificar presbíteros em potencial. Idealmente, um candidato exemplificaria todas as qualidades listadas em 1 Timóteo 3 e Tito 1. Mas a realidade se instala quando se considera novos crentes, novas igrejas e lugares difíceis. Dickson também oferece este comentário útil:

> Sendo espirituais o ofício e o trabalho, é necessário que os presbíteros sejam homens espirituais. Não é necessário que sejam homens de grandes dons ou de posição segundo o mundo, de riqueza ou alta educação, mas é indispensavelmente necessário que sejam homens de Deus, em paz com Ele, novas criaturas em Cristo Jesus; engajados na embaixada da reconciliação, esses homens devem ser, eles mesmos, reconciliados.[83]

---

82 Lea; Griffin, *1, 2 Timothy, Titus*, 279; Sinclair, *A vision of the possible*, 235, usa uma sigla* útil: "Alguns falam em encontrar aqueles que são FDE: fiéis, disponíveis, ensináveis" [*Em inglês, forma-se o acróstico FAT, que significa gordo (N. do R.)].

83 Dickson, *The elder*, 30.

Ao considerar os candidatos a presbíteros, as quatro perguntas a seguir podem ser úteis para resumir o que Paulo requer de Tito 1:

1. Ele é um homem de família e fiel, dedicado à esposa e administrando bem os filhos? (1.6)[84]
2. Ele exerce autocontrole sobre seus afetos, desejos e relacionamentos? (1.7)
3. Ele se dá bem com os outros, tratando-os como quem vive o evangelho? (1.8)[85]
4. Ele é capaz de exortar e corrigir outros por meio do uso adequado das Escrituras? (1.9)

Terceiro, procure dois ou três homens que a igreja reconhecerá como dignos de autoridade em virtude de seu caráter e serviço. Essa é a autoridade para liderar, pastorear, repreender, treinar, ensinar e governar. A idade não é a questão tanto quanto o nível de respeito da congregação.[86] Como observa Ray Steadman, esse respeito deve ser "despertado por seu [de cada presbítero] próprio exemplo amoroso e piedoso".[87]

Quarto, se apenas uma pessoa for qualificada para liderar a igreja, a congregação pode designá-la e planejar adicionar outro homem assim que possível. A pluralidade pode ser mais difícil em áreas de perseguição, onde algumas famílias ou indivíduos se reúnem em uma pequena igreja doméstica. No entanto, quando funciona adequadamente, a pluralidade ajuda a impedir o desenvolvimento do autoritarismo e de ditaduras. Isso leva a uma maior eficácia, isto é, ao multiplicar os dons ministeriais e fornecer um forte sistema de apoio para as demandas do ministério.[88]

Quinto, se apenas um homem for qualificado para servir, o presbítero solitário pode querer ter um parceiro para prestação de contas ou uma equipe responsável para ajudá-lo. Aqueles que o responsabilizam não compartilham a mesma autoridade, mas podem ajudar o presbítero a guardar sua caminhada e doutrina.[89]

---

84 See Getz, *Elders and leaders*, 163–171.
85 Sobre o viver a partir do evangelho, veja J. Mack Stiles, *Marcas de um evangelista: conhecendo, amando e falando o evangelho* (São José dos Campos, SP: Fiel, 2015), 55–68.
86 Getz, *Elders and leaders*, 287–289.
87 Ray Steadman, *Body Life* (Glendale, CA: Regal Books, 1972), 82.
88 Getz, *Elders and leaders*, 241–242.
89 Ibid., 273, 276.

Sexto, o missionário deve investir tempo intensivo com os presbíteros em potencial, observando como eles respondem às instruções e observando sua humildade, crescimento pessoal, disciplina na Palavra e na oração, fidelidade à família e reputação na comunidade. Sills aponta para uma ferramenta missionária que tem sido eficaz: MAOP (modelar, auxiliar, observar e partir). "Isso demanda que o aprendiz aprenda com um mestre observando e fazendo [...] Quando o aprendiz está 'solando' sem incidentes, o mestre pode ir embora."[90] Sinclair sugere que esse processo levará de dois a seis meses, especialmente com foco em "intenso trabalho de caráter".[91] Dessa forma, o missionário é capaz de monitorar de perto como os líderes em potencial estão se desenvolvendo antes de liberá-los para as novas igrejas.

Sétimo, o plantador de igrejas não deve tentar insistir em uma educação de seminário ao estilo ocidental para com os líderes pastores em potencial, mas oferecer alguns fundamentos para o treinamento no ministério.[92] Allen investiga a questão: "A questão diante de nós é, como ele [Paulo] poderia, então, treinar seus conversos de forma a poder deixá-los depois de tão pouco tempo e com alguma segurança de que pudessem se levantar e crescer".[93] Então, quais são os pontos essenciais a serem considerados? Aqui estão sete possibilidades:

1. Os fundamentos da fé cristã com ênfase na teologia bíblica. Ensine-lhes o evangelho.[94]
2. Regras simples de hermenêutica.
3. Padrões para as disciplinas espirituais.[95]
4. Prestação de contas mútua em relação a caminhada pessoal e obediência.
5. Responsabilidades básicas para líderes espirituais: doutrina, disciplina, orientação e exemplo de vida cristã (p. ex., At 20; 1Pe 5; Tt 1.5-9).
6. A disciplina da igreja na prática — como e quando (Mt 18.18-20; 1 Co 5 etc.).
7. Discipulado da congregação.

---

90 Sills, *Reaching*, 49.
91 Sinclair, *A vision of the possible*, 236.
92 Veja David Bosch, *Transforming mission*, 5–6 [edição em português: *Missão transformadora* (São Leopoldo: Sinodal, 2015)], para um olhar perspicaz sobre os modelos que nós, ocidentais, costumamos impor.
93 Allen, *Missionary Methods*, 87.
94 Ibid.
95 Donald S. Whitney, *Spiritual disciplines for the Christian life* (Colorado Springs: NavPress, 1991).

Oitavo, o missionário deve delinear para os novos líderes as áreas prescritas de instrução e de ministério para a igreja. Gene Getz identifica seis prioridades importantes: "ensinar a Palavra de Deus, modelar o comportamento cristão, manter a pureza doutrinária, disciplinar os crentes indisciplinados, supervisionar as necessidades materiais da igreja e orar pelos enfermos".[96] Esses constituem os principais "deveres" dos presbíteros nas novas igrejas.

Nono, se o missionário e a congregação temem que os líderes pastores recém-nomeados sejam muito novos na fé, então designe-os temporariamente até que provem serem dignos, atendendo à advertência de 1 Timóteo 3.6: "não seja neófito, para não suceder que se ensoberbeça e incorra na condenação do diabo". O missionário Brian Hogan recomenda estabelecer "presbíteros provisórios" ou "presbíteros em treinamento", os quais servem até que homens mais maduros estejam qualificados para liderar a congregação.[97]

Décimo, após treinamento e observação suficientes, a congregação deve designar os homens como pastores ou presbíteros da congregação, enquanto o missionário os recomenda ao Senhor, seguindo o exemplo de Paulo em Atos 14.23,24 e 20.31,32.

CONCLUSÃO

Mesmo em CPMs e ambientes de perseguição, o treinamento de líderes deve permanecer uma prioridade para os missionários. Caso contrário, a Grande Comissão permanece não cumprida apesar dos esforços zelosos de evangelismo. Lembre-se do fracasso da igreja de Ruanda em desenvolver líderes pastores fiéis para ensinar seu povo. O missionário/plantador de igrejas não deve negligenciar o mandamento de Cristo a fim de alcançar o maior número possível de pessoas, como parece ter acontecido em Ruanda. Nada no Novo Testamento dá crédito à busca de um maior número de pessoas enquanto se negligencia ensinar todas as coisas que Cristo ordenou a seus discípulos. Os verdadeiros discípulos procuram obedecer a Jesus Cristo como Senhor, mesmo em lugares difíceis.

Obviamente, o ensino é um processo contínuo. Como o missiólogo Jonathan Chao insiste, o missionário "deve reconhecer o governo legítimo de Cristo sobre

---

96 Getz, *Elders and leaders*, 266.
97 Brian Hogan, "Distant thunder: Mongols follow the Khan of Khans", em: Ralph Winter; Steven Hawthorne, *Perspectives on the World Christian Movement*, 3ª ed. (Pasadena, CA: William Carey Library, 1999), 694–695, 696.

todas as suas igrejas".⁹⁸ Depois de estabelecer um fundamento bíblico, ele deve confiar a governança da igreja aos presbíteros locais que terão a responsabilidade de ensinar, liderar e pastorear. Embora possa lutar contra os desejos idealistas de estabelecer líderes plenamente maduros na nova igreja, ele provavelmente precisará demonstrar algo da flexibilidade que Paulo demonstrou em relação às igrejas de Creta. Alguns dos presbíteros que ele nomeou podem parecer "muito novos" na fé, mas aqui será necessário muito critério e orientação do Espírito Santo. Como Roland Allen sabiamente destacou, se Paulo podia ficar por seis meses em uma cidade, plantar uma igreja e designar presbíteros, recomendando-os ao Senhor, então os missionários modernos podem fazer o mesmo.⁹⁹ Embora ninguém possa oferecer uma idade arbitrária ou tempo na fé como um pré-requisito para ser um presbítero, o missionário precisará ser criterioso ao considerar as qualidades básicas necessárias em líderes espirituais e então seguir em frente, encomendando a igreja aos cuidados do Senhor. Também é sábio da parte dele continuar o relacionamento com os novos líderes e a igreja, não como alguém que exerce controle externo, mas como um pai espiritual que pode oferecer conselho e encorajamento, assim como Paulo fez quando voltou para visitar as igrejas que havia plantado.

---

98 Jonathan T'ien-en Chao, "The nature of the unity of the local and universal church in evangelism and church growth", em: Douglas, *Let the Earth hear his voice*, 1111.
99 Cf. Allen, *Missionary Methods*, 81–107.

Conclusão

O texto de Gálatas 6.9 emite uma advertência e uma promessa que é particularmente relevante para os presbíteros: "E não nos cansemos de fazer o bem, porque a seu tempo ceifaremos, se não desfalecermos". Gostaríamos de concluir este livro reafirmando essa mesma advertência e promessa.

Você se lembra do que dissemos antes sobre o cargo de presbítero ser um cargo com muitos fardos? Os fardos pesam. Os fardos são desgastantes. Fardos suportados por longos períodos de tempo podem se tornar cansativos. Você pode ser jovem e estar cansado de uma longa "luta na igreja". Ou você pode ser mais velho e simplesmente não tem certeza de quanto entusiasmo ou "gasolina no tanque" lhe resta. Aqui está o verdadeiro problema: muitas vezes vemos o trabalhador cansado, independentemente da idade, cair em pecado e, consequentemente, tornar-se desqualificado — não mais exemplar. A fadiga muitas vezes nos faz sair do espírito e alimentar a carne.

Muitas mulheres grávidas recebem o seguinte conselho: "Descanse antes que se canse". Isso é facilmente aplicado a pastores, presbíteros e diáconos. Como você fica descansado com todas as necessidades clamando por atenção?

Na verdade, se você acertar uma coisa, todo o resto fluirá dela. Somos chamados a "estar" (ARC) ou "permanecer" (ARA) em Cristo (Jo 15.4). Na verdade, nossa fecundidade depende totalmente desse ato de permanência. "Eu sou a videira, vós, os ramos. Quem permanece em mim, e eu, nele, esse dá muito fruto; porque sem mim nada podeis fazer" (v. 5).

Outros versos têm a mesma ideia, mas de diferentes maneiras. Lucas 12.21 nos ordena que sejamos "... ricos para com Deus". O Salmo 37.4 exorta: "Deleite-se no Senhor..." (NVI) e Filipenses 4.4 diz: "Alegrai-vos sempre no Senhor".

Em seu labor, trabalhe duro para manter seu Primeiro Amor como seu primeiro amor. Evite que seu relacionamento com Deus se torne secundário em relação a qualquer outra coisa. Relativamente falando, todos os outros assuntos simplesmente não são importantes.

Você provavelmente já ouviu a expressão: "Você não pode doar o que não possui". Nós, presbíteros, em primeiro lugar, queremos possuir Cristo e então compartilhar Cristo. Todo o resto perde o brilho em comparação a isso. Devemos fazer isso, há uma recompensa. Volte para a promessa de Gálatas 6.9, onde nos é dito: "... a seu tempo ceifaremos, se não desfalecermos".

Muita coisa depende dessa ideia de ser um presbítero fiel: uma recompensa para nós; a saúde espiritual dos crentes; o testemunho da igreja na comunidade; o nome de Cristo no mundo...

Não nos cansemos.

Apêndice

Abaixo está uma sugestão de questionário para presbíteros que pode ser adaptado para o contexto de sua própria igreja.

QUESTIONÁRIO PARA POSSÍVEIS PRESBÍTEROS

1. Explique brevemente como você chegou à fé em Cristo.
2. Por favor, descreva sua própria prática de disciplinas espirituais como crente.
3. Como você caracteriza seu relacionamento com sua esposa e seus filhos? Fale um pouco sobre sua vida familiar, prioridades e o que o Senhor está ensinando a você sobre o casamento e a criação de filhos.
4. O que é o evangelho de Jesus Cristo? Dê uma breve explicação ou esboço detalhado do evangelho, como você pode apresentá-lo a alguém que precisa de Cristo.
5. Explique sua compreensão da Igreja. O que é a igreja, qual é o seu propósito, como ela é ordenada por Cristo, qual é o seu futuro etc.
6. Nesse sentido, quais são os cargos de uma igreja do Novo Testamento e como esses cargos devem funcionar na vida da igreja local?
7. Explique a doutrina bíblica do ser humano (brevemente).
8. Explique resumidamente a doutrina bíblica do pecado.
9. Explique resumidamente cada um dos seguintes termos e sua importância na vida cristã:
   A. Justificação
   B. Redenção/Reconciliação
   C. Adoção
   D. Propiciação
   E. Predestinação/Eleição
   F. Regeneração

Bibliografia selecionada

ANYABWILE, Thabiti M. *Encontrando presbíteros e diáconos fiéis*. São José dos Campos, SP: Fiel, 2015.

ASCOL, Thomas K. *Amado Timóteo: uma coletânea de cartas ao pastor*. São José dos Campos, SP: Fiel, 2018.

DEVER, Mark E. *Entendendo a liderança da igreja*. São José dos Campos, SP: Fiel, 2019.

_____. *Nove marcas de uma igreja saudável*. São José dos Campos, SP: Fiel, 2012.

_____. ed. *Polity: biblical arguments on how to conduct church life*. Washington, DC: Center for Church Reform, 2001.

DEVER, Mark; Paul Alexander. *A igreja intencional: edificando seu ministério sobre o evangelho*. São José dos Campos, SP: Fiel, 2015.

DICKSON, David. *The elder and his work*. Phillipsburg, NJ: P&R, 2004.

GETZ, Gene. *Pastores e líderes: o plano de Deus para a liderança da igreja*. Rio de Janeiro: Casa Publicadora das Assembleias de Deus, 2018.

HAMMETT, John S. *Biblical foundations for Baptist churches: a contemporary ecclesiology*. Grand Rapids: Kregel Academic & Professional, 2005.

MACARTHUR, John, Jr., org. *Ministério pastoral: alcançando a excelência no ministério cristão*. 2ª ed. Rio de Janeiro: Casa Publicadora das Assembleias de Deus, 2008.

_____. *The master's plan for the church*. Chicago: Moody, 1991.

MERKLE, Benjamin. *40 Questions about elders and deacons*. Grand Rapids: Kregel, 2008.

_____. *The elder and overseer: one office in the Early Church*. Studies in Biblical Literature 57. Hemchand Gossai, gen. ed. New York: Peter Lang, 2003.

PIPER, John. *Biblical eldership: shepherd the flock of God among you.* https://www.desiringgod.org/messages/biblical-eldership-session-1

_____. *Biblical eldership.* Minneapolis: Desiring God Ministries, 1999.

RYKEN, Philip. *City on a hill: reclaiming the biblical pattern for the church in the twenty-first century.* Chicago: Moody, 2003.

STRAUCH, Alexander. *Biblical eldership: an urgent call to restore biblical church leadership.* Revised and expanded. Littleton, CO: Lewis and Roth Publishers, 1995.

WILLS, Gregory. *Democratic religion: freedom, authority, and church discipline in the Baptist South, 1785–1900.* New York: Oxford University Press, 1997.

WITMER, Timothy Z. *The shepherd leader: achieving effective shepherding in your church.* Phillipsburg, NJ: P&R, 2010.

FIEL
MINISTÉRIO

O Ministério Fiel visa apoiar a igreja de Deus de fala portuguesa, fornecendo conteúdo bíblico, como literatura, conferências, cursos teológicos e recursos digitais.

Por meio do ministério Apoie um Pastor (MAP), a Fiel auxilia na capacitação de pastores e líderes com recursos, treinamento e acompanhamento que possibilitam o aprofundamento teológico e o desenvolvimento ministerial prático.

Acesse e encontre em nosso site nossas ações ministeriais, centenas de recursos gratuitos como vídeos de pregações e conferências, e-books, audiolivros e artigos.

Visite nosso site

www.ministeriofiel.com.br

IX 9Marks
Edificando Igrejas Saudaveis

SUA IGREJA É SAUDÁVEL?

O Ministério 9Marks existe para equipar líderes da igreja com uma visão bíblica e recursos práticos para mostrar a glória de Deus às nações por meio de igrejas saudáveis.

Para esse fim, queremos ajudar as igrejas a crescer em nove marcas de saúde que muitas vezes são esquecidas:

1. Pregação expositiva
2. Doutrina do Evangelho
3. Um entendimento bíblico de conversão e evangelização
4. Membresia bíblica na igreja
5. Disciplina bíblica na igreja
6. Um interesse bíblico por discipulado e crescimento
7. Liderança bíblica de igreja
8. Um entendimento bíblico da prática da oração
9. Um entendimento bíblico da prática de missões

No Ministério 9Marks, escrevemos artigos, livros, resenhas e uma revista online. Organizamos conferências, gravamos entrevistas e produzimos outros recursos para equipar as igrejas para exibirem a glória de Deus.

Visite nosso site para encontrar conteúdo em **mais de 40 idiomas** e inscreva-se para receber nossa revista online gratuita. Veja uma lista completa de nosso site em outros idiomas aqui: **9marks.org/about/international-efforts**

9marks.org

Leia também

Leia também

Leia também

Entendendo a autoridade da congregação
JONATHAN LEEMAN

Entendendo o batismo
BOBBY JAMIESON

Entendendo a ceia do Senhor
BOBBY JAMIESON

Entendendo a disciplina na igreja
JONATHAN LEEMAN

Entendendo a grande comissão
MARK DEVER

Entendendo a liderança da igreja
MARK DEVER

Leia também

IGREJA REGENERADA

Uma eclesiologia bíblica, histórica e contemporânea

DAVID ALLEN BLEDSOE

ook gratuito: Igreja é essencial

Collin Hansen & Jonathan Leeman
Igreja é Essencial
Redescobrindo a importância do corpo de Cristo
Prefácio de Jonas Madureira

https://conteudo.editorafiel.com.br/igreja-e-essencial

Esta obra foi composta em Arno Pro Regular 11.5, e impressa na
Promove Artes Gráficas sobre o papel Pólen Natural 70g/m²,
para Editora Fiel, em Abril de 2025.